AI의 도전

인공지능의 위협과 공존 그리고 기회

NANAM
나남출판

AI의 도전

인공지능의 위협과 공존 그리고 기회

2021년 4월 10일 발행
2021년 4월 10일 1쇄

지은이 현대원
발행자 조완희
발행처 나남출판사
주소 10881 경기도 파주시 회동길 193, 4층(문발동)
전화 (031) 955-4601(代)
FAX (031) 955-4555
등록 제 406-2020-000055호(2020.5.15)
홈페이지 http://www.nanam.net
전자우편 post@nanam.net

ISBN 979-11-971279-8-4
ISBN 979-11-971279-3-9 (세트)

책값은 뒤표지에 있습니다.

AI의 도전

인공지능의 위협과 공존 그리고 기회

현대원 지음

NANAM
나남출판

Challenges of Artificial Intelligence

Threat, Coexistence, and Opportunities of AI

by

Daiwon Hyun

NANAM

머리말

AI의 도전

왜 인공지능(Artificial Intelligence; AI)이 등장하는 미래는 디스토피아인가? 미래를 그리는 SF 영화뿐만 아니라 안방극장 드라마에까지 AI가 등장하는 시대를 살고 있지만 그 끝은 여전히 부정적 측면들이 극대화되는 암울한 결론, 또는 설득력이 약한 인간 승리로 회귀하곤 한다. 우리에게 AI는 어떤 존재인가? 이 질문에 대한 답변으로 이 책은 시작한다.

인간의 역사는 기술발전의 역사와 궤를 같이한다. 불의 발견으로 인간은 오랜 이동생활을 벗어나 정착하기 시작했고, 기계의 발견으로 오랜 노동에서 해방되기 시작했다. 코로나-19 팬더믹으로 인류 전체가 너무나 무력하게 고통과 혼란의 시간을 보내는 이 시기는 인류 역사 발전에 또 다른 기술적 진보의 시기로 기록될 것이다. 바로 인공지능의 도전이 본격화되는 시기이기 때문이다.

일찍이 칼 마르크스는 "자본은 과거에 행해졌던 노동의 집약적 형상이고, 생산적 목적으로 만들어진 토지는 노동의 중요한 결과물"이라고 정의하면서 경제학에서 노동의 중요성을 강조했다. 인류 역사를 통해 인간은 늘 자신들의 부족한 노동력을 해결하기 위해 '지능'을 이용했다. 동물을 이용하기도 하고, 물과 같은 자연의 힘을 이용하거나 지렛대와 같은 장치를 고안하기도 했으며, 종국에는 기계를 만들고 발전시켰다. 산업혁명은 단순하게 표현하면 인간의 노동이 기계에 의해 상당 부분 대체되는 변화라고 설명할 수도 있다.

그렇다면 지금 우리가 직면한 변화는 무엇인가? 흥미롭게도 지금 진행되는 새로운 혁명은 본질적으로 인간의 노동과 지능에 대한 도전이다. 노동의 측면에서 볼 때, 인간 노동력과 기계의 오랜 공존의 시대를 거쳐 기계가 스스로 존재하고 판단하는 시대로 변화하면서 다수의 인간들을 무관한 존재로 만드는 변화를 의미한다. 노동착취를 둘러싼 오랜 논쟁이 사라지고 인간의 노동은 인공지능 로봇에 의해 상당 부분 대체된다.

그런데 노동력과 관련된 고용구조의 심각성은 문제의 시작점일 뿐이다. 인간은 지금까지 여러 수단들을 통해 인간의 부족한 노동력을 채우고 생산성을 높이면서도 단 한 번도 자신이 그 중심에 있음을 의심해 본 적이 없다. 바로 인간의 '지능'이 그 모든 것을 통제한다는 자신감과 자부심 때문이다. 그런데 그 지능이 중대한 도전에 직면한 것이다. 우리는 지금까지 한 번도 경험해 본 적 없는 아주 근본적이고 파격적이며 급진적인 변화를 목전에 두고 있다. 산업구조가 바뀌고 고용의 형태도 변화되면서 엄청난 실업과 구조조정의 파도가 밀려올 것이라는 불안감이 퍼지고 있다. 심지어 우리의 지능을 추월한 인공지능으로 인해 재앙적 수준의 위기가 우리 삶을 송두리째 뒤흔들 수도 있다는 공포감까지 고개를 드는 형국이다.

노동은 사람이 생활에 필요한 물자를 얻기 위해 육체적·정신적 노력을 들이는 행위로 정의된다. 따라서 노동은 기본적 전제로서 경제적 보상이 있어야 한다는 점에서 즐거움과는 근본적으로 다른 행위이다. 예를 들어 운전은 노동력의 제공을 통해 보상이 이루어지는 전형적인 직업의 예이지만, 멀지 않은 미래에 이런 노동은 인공지능 로봇에 의해 대체될 것으로 전망된다. 결국 미래의 운전은 사람들이 즐거움의 수단으로 오히려 이용료를 지불하면서 하는 레저 행위가 될 것으로 보인다.

이처럼 우리가 살아가야 할 미래에는 마르크스가 강조한 노동을 통한 자본의 축적과 노동의 결과로서의 토지 확보라는 산업사회의 기본 가정은 철저하게 깨진다. 중국 네이멍구(內蒙古) 자치구 어얼둬쓰(鄂爾多斯)는 한때 탄광도시로 이름을 날렸던 곳이다. 석탄가격 급락으로 유령도시가 된 어얼둬쓰에 새로운 산업이 둥지를 틀기 시작했는데, 바로 비트코인 채굴장이 그것이다. 석탄 대신에 비트코인이 채굴되는 이곳에서만 전 세계 비트코인 생산량의 8% 정도가 채굴되며, 전 세계 암호화폐의 약 70%가 중국 전역에서 채굴되고 있다. 그런데 미래의 화폐로 불리는 비트코인의 채굴 현장에서 인간의 노동력은 그리 중요해 보이지 않는다. 엄청난 컴퓨팅 파워에 의한 가상화폐 채굴은 인간의 별다른 개입 없이 테크놀로지가 테크놀로지를 진화시켜 가는 과정을 잘 보여 준다. 달리 표현하자면, 자본이 자본을 만들어 가는 것이다. 물론 중국 정부는 2017년 암호화폐의 신규 발행 및 거래를 중단한 데 이어 2021년에는 전기에너지 과잉 사용을 이유로 네이멍구 채굴장 폐쇄 정책을 발표하는 등 강력한 규제를 이어 나가지만 그러한 정책으로 비트코인의 미래가 흔들릴 것으로 보는 견해는 그리 많지 않다.

문제는 테크놀로지 발전으로 인한 노동 수요 감소가 새로운 일자리 생성보다 훨씬 빠른 속도로 진행되는 데 있다. 케인스가 1930년대 경제대공황 시대에 새로운 경제적 질병으로 정의했던 '기술혁신으로 인한 실업'(technological unemployment)이 다시 재발할 수밖에 없는 상황이다. 일반적으로 노동 수요와 공급의 상관관계에서 공급은 수요의 변화 속도만큼 재빨리 반응하지 못하는 속성을 가지고 있다. 그런데 인공지능으로 인한 노동 수요의 변화 속도가 이제까지 경험해 보지 못한 수준이라면 더욱 그러할 수밖에 없다.

지능화된 기계가 인간 노동력을 대체하고 고부가가치를 창출하는 시대, 즉 인간의 노동과 지능이 도전받는 시대에 인간이 설 자리는 어디인가? 과연 우리는 인간 두뇌를 넘어서는 기계 두뇌를 통제할 수 있을 것인가? 만약 닉 보스트롬(Nick Bostrom)이 말하는 우리에게 남은 딱 한 번의 기회를 놓치고 우리가 만든 초지능, 즉 '슈퍼인텔리전스'(superintelligence)가 오히려 우리를 통제하는 '위험한 전환'(treacherous turn) 상황이 된다면 모든 것은 돌이킬 수 없을지도

모른다. 그런 측면에서 조금 이른 감이 없지는 않으나, 초지능 사회가 우리에게 생존 가능하고 유익하게 작동할 수 있도록 만드는 초기 조건들은 무엇이고 또 우리는 무엇을 해야 하는지에 대해 진지한 논의가 필요하다.

여러 조건들 중에서도 빼놓을 수 없는 하나는 노동의 시장 수요가 급변함에 따라 창의성과 도전적 창업정신이 중심이 되는 새로운 교육 패러다임의 필요성일 것이다. 또한 인공지능·로봇이 잘할 수 있는 부분과 인간과 함께 협업해야 하는 부분 그리고 여전히 인간의 영향력과 기여가 큰 부분 등을 잘 고려해서 산업 전반의 구조조정과 관련된 법제도 정비, 재교육을 통한 기존 근로자들의 재배치, 그리고 사회안전망 구축에 이르기까지 매우 광범위하고 시급한 준비 작업도 필요해 보인다.

이러한 근본적이고 급진적인 변화 속에서 경제의 방향성을 예측해 보는 일은 매우 도전적이면서도 예측 실패에 대한 두려움을 망각시킬 정도로 흥미롭다. 우선 큰 그림을 보고 싶다면 미국 경제를 이끌고 있는 선두주자들을 살펴볼 필요가 있다. 2020년 현재 미국의 시가총액 상위 5개 회사는 애플, 알파벳(구글), 마이크로소프트, 아마존, 그리고 페이스북으로, 모두 ICT 기반의 플랫폼 기업이라는 사실은 시사하는 바가 매우 크다. 코로나-19 경제위기 속에서도 이들 기업들의 성장 속도와 규모는 타의 추종을 불허할 정도로 눈부시다. 이는 전 세계 경제가 플랫폼 중심으로 이미 전환되었음을 잘 보여 준다. 인공지능과 빅데이터에 초연결까지 더해지면서 이들의 지배력은 더욱 공고해질 가능성이 커 보인다.

현재 진행되는 거대한 변화의 흐름들을 간략히 스케치해 보면 다음과 같이 정리할 수 있다.

1. 발전의 속도는 가속화한다.

시장조사기관 IDC는 2012년 〈디지털 세계 2020〉(*Digital Universe in 2020*) 보고서를 통해 디지털 세계는 2020년까지 2년마다 2배로 확장될 것으로 예상했다. 2005년부터 2020년까지 디지털 세계는 130 엑사바이트에서 4만 엑사바이트(40제타바이트)로 확장될 것이며, 이는 300배 이상의 성장을 의미한다는 것이다. 그런데 실제 결과는 이런 IDC의 예측 이상으로 나타났다. 2018년에 발간된 〈데이터 시대 2025〉(*Data Age 2025*)를 통해 IDC는 자신의 전망치를 상향 조정한다. 2020년 전망치인 40제타바이트는 이미 2019년에 넘어섰고, 2025년까지 무려 175제타바이트로 확장될 것으로 전망한 것이다. 이는 누적 연평균 61%의 성장을 의미하며, 이를 디지털 저장장치 블루레이 디스크로 쌓아 보면 달나라까지 23번 왕복하는 거리가 되는 정보량이다.

글로벌 인터넷 트래픽을 분석한 시스코의 보고서도 변화의 속도를 가늠할 수 있게 한다. 2017년 한 해 기준 1.6제타바이트이던 트래픽이 2022년에는 4.8제타바이트에 도달할 것으로 예측된다. 즉, 5년간 트래픽 증가가 3배에 달할 것이라는 전망이다. 흥미로운 사실은 인터넷 트래픽에서 기계와 기계가 연결되는 M2M(Machineto-Machine) 부문이 2017년 3.1%에서 2022년에는 6.4%로 2배 이상 늘어난다는 점인데, 이는 주로 사물인터넷 확산에 따른 결과이다. 그리고 브로드밴드의 속도도 2017년 39.0Mbps에서 2022년에는 75.5Mbps로 2배 정도 빨라질 것이라는 전망이다.

2. 승자독식의 법칙이 강화된다.

이미 지배적 플랫폼 사업자가 되기 위한 치열한 전쟁이 진행 중이며, 후발주자에게 허용되는 자원과 공간은 그리 많지 않을 것이다. 또한 글로벌 마켓이 하나의 거대 시장으로 작동하기 때문에 국경이라는 물리적 제약을 방어막으로 이용해 왔던 로컬 플레이어들의 설땅이 점점 좁아질 것은 자명해 보인다. 예를 들어 2005년 동영상 스트리밍 서비스로 창업에 나선 유튜브(YouTube)는 2018년 페이스북을 제치고 미국 사람들이 가장 많이 사용하는 SNS 서비스가 됐다. 우리나라 시장에서의 지배력도 가히 위협적이다. 앱 사용시간 기준으로 볼 때 지난 2년간 3배의 성장을 이루며 카카오와 네이버를 제치고 1위에 등극했다. 결국 세계는 글로벌 거대 플랫폼과 이를 보완하는 로컬 니치 서비스 제공자 구조로 재편되어 갈 것이다.

3. 인공지능의 일상화

우리가 매일같이 사용하는 가전제품과 자동차는 미디어의 기능과 결합하고, 종국에는 AI와 인간 사이의 인터페이스 역할을 하게 될 것이다. 사람이 가방을 끌고 가는 것이 아니라 가방이 알아서 주인을 따라다닐 것이며, 자동차는 움직이는 나만의 공간으로 거듭나면서 일과 여가의 새로운 중심이 될 것이다. 텔레비전은 자신 앞에 앉은 이용자가 누군지를 인식하고 그가 종종 보는 채널이나 프로그램을 우선적으로 노출시켜 준다. 식당에서는 AI 로봇이 자주 방문하는 손님들의 주문 내역을 얼굴 인식과 데이터 분석으로 파악하여 손님을 편안하게 응대한다.

이처럼 우리를 둘러싼 모든 기기는 음성 기반으로 우리와 일상의 대화를 나눌 수 있으며, 자신의 기능과 정보를 사람처럼 공유할 것이다. 그리고 초지능에 먼저 도달하기 위해 글로벌 ICT 기업들의 사활을 건 경쟁이 치열하게 전개될 것이다. 핵개발에 비견될 수 있는 글로벌 거대 ICT 기업들의 경쟁과는 달리 니치마켓에서 인공지능을 기존의 제품이나 서비스에 결합하여 혁신하려는 노력들은 다양한 분야에서 지배적 사업자들과 혁신벤처 사이에 각개전투의 양상으로 전개될 것이다.

4. 가치가 본질을 결정한다.

제품에 대한 소유의 가치가 관계와 소통을 통한 의미의 가치로 전환되면서 가치가 곧 본질을 결정하게 된다. 보편적으로 쓰이고 인정되어 왔던 돈의 가치가 아닌 관여와 만족의 가치를 의미한다. 유튜브나 페이스북, 카카오에 사람들이 모여들고 많은 시간을 보내는 것은 경제적 이익을 취하기 위함이 아니다. 이용자들의 다양한 필요와 기대 — 육체적 측면에서 정서적 측면까지, 또는 사회적 측면에서 지적 측면까지, 그리고 정신적 측면에서 자신의 직업이나 일과 연관된 일에 이르기까지 — 가 채워지는 가치의 만족이 자신의 시간과 노력을 충분히 보상해 주기 때문이다. 더 나아가 사람들은 이런 가치에 기꺼이 자신의 지갑을 열려고 한다.

이러한 가치가 중심이 되는 플랫폼에서는 사람, 제품, 장소 간의 초연결을 통해 감각의 확장, 공간의 확장이 이루어지고, 그 중심에서 사람의 가치는 더욱 중요해지는 선순환이 이루어진다. 이들 연결과 융합 지점에 새로운 기회의 장이 열리게 되며, 이에 대한 이용자들의 의미 부여가 곧 핵심 가치가 된다.

5. 초연결 플랫폼은 초지능으로 진화한다.

글로벌 플랫폼이 승자를 결정하며, 승자는 모든 것을 거머쥔다. 소통의 중요성을 의미하는 커뮤니케이션과 커뮤니티, 상거래를 뜻하는 커머스, 그리고 콘텐츠를 통합적으로 제공하는 플랫폼이 세계 경제를 이끄는 실질적 지배자가 될 것이다. 과거 인터넷을 부흥시켰던 웹브라우저와 하이퍼링크에 기반한 그래픽 유저 인터페이스(GUI)가 거대 글로벌 포털을 탄생시켰다면, 인공지능 UI는 포털 기능을 바이패스해서 바로 필요한 정보에 접근할 능력을 가지고 있다.

바로 인공지능이 필요로 하는 데이터베이스를 지닌 사업자들의 경쟁력은 더욱 강화될 것이며, 자연스럽게 포털 중심의 기능은 점차 약화될 것이다. 즉, 단순 하이퍼링크 서비스를 제공했던 야후의 몰락에서와 같이 관문으로서의 포털 기능은 약화되고, 차별화된 빅데이터베이스의 기능은 강화될 것이다. 이 과정에서 인공지능은 그 자체가 미디어(AI is the media itself!)가 되어 세상과 사람을 연결해 주는 개인맞춤형 매개자가 될 것이다.

6. 물리적 노동 가치는 소멸된다.

노동시장을 숙련노동과 비숙련노동, 육체노동과 정신노동의 축으로 나눠 볼 때, 큰 흐름은 숙련노동과 정신노동 축으로의 무게 중심 이동이라는 점은 확연해 보인다. 비숙련 근로자들의 설 자리가 점점 좁아지고, 인공지능 로봇에 의해 대체되어 가는 인간의 물리적 노동의 가치는 0에 수렴해 갈 것이다. 뿐만 아니라 대다수 중산층에 속하는 근로자들의 일자리들도 위협받게 됨에 따라 계층 간 빈부격차는 더 커지고 전통적인 중산층의 붕괴도 충분히 가능성 있는 시나리오가 되고 있다. 피할 수 없는 고용구조 변화에 어떻게 대처해 나가느냐가 국가 경제정책의 뜨거운 감자가 될 것이다.

7. 현실과 가상현실은 하나의 세상으로 통합된다.

현실세계와 가상세계는 결국 하나로 통합될 것이다. 가상세계의 관계가 현실세계를 보완하는 수준에서 대체하는 수준으로 발전함에 따라 그 속에서 우리들의 삶과 행동은 통합적이고 신뢰할 수 있으며 지속 가능한 형태로 진화를 거듭할 것이다. 또한 가상현실은 인공지능과 인간이 소통하는 인터페이스가 될 것이다. 언어로 소통하는 현재의 방식은 전달되는 정보의 양이 제한적이며 이해의 정확성이 늘 문제가 되기 때문에, 결국 모든 정보를 직관적으로 이해할 수 있도록 시각화할 것이며, 가벼운 고글이나 렌즈 형태의 기기를 통해 인간과 인공지능은 매우 효율적인 의사소통을 하게 될 것이다.

이 책에서 전개될 내용들

이 책은 크게 4개의 파트로 구성된다.

1부 "새로운 도전의 시작"은 산업혁명이나 정보혁명 프레임의 연속으로 보기에는 지금 다가오는 커다란 변화의 물결이 상상 이상으로 파괴적이고 단절적일 수 있음을 강조한다. 산업혁명과 정보혁명의 역사를 살펴보고, 새롭게 다가오는 패러다임적 변화가 인간의 지능에 대한 도전이라는 전혀 다른 차원의 논의도 함께 살펴본다.

2부 "AI 도전과 변화의 엔진들"에서는 초연결에서 초지능으로의 진화를 통해 근본적인 변화를 주도하게 되는 3개의 엔진, 즉 인공지능, 사물인터넷, 그리고 빅데이터에 대해 살펴볼 것이다. 우선 인공지능이 초지능으로 빠르게 진화하는 과정과 함께 초지능의 출현이 가져올 긍정적 변화와 통제 이슈를 함께 고민해 본다. 그리고 사물인터넷 부분에서는 초연결 환경이 산업과 비즈니스 현장을 어떻게 바꾸는지를 보여 줄 것이다. 또한 빅데이터가 어떻게 인공지능을 더 똑똑하게 만들며, 향후 변화의 주요 원동력이 될지도 구체적인 사례와 함께 제시할 것이다.

3부 "기회 그리고 미래"에서는 인공지능과 빅데이터 그리고 초연결 네트워크가 만들어 내는 새로운 산업들을 구체적으로 살펴볼 것이다. 결국 자율주행차는 운송산업의 지형을 바꿀 뿐만 아니라 우리를 위해 움직이는 스마트한 공간 플랫폼으로 기능할 것이다. 또한 핀테크산업을 요동치게 만든 암호화폐의 실체를 조명해 보고 블록체인의 향후 확장 가능성도 검토해 본다. 그리고 점차 우리 현실에 가까이 다가오는 가상현실의 기술적 발전과 향후 활용 가능성에 대해서도 살펴본다. 또한 인공지능과 빅데이터 그리고 사물인터넷의 조화로운 협업으로 재탄생하는 제조업의 혁신에 대해서도 실증적으로 분석해 볼 것이다.

4부 "변화와 도전"에서는 생산현장에 인간이 보이지 않고 인간 노동의 가치가 0에 수렴함에 따라 산업구조와 노동구조가 바뀌고, 이는 곧 산업현장의 심각한 구조조정과 함께 정부 고용복지 정책의 전면적 수정으로 이어지는 큰 변화를 강조할 것이다. 물론 이런 변화들이 현실로 나타나기까지는 국가 또는 기업 간에 시간의 상대적 차이가 존재할 것이다. 그럼에도 불구하고 변화의 방향은 분명하며, 조기 채택자의 생존 가능성만이 높은 상황에서 우리의 생존 시나리오에 대해서도 심도 있게 살펴볼 것이다. 특히 이러한 상황에 대한 우리의 전략적 대응방안들에 대해서도 다각도로 검토하고자 한다.

2021년 3월

현 대 원

차 례

제2부 AI 도전과 변화의 엔진들

3장 인공지능의 진화

4장 초연결의 사물인터넷

5장 빅데이터로 모이다

제3부 기회 그리고 미래

6장 자율주행은 계속된다

7장 핀테크와 블록체인

8장 가상현실의 현실화

9장 스마트 팩토리의 교훈

10장 새로운 시장과 기회

제 4 부 변화와 도전

11장 구조적 변화와 대응

12장 규제개혁의 과제

13장 미래인재 양성과 평생교육의 방향

제1부

새로운 도전의 시작

인공지능으로 인한 변화의 폭과 깊이 그리고 그 영향력의 정도가 점차로 커져 가는 현 상황을 우리는 어떻게 정의할 것인가? 산업혁명에 이어 우리가 직접 경험하는 정보혁명과는 근본적으로 다른 변화의 특징들을 통해 미래를 예견해 본다.

초연결에서 초지능으로 1장

1. 우리는 어떤 시대를 살고 있는가?

플랫폼 혁명과 세계 경제의 재편

세계 경제는 이미 스스로 데이터를 확보할 수 있는 안정적 생태계를 구축하고 이를 활용할 수 있는 알고리즘을 보유한 기업들이 주도하고 있다. 시장데이터 전문기업 스태티스타(Statista)가 집계한 2020년 세계 10대 기업(시가총액 기준)에는 마이크로소프트, 애플, 아마존, 알파벳(구글), 페이스북, 알리바바, 텐센트 등 ICT 기업이 7개나 포함되었다. 이들은 모두 플랫폼 중심의 생태계를 지향한다는 공통점이 있다.

전통적 가치사슬 구조의 분절적 구조를 통합적 기능체계로 묶어 낸 플랫폼은 참여자들 간의 소통과 거래를 활성화할 수 있는 기능과 서비스를 제공하여 네트워크 효과를 통한 고부가가치 창출을 지속 가능하게 만드는 비즈니스 시스템으로 정의할 수 있다.

가장 대표적인 플랫폼 기업으로 손꼽히는 애플이 선보였던 디지털 음원 제공 서비스 아이튠스(iTunes)나 스마트폰 애플리케이션을 제공하는 앱스토어(AppStore) 등은 이미 플랫폼 모델의 고전이 되었다. 애플은 독자적인 모바일 플랫폼 기반의 생태계를 성공적으로 구축하고 이를 통해 글로벌 스마트폰 시장의 수익을 독차지하고 있다. 2019년 말 기준으로 애플은 스마트폰 단말기 글로벌 시장 매출이익의 66%를 차지해 2위 삼성(17%)을 압도적으로 따돌렸다. 심지어 2018년 4사분기 기준으로 보면, 애플의 이익은 글로벌 시장 전체의 80%에 달했다.

이처럼 플랫폼의 가장 큰 강점은 거대한 생태계의 구심점 역할을 한다는 점이다. 사람과 사람, 기계와 사람, 사람과 장소 등 초연결 관계를 통해 다양한 소통과 거래가 촉진되게 함으로써 연관된 주체들을 플랫폼으로 끌어들여 안정적 고착화(lock-in)에 기여하고 이것이 또 다른 이용자들을 끌어들이는 네트워크 효과로 연결되면서 승자 독식의 시장 형태로 진화하게 된다.

전 세계를 충격과 공포로 밀어 넣은 코로나-19 펜더믹은 이러한 플랫폼 중심 경제체제를 더욱 공고히 하고 있다. 플랫폼 속성상 온라인 독점 또는 온・오프라인 연결 비즈니스 모델을 지향하는데, 이러한 온라인 중심의 특징으로 인해 자연스럽게 비접촉 경제(touchless economy) 시대의 최대 수혜자가 된 것이다. 대표적인 B2C 글로벌 플랫폼인 애플, 구글 그리고 아마존과 같은 기업들의 시가총액은 2020년 한 해 동안 최소 50~60% 이상 증가한 것으로 나타났다. 경제에서도 역시 ABC, 즉 인공지능(AI), 빅데이터(Big Data), 그리고 클라우드(Cloud)가 탄탄한 플랫폼 기업이 세계를 주도하게 된 것이다.

특히 이들 기업처럼 데이터를 기반으로 하는 플랫폼 비즈니스는 많은 사용자로부터 수집·축적한 데이터를 분석하고 이를 토대로 양질의 서비스를 제공하기 때문에 더 많은 사용자들을 확보하는 선순환의 네트워크 효과를 거두게 된다. 새로운 시장 개척과 선점에 주력하는 퍼스트 무버(first mover) 전략이 필요한 이유이다.

플랫폼 중심의 생태계 전략에서 또 하나 주목해야 하는 추세는 이종산업으로의 영역 확장이다. 탄탄해진 플랫폼을 기반으로 기존 산업의 경계를 뛰어넘는 융합과 신시장 개척이 활발히 이루어지고 있다. 구글이나 중국 최대 검색엔진 회사인 바이두의 자율주행차 진출, 온라인 쇼핑의 대명사인 아마존의 인공지능 알렉사 등이 그 좋은 예이다.

이러한 글로벌 플랫폼은 '파괴적 혁신자'들에게 새로운 비즈니스 환경과 기회를 제공한다는 측면에서 더 큰 의의를 지닌다. 작지만 빠르게 움직이며 기존 질서를 흔들고 기득권자들에게 도전장을 내미는 이들 파괴적 혁신자들은 글로벌 플랫폼을 통해 연구, 조사, 마케팅, 판매, 유통 등 전방위적인 도움과 협조를 이끌어 내고 있으며, 이를 통해 그들의 새로운 가치를 더 경쟁적인 가격과 속도 그리고 품질로 제공하면서 새로운 시장을 열어 간다. 코로나-19 팬더믹이 가져온 비접촉 상황은 화상 미팅 서비스를 제공하는 줌(Zoom)이나 클라우드 기반의 팀 협업 솔루션인 슬랙(Slack)과 같은 새로운 스타들도 배출해 냈다.

성장엔진과 미래 경쟁력

그렇다면 이러한 시대에 우리나라의 미래 경쟁력은 어느 정도인가? '중국판 〈포브스〉'로 불리는 조사기관 후룬바이푸(胡潤百富)가 발표한 2019년 글로벌 유니콘 보고서를 보면, 전체 494개 유니콘 기업 가운데 한국 기업은 6개뿐이다.[1] 이 보고서에 따르면 유니콘 기업의 80% 이상이 미국과 중국에 쏠려 있다. 이 두 국가가 전 세계 인구의 약 25%와 전 세계 GDP의 절반 정도를 차지하고 있음에 비추어 볼 때 다른 국가들이 각성하여 유니콘 기업들이 더 많이 창출될 수 있는 환경 만들기에 힘써야 한다고 보고서는 강조한다.

흥미로운 사실은 중국이 206개로 미국의 203개를 근소한 차이로 앞질렀다는 점과, 상위 20개 기업(20위 동률 3개 기업 포함 총 22개 기업) 중에서 싱가포르 1곳을 빼면 나머지 21개 기업이 모두 중국과 미국 기업들이라는 점이다. 상위 20개 기업이 2019년 유니콘 기업

1 Hurun Research Institute(2019. 10. 21).

전체 가치의 43%를 차지하는 점을 고려하면, 양국의 비중이 수적으로 80%라는 양적 측면보다도 상위의 선도 분야인 리딩 섹터(leading sector)를 주도적으로 이끌어 가는 질적 측면의 지배력과 집중력에 더 주목할 필요가 있다. 한편, 중국과 미국에 이어 인도가 21개, 영국이 13개 그리고 그 뒤를 독일과 이스라엘이 각각 7개로 뒤따르고 있다.

그런데 한국의 유니콘 기업들을 자세히 살펴보면 수적 열세 못지않게 내용적으로도 문제가 심각함을 알 수 있다. 전자상거래 분야 3개 기업과 게임, 물류・유통, 핀테크 분야 각각 1개 기업으로 이루어져 있는데, 게임 분야 1개 기업을 제외하면 모두 내수 시장에 집중하는 비즈니스 모델로 인해 글로벌 시장으로의 확장성과 성장 가능성에 있어 한계가 분명해 보인다. 비슷한 숫자의 이스라엘과 비교해 보면 한계의 의미는 보다 명확해진다. 이스라엘은 클라우드 분야 3개 기업과 함께 인공지능, 소프트웨어 서비스, 생명과학 분야 등으로 내수 시장보다는 글로벌 시장으로의 확장성이 뚜렷한 분야들로 구성되어 있다.

참고로, 앞서 살펴본 유니콘 기업 상위 그룹의 리딩 섹터를 구성하는 성장 엔진으로는 핀테크, 공유경제, 미디어 엔터테인먼트, 물류, 우주기술, 클라우드, 로보틱스, 빅데이터, 블록체인, 생명과학 등이 있다.

물론 유니콘 기업 현황만으로 개별 국가의 미래 경쟁력을 예측함에는 무리가 있다. 그러나 유니콘 기업의 선정 기준이 신생기업이면서 비상장 기업이고 1조 이상의 규모라는 점을 감안하면 최소한 그 국가의 신성장동력들이 얼마나 많이 작동하는지를 알아보는 근거로는 충분하다. 새로운 기술에 기반한 다양한 벤처들이 자유롭게 새로운 기회의 주인공이 되고자 경쟁하는 문화는 이제 선진경제의 기본 환경이자 핵심 동력임이 증명되었기 때문이다.

2. 초연결 사회

오늘날 인터넷의 폭넓은 보급으로 등장한 '네트워크로 연결된 정보 사회'(networked information society)는 앞서 살펴본 '네트워크 사회'와는 상이한 특징들을 지닌다. 우선 재화 서비스의 생산이 규범이나 규칙적 측면을 넘어서 동기적 측면에서 가능해지고, 공공재뿐만 아니라 더욱 다양한 분야의 무료 소프트웨어를 공유하며, 기존의 공동체를 넘어서 처음 만나는 다양한 사람과도 상호작용을 통해 사회적 재화를 공유하고, 마지막으로 정부 또는 시장에서 제공하는 제품들을 보완하고 대체하며, 다양하게 제공되는 것들의 사회적 구성을 통해 사회적 생산이 가능해진다. 즉, 정보와 지식 같은 공공재가 기반이 되고, 다양한 동기를 지닌 많은 사람들이 참여하는 비독점적이고 비이윤적인 정보와 문화의 사회적 생산(social production) 체계가 가능해진다.[2]

이처럼 사회적 정보 및 문화 생산이 활성화되는 이유는 컴퓨터의 발달이나 무선 네트워크의 구축, 그리고 다양한 무료 소프트웨어와 같은 기술적 발전들이 정보, 문화, 교육, 커뮤니케이션 분야에서의 디지털화된 사회적 생산을 더욱 용이하게 하는 기제로 작용하기 때문이다.

---

2 Benkler, Y. (2007).

그리고 이러한 사회적 생산은 시장경제 구조에도 많은 변화를 일으키고 있다. 새로운 경쟁을 유발하고 더욱 많은 참여자들이 생산활동에 참여할 기회를 제공하며, 기업과 이용자들의 관계가 재정립된다. 즉, 소비자가 소비자 겸 생산자인 프로슈머(prosumer)가 되는 근본적 변화가 일어나며, 사업적인 성공을 위해서라면 이용자들을 생산으로 끌어들일 수 있는 방안에 대해서 더욱 깊이 고민해야 함을 의미한다. 또한 비즈니스 생태계에 있어서 동료 간 생산(peer-production)이 중요한 구성요소로 등장한다.

연결이라는 개념의 본격적 확장은 각종 사물에 센서와 통신기능을 집어넣어 인터넷에 연결하는 사물인터넷(Internet of Things; IoT) 기술의 발달과 함께 이루어진다. 사람과 사람의 연결에 초점을 두었던 통신이 사람과 사물 또는 사물과 사물 간의 통신으로 확대되면서 사람, 사물, 장소 등이 단절 없이 실시간으로 엄청난 데이터를 주고받는 새로운 생태계가 탄생하고 있다. 세상에 그 어느 것도 연결되지 않는 것이 없는 초연결성 개념이 현실화하면서 우리 경제와 사회 전반에 놀라운 변화의 원동력이 되고 있다.

기존 제조업에 사물인터넷이 도입되면서 공장의 자동화는 물론 제품의 기획, 생산, 유통 전반에 혁신이 발생하여 생산성과 효율성이 높아지고, 근로자의 근무환경이 개선되며, 기업이익이 증진되는 변화들은 이미 새로운 얘기가 아니다. 가정도 스마트해지고 있다. 각종 가전제품들이 연결되어 소비자들과 소통하는 놀라운 일들도 이미 일상화되어 간다.

각종 사회기반시설인 도로, 철도, 대교의 안전이 실시간으로 모니터링·관리되는가 하면, 보행자 안전과 편의, 그리고 환경 정보들이 실시간으로 공유되는 스마트 시티(smart city)로 생활환경도 빠르게 진화하고 있다. 농업과 같은 1차 산업도 예외는 아니다. 토양의 영양 상태부터 습도, 온도 및 풍속에 이르는 핵심 정보들의 관리가 똑똑한 농업을 가능하게 한다. 빌딩의 에너지 관리나 보안 문제는 말할 것도 없다. 의료보건 분야에서도 초연결 상황은 환영받고 있다. 웨어러블 디바이스를 통한 건강 상태의 실시간 모니터링과 스마트한 병원침대의 등장은 간호사의 밀착 관찰 없이도 환자 상태를 잘 알려 준다. 초연결 사회의 등장을 우리는 매일 매일의 삶 속에서 경험하고 있다.

3. 인공지능, 역사의 전면에 서다

인간과의 바둑 대결로 유명세를 탄 '알파고'가 일반 대중에게 널리 알려지기까지 인공지능은 60년의 역사 속에 눈부신 진화를 거듭했다. 사람과 같이 생각하고 판단할 수 있는 수준으로 인공지능이 진화하고 그 결과들이 산업계 전반에 적용되면서 우리의 직장과 삶은 이제 인공지능의 영향력 속으로 빨려 들어가고 있다고 해도 과언이 아니다. 파괴적 혁신으로 정의할 수 있는 근본적 변화에 대한 본격적인 대응은 개인이 아닌 국가 차원에서 선제적으로 이루어지는 것이 마땅하다.

인공지능, 자동화, 그리고 경제

미국 백악관이 발간한 보고서 "인공지능, 자동화, 그리고 경제"는 인공지능의 발달과 이에 따른 자동화에 적절한 관심과 올바른 정책 대응 등이 이루어지면 생산성 향상은 물론이고, 높은 수준의 고용률과 더 광범위한 부의 분배가 가능함을 강조한다. 이를 위해 크게 투자, 교육, 지원을 주된 내용으로 하는 3가지 전략적 정책대응 방안을 제시한다.

첫째, 미국 정부는 R&D 투자를 통해 인공지능 분야를 발전시켜 나가는 중요한 역할을 수행해야 한다. 인공지능 발달이 최대로 이루어질 경우 생산성 향상에 매우 중요하고도 긍정적인 기여를 할 뿐만 아니라 그 기술적 진화는 미국이 최첨단의 혁신을 지속시켜 나갈 수 있도록 도와주는 엄청난 잠재력을 지니게 되기 때문이다.

둘째, 인공지능은 노동의 본질을 바꿔 놓고 노동시장에서 요구되는 기술도 변화시키기 때문에 미국의 근로자들이 지속적으로 생존하려면 꾸준한 교육과 훈련이 필요하다. 모든 어린이들을 위한 수준 높은 조기 교육에서부터 근로자들의 경력전환 교육에 이르기까지, 다양한 교육과 훈련이 제대로 이루어지기 위해서는 상당한 투자가 요구된다. 물론 여기에는 취업 교육과 평생 교육의 기회를 확장하는 내용도 포함된다.

셋째, 정부 정책 입안자들은 근로자들과 취업 희망자들이 노동에 대한 정당한 대가를 받기 위해 필요한 자격을 최대한 갖추고 잘 준비할 수 있도록 도와야 한다. 여기에는 실직 보험제도나 메디케이드(Medicaid)와 같은 저소득층 의료 지원제도뿐만 아니라 줄어든 임금을 보전해 주는 보험(wage insurance)과 같은 새로운 프로그램 등의 사회안전망 현대화 과정이 포함된다.

이 보고서에서는 정부가 전면에 나서 인공지능으로 인한 고용시장 불안에 적극 대처하고, 오히려 인공지능으로 인한 기술 발전을 사회에 필요한 긍정적 에너지로 활용하며, 생산된 부의 지혜로운 분배를 통해 지속가능한 사회 발전을 도모하려는 강한 의지를 엿볼 수 있다.

글로벌 컨설팅 회사인 맥킨지(Mckinsey)도 2017년 12월에 발표한 “자동화로 인한 노동시장의 전환”이라는 보고서에서 인공지능과 로봇으로 인한 자동화는 이용자와 사업자 그리고 경제 전반에 매우 의미 있는 이익들을 가져다줄 것이라고 진단한다. 또한 이러한 기술들이 근로자를 대체하는 정도는 기술발전과 채택 속도, 경제발전 정도에 따라 달라질 수 있으며, 전체 직업의 60%에 해당하는 분야에서 약 30%의 업무가 자동화될 것이라고 전망했다.

전 세계적으로 모든 일자리의 절반 정도가 현존하는 기술들에 의해 자동화가 가능하지만 기술 채택에 영향을 미치는 경제적·사회적·기술적 요인들로 인해 2030년까지 실제로 대체되는 비율은 그보다는 낮을 것으로 맥킨지는 예상한다. 46개국을 대상으로 검토한 결과, 국가별로 차이는 있으나 최대 3분의 1 정도까지 대체될 가능성이 있으며 결국 평균 약 15% 수준의 대체를 예상해 볼 수 있다는 것이다. 선진국일수록 자동화의 영향이 더 크며, 높은 임금과 이에 따른 자동화의 경제적 인센티브가 더 반영된 것으로 나타났다.

또한 경제가 성장함에 따라 특히 기술발전에 의해 가능해진 생산성 향상에 힘입어 자동화와 관련된 업무 수요와 일자리가 증가할 것이라는 긍정의 전망도 있다. 소득과 지출의 증가(특히 개발도상국가들), 선진국 고령사회의 헬스케어 증가, 인프라와 에너지 등에 대한 투자 증가와 같은 큰 흐름들이 자동화에 따른 근로자 대체 효과를 상쇄하는 데 도움이 된다는 것이다.

자동화로 인한 부정적 영향 중 대표적으로 소득양극화와 관련해서, 미국과 같은 선진국에서는 고소득 직업군이 가장 많이 성장하는 반면 중산층이 줄어드는 현상이 지속될 것이나 중국과 같은 개발도상국에서는 여전히 중산층의 확장이 이루어질 것이라는 전망이다.

역사는 경제가 확장되지 않으면 새로운 일자리도 만들어질 수 없음을 잘 보여 준다. 노동시장의 역동성을 증진시키고 근로자들의 역량을 강화할 수 있는 재교육이 반드시 이루어져야 한다. 이러한 변화는 현재의 교육제도나 직업훈련 모델들에 대한 중대한 도전이 될 것이다.

새로운 성장의 기회

앞서 살펴본 바와 같이 인공지능 로봇, 스마트 팩토리와 같은 새로운 기술혁신들이 고용구조에 가져올 큰 변화는 피할 수 없는 대세임이 분명해 보인다. 그러나 대량실업에 따른 구조조정의 이면에서는 기술진화에 따라 수많은 일자리 기회들이 생겨나고 있음에도 주목해야 한다. 개인맞춤형 로봇이나 반려 로봇의 시대가 열리고, 개인비서에 해당하는 버틀러 로봇이나 환자들에게 돌봄 서비스를 제공하는 로봇도 빠르게 대중화될 것이다. 그리고 향후 글로벌 경제를 견인할 가장 강력한 엔진으로 여겨지는 인공지능과 빅데이터의 결합은 유전체 정보에 기반하여 신약 개발과 치료를 개인 맞춤형으로 발전시켜 나가는 정밀의료 분야를 비롯하여 자율주행차, 핀테크, 블록체인, 가상·증강현실 등 여러 분야에서 새로운 양질의 일자리들을 계속 만들 것이다.

또한 정형화되고 반복적인 직무들은 거의 완벽할 정도로 인공지능과 로봇에 의해 자동화되어 가는 반면, 흥미롭게도 모라벡의 역설(Moravec's paradox)처럼 인간이면 누구나 쉽게 할 수 있지만 컴퓨터, 즉 인공지능과 로봇은 어려워하는 특정 영역에서 인간의 노동력은 그 가치를 유지할 것이다.3 예를 들어, 인간의 민첩한 손이나 고도의 감성을 요구하는 직업들이 여기에 해당된다.

이러한 변화 속에서 창의력과 유연한 사고 그리고 주도적 문제해결 능력으로 무장한 테크놀로지 전문가들이 새로운 사회지배층으로 경제적 부와 권력의 중심에 자리매김할 것이다. 평생 학습은 수명의 연장과 고용구조의 변화에 따라 그 중요성이 더욱 강조되며, 새로운 기술에 대한 습득 능력과 적응이 경쟁력의 핵심 척도가 될 것이다.

이러한 거대한 변화의 흐름 속에 모든 문제의 시작과 끝이 결국은 교육에 있음을 깊이 살펴볼 필요가 있다. 변화를 추동하는 기술도 교육과 연구에 의해 만들어지며, 기술 채택과 이용도 교육으로 인해 가능하며, 그로 인한 직·간접적인 사회문화 현상에 대한 해결도 결국 교육으로 인해 풀리기 때문이다. 그리고 무엇보다 중요한 사실은 새로운 일자리 창출은 새로운 인재를 양성하는 교육에 의해 충족된다는 점이다.

---

3 Moravec, H. (1988).

4. 드디어 초지능의 시대로

IT 정보통신기술(통칭 Information Communication Technology; ICT)들이 인공지능과 융합하면서 기계가 인간의 고차원적 정보처리 능력을 가지게 되는 시대로 빠르게 진화하고 있다. 인간 두뇌의 정보처리활동 원리를 분석하는 기술과 이를 구현하는 소프트웨어 및 하드웨어 기술들을 총칭하는 인공지능 기술이 데이터를 수집, 전달, 저장, 분석하는 데 필수적인 ICT 기술들, 예를 들어 사물인터넷과 빅데이터, 클라우드 등과 결합하면서 우리가 지금까지 경험해 보지 못했던 거대한 변화의 파도가 세상을 바꿀 것이다.

우선, 기계가 인간의 고차원적 판단 기능을 수행함으로써 독립된 주체로 활동하여 자동화 및 무인화가 확산된다. 둘째, 정보 수집, 데이터 분석, 판단 및 추론 등 일련의 과정들이 ICT 기술에 의해 즉각 처리되어 실시간 응답과 반응이 가능해진다. 셋째, 딥러닝 등 기계학습을 통해 스스로 진화하여 기계의 성능이 기하급수적으로 향상된다. 넷째, 과거에는 보관, 활용이 곤란했던 비정형의 정보들과 생체 정보 등도 기계학습 과정을 통해 의미 추출이 가능해지는 만물의 데이터화 시대가 열린다.

이러한 변화에 기반한 초지능 물결의 시대에는 기본적으로 수확체증의 법칙이 적용되는 높은 생산성과 효율성으로 기존의 생산요소인 노동과 자본을 압도함으로써 기존 산업구조의 재편이 불가피해질 것이다. 즉, 대규모 설비투자(자본)나 인건비 절감(노동)보다는 기술혁신이 절대적 경쟁력이 됨에 따라 기존 제조업이나 서비스업에는 심각한 위협이 됨과 동시에 아이디어 기반, 기술 기반의 새로운 창업과 도전이 새로운 경제의 성장동력이 된다.

예를 들어, 2015년 기준으로 구글은 6만 명의 종업원에 234억 달러의 수익을 얻은 반면, 종업원 21만 명의 GM이 얻은 수익은 97억 달러에 그쳤다. 또한 차량공유업체 우버(Uber)의 기업가치는 80조 원에 육박하면서 GM과 포드의 기업가치를 추월했다. 이에 따라 해외 주요 기업들은 지능정보기술 선점에 기업의 사활이 걸려 있다고 보고 앞다투어 관련 분야에서 대규모 투자와 M&A를 하고 있다. 구글은 지난 14년간 280억 달러를 쏟아부었으며, IBM도 왓슨 개발에 10억 달러 이상의 투자를 이어 가고 있다.

초연결에서 초지능으로 이어지는 혁명적 변화는 기술적, 산업적, 경제적 측면에서 우리 삶 전반에 큰 변화를 가져올 것이 확실하다. 인공지능과 로봇의 진화는 근로시간 감소와 단순반복 업무의 일자리 감소로 이어지는 반면, 소프트웨어 분야 등 고부가가치의 전문적 영역에서는 인력 수요가 증가하는 고용구조 변화를 불러올 것이다.

이로 인해 사회 양극화나 윤리적 가치관의 혼란 등 부정적 영향들이 점점 심화될 가능성을 배제할 수 없다. 인간과 로봇이 공존하는 시대에 맞게 정부의 기능과 역할도 재고해야 하며, 고용과 복지제도 전반에 대한 근본적 대응책 마련에도 적극 나서야 할 것이다.

1950년대 들어 본격화된 컴퓨터 개발과 각 가정에 보급되기 시작

〈표 1-1〉 산업혁명에서 정보혁명을 거쳐 초지능의 시대로

	산업혁명		정보혁명	초지능의 물결
	1차	2차		
추진동력	증기기관	전기, 전보, 무선	컴퓨터, 인터넷	인공지능, 빅데이터, 사물인터넷
권력	국가, 자본, 시민		시민	인공지능
커뮤니케이션	사람		사람, 사물, 장소	사람과 인공지능
관계(인간과 기계)	통제와 종속		협력	경쟁과 협력
혁신	지속적 혁신		파괴적 혁신	파괴적 혁신

한 케이블의 결합은 40여 년의 숙성과정과 기술진화를 거쳐 1990년대에 인터넷 혁명의 꽃을 피운 것처럼, 지금 진행되는 인공지능의 진화는 결국 일정한 숙성기간과 기술진화를 거쳐 새로운 혁명을 탄생시킬 것이다. 이 혁명은 4차 산업혁명으로 명명되는 변화보다 더욱 거대하고 근본적이며 때론 단절적이기까지 한 새로운 패러다임이 될 것이며, 그 핵심의 동력과 특징을 반영한다면 '초지능 물결'(super-intelligence wave)로 명명될 것이다. 귀족들과 사제들이 중심이 됐던 중세시대를 마감하고 시민들이 사회와 경제의 주체가 되고 권력의 중심에 서는 변화에서 산업혁명의 의의를 찾을 수 있듯이, 초지능 물결은 인류 역사상 최초로 기계가 역사의 전면에 나서고 스스로의 의지로 주체가 되는 변화로서, 산업혁명과는 다분히 단절적이다.

〈표 1-1〉에서 보는 바와 같이 산업혁명은 1차에서 2차에 이르기까지 사회·경제 권력과 소통의 주체는 사람이며, 통제와 종속이 기본인 기계와의 관계 속에서 혁신은 연속적 진화의 성격을 띤다. 시

민들이 권력의 주체로 전면에 나서는 정보화 혁명의 시대에는 파괴적 혁신을 통해 인류 역사상 가장 빠르고 광범위한 변화와 발전을 경험하게 된다. 마침내 다다르게 되는 초지능 물결은 권력, 소통, 그리고 기계와 인간의 관계에서 비연속적인 파괴적 혁신의 성격이 매우 강하며, 권력 관계에서 기계, 즉 인공지능이 인간과 동등한 주체로 나서며, 소통은 사람과 사람의 관계에서 사람과 인공지능 간의 직접적 소통으로 확장된다. 그리고 무엇보다 인간에 대해 종속적 관계였던 기계는 인류 역사상 처음으로 인간과 경쟁 또는 협업의 관계로 대등해진다.

이런 측면에서 다가올 초지능 물결을 산업혁명의 연장선상에서 논의하기보다는 다른 차원의 혁명으로 보는 것이 더 타당해 보인다. 물론 지금 진행되는 4차 산업혁명으로 명명되는 특징들과 실체들을 부인하는 것은 아니다. 단지 비유를 하자면 현재 화두가 되고 있는 4차 산업혁명의 현상들은 서서히 그 실체를 드러내는 초지능 물결의 서곡으로 보는 것이 더 타당하다 하겠다.

산업혁명의 역사는 지속되는가? 2장

변화에 대한 대응은 그 변화를 추동하는 근본 원인을 정확히 이해할 때 가능해진다. 현재의 변화를 '4차 산업혁명'의 시각으로 보는 것이 과연 타당한가에 대해서는 산업혁명의 역사와 정보혁명의 시각을 통해 차분히 살펴볼 필요가 있다.

1. 산업혁명 그리고 그를 둘러싼 정치적 격변들

조지 워싱턴, 토머스 제퍼슨, 그리고 벤저민 프랭클린의 공통점은 무엇인가? 우리에게도 너무나 친숙한 이들은 미국을 건국한 아버지들(founding fathers)로 추앙을 받으며, 동시에 미국 화폐에 초상이 새겨진 인물들이기도 하다. 그리고 모두 성직자나 귀족이 아닌 평민의 자손이라는 점도 공통적이다. 조지 워싱턴의 아버지는 담배농장주이자 제철 사업을 벌였으며, 토머스 제퍼슨의 아버지도 농장주이자 측량기사였다. 벤저민 프랭클린의 부친은 양초제조업자였다.

이들은 영국의 왕정에 반기를 들고 목숨을 건 독립전쟁에 나섰으며 대영제국을 상대로 독립을 쟁취한다. 이러한 미국의 역사는 왕정하에서 신음하던 프랑스 시민들을 고무시키기에 충분했다. 1776년 독립선언에 이어 1783년 독립전쟁에서 승리한 조지 워싱턴은 1789년 미국의 초대 대통령에 취임했다. 1789년은 프랑스 혁명이 발발한 해이기도 하다. 미국이 독립선언을 한 1776년 영국에서는 제임스 와트의 증기기관이 상용화되어 본격적으로 시장에 팔리기 시작한다. 이처럼 시민들이 역사의 전면에 나서 주체가 되는 변화와 산업혁명의 태동이 궤를 같이하였음은 매우 흥미로운 대목이 아닐 수 없다.

산업혁명은 협의의 의미로는 약 1760년부터 1840년 사이에 발생한 새로운 제조 프로세스로의 전환을 의미하며, 이를 흔히 1차 산업혁명으로 불린다. 이러한 전환에는 수작업에서 기계로의 전환을 비롯해서 화학물질 제조, 철 생산, 증기기관 이용 증가, 공장 시스템 등장, 그리고 기계 공구의 개발과 이용 등이 포함된다. 물론 지금 널리 사용되는 산업혁명이란 의미는 1차 산업혁명을 뛰어넘어, 새로운 테크놀로지의 발전에 의해 생산방식과 유통 및 소비에 이르는 산업구조 전반에 혁신적 변화가 일어나고 그 결과로 전반적인 사회제도의 변화까지 수반되는 패러다임적 전환을 뜻한다.

2. 산업혁명을 설명하는 모델들

산업혁명에 대한 정의가 쉽지 않은 이유는 무엇일까? 톰슨(Allan Thompson)은 3가지 이유를 들어 설명한다. 첫째는 발달 단계를 구분짓는 명확한 정량적 근거가 제시되지 못하는 연대기적 취약성이다. 즉, 시대적 구분을 명확하게 계량적으로 구분하기 어려운 특성을 말한다. 둘째는 발달 과정에 지속적으로 영향을 미치는 핵심 요인들의 상호작용적 과정을 제대로 밝히지 못한다는 것이다. 특히 이 점은 핵심요소들과 그들의 인과관계를 명확하게 구분할 수 있다고 주장하는 역사학자들의 큰 약점이기도 하다. 셋째는 산업혁명 이전 또는 과정에서의 경제적 변화의 기저를 이루는 사회적, 문화적 요인들에 대한 불충분한 이해에 기인한다는 것이다.[1]

모어(Charles More)는 산업혁명을 설명하는 모델과 이론의 문제점을 지적한다. 첫째, 산업혁명을 설명하는 여러 시도들은 일련의 경제적 과정들을 간단명료하게 나타내 주는 모델들(models)을 통해 이루어지는데, 이 모델들의 기반이 되는 이론들이 서로 상이하다는 것이다. 둘째는 모델의 도식적 속성에서 기인한 것으로, 모델은 간단한 형태를 띠어야 하지만 현상에 대한 설명력은 풍부해야 하기 때문에 이를 제대로 구성하기가 쉽지 않다는 것이다.[2]

---

1 Thompson, A. (1973). p. 41.

〈그림 2-1〉 산업혁명을 설명하는 상이한 시각의 모델들

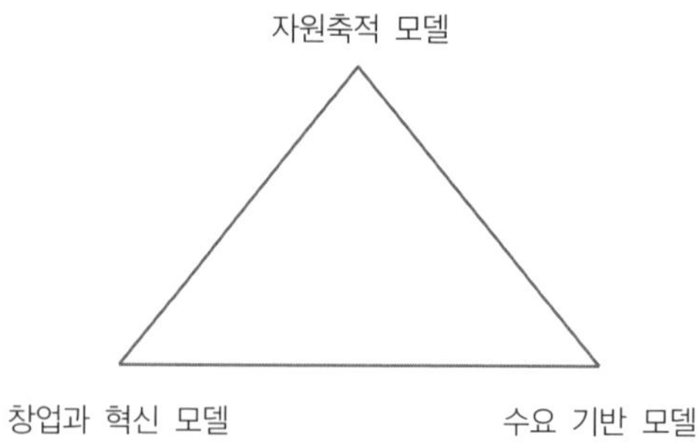

지금까지 산업혁명을 설명하는 상이한 시각의 모델들은 정리해 보면 다음과 같이 크게 3가지 그룹인 자원축적 모델, 창업과 혁신 모델, 그리고 수요 기반 모델로 나눠 볼 수 있다.

자원축적 모델(models of factor accumulation)

토지와 노동력 그리고 자본과 같은 경제적 요인들의 축적을 통한 경제적 성장을 설명하는 모델에서 가장 중요한 개념 중 하나는 한계생산성이다. 한계생산성은 생산에 투입되는 추가 단위요소들에 의해 더해지는 추가 생산결과를 의미한다.

예를 들어 토지 자산이 고정되어 있을 때 자본의 추가 투입 없이 노동력의 추가 투입만 이루어진다면 어떤 상황이 생길까? 초기에는

---

2 More, C. (2000). pp. 12~27.

추가 노동력의 투입은 생산성을 높이는 데 기여하지만 이내 생산성의 증가가 한계에 도달하는 상황에 직면한다. 그 이후의 노동력 추가 투입은 생산결과의 증가에 전혀 도움이 안 되는 상황, 즉 한계생산성이 점점 떨어져 결국 0에 수렴하는 상황으로까지 악화될 수 있다. 이때 자본의 추가 투자를 통해 생산성을 높일 수 있는 기계와 장치를 사들인다면 한계생산성은 다시 높아지게 된다. 즉, 토지나 노동의 공급이 늘지 않아도 자본 투입의 증가만으로 경제성장은 가능하다는 설명이 설득력을 얻는다.

그러나 여기에도 2가지 문제가 등장한다. 추가로 투입할 자본을 어떻게 조달할 것인가의 문제와 시장에서 경쟁이 치열해지고 추가로 시장수요가 발생되지 않는 한, 즉 시장 확장이 이루어지지 않는 한 자본의 추가 투입도 한계생산성이 떨어지는 문제에 똑같이 직면하게 된다는 것이다. 여기에서 자본축적 발달모델의 핵심 요인이 등장하는데, 바로 혁신(innovation)의 중요성이다. 혁신이 이루어지지 않으면 자본 증가를 통한 성장은 지속될 수 없다는 것이다.

자본축적 발달모델의 또 다른 중요 요인으로 시장경제의 발달을 들 수 있다. 시장 세분화와 전문화를 통한 자유로운 시장거래가 거래비용의 감소와 거래 이익의 현실화를 가능케 한다는 것이다. 일찍이 18세기에 애덤 스미스(Adam Smith)는 《국부론》에서 스스로가 이를 성장모델이라고 부르지는 않았지만, 자유방임적 시장경제로 의한 시장의 확장은 분업을 촉진시키며 이는 곧 생산성의 향상으로 이어진다고 강조했다.

그러나 애덤 스미스의 모델을 산업혁명과 연계시키기에는 무리가 있다. 스미스의 국부론이 1차 산업혁명 이전에 쓰였을 뿐만 아니라 스미스의 모델을 따를 때 거래비용이 전문화로 인한 비용절감 이익을 초과해서 '분업'만으로는 더 이상 이익을 달성할 수 없는 상황이 발생하는 근본적 한계에 봉착하기 때문이다.

리글리(E. A. Wrigley)는 이런 성장의 한계가 무기질 에너지인 석탄의 사용에 의해 극복되었다고 진단한다. 석탄의 사용은 그 이전까지 주류를 이루었던 풍력이나 수력 또는 말과 같은 동물이나 사람에 의해 발생하는 유기질 에너지 경제의 족쇄를 풀고, 증기기관 동력의 기계들을 통해 노동생산성을 높이게 된다. 석탄의 사용은 산림지대를 경작지로 바꾸고, 증기기관은 운송비용을 크게 떨어트리고, 토지의 사용을 더욱더 전문화하고, 해외에 새로운 경작지를 개척하게 만들었다. 더욱 효율적인 제품의 생산은 해외에서 식량을 수입하는 무역의 발판이 된다. 경제적 의미로 볼 때, 석탄은 토지의 생산물이기 때문에 토지로 인식되는데, 석탄의 사용은 영국에게 새로운 토지를 안겨 준 셈이다.[3]

발명과 혁신의 중요성을 강조한 또 다른 모델은 자본론으로 유명한 칼 마르크스(Karl Marx)의 모델이다. 마르크스는 산업화를 시장확대와 자본축적 그리고 혁신의 조합으로 봤다. 그에 의하면, 일단 산업화가 진행되면 자본축적이 이루어지는데, 이는 노동자들에게

---

3 Wrigley, E. A. (1988).

〈그림 2-2〉 칼 마르크스의 모델

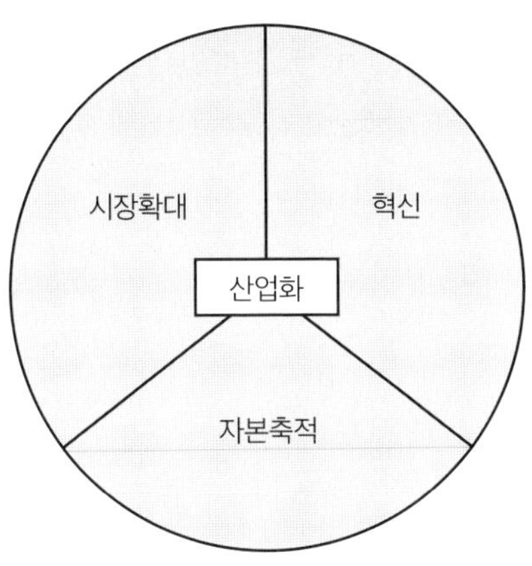

충분히 지급되지 않은 잉여가치가 투자를 위한 자본으로 축적되기 때문이다.

마르크스의 자본축적 발달모델은 정치적으로 매우 다른 시각을 가지고 있는 학자들에게도 큰 영향을 미친다. '노동력의 무제한 공급을 통한 경제발전' 모델로 종종 알려져 있는 루이스(Arthur Lewis)도 그중 한 사람이다. 루이스에 의하면 최저생활 부문에 남아도는 노동력이 생산성이 높은 자본가 부문으로 이동하는데, 이때 노동자들에게는 그들이 익숙한 수준, 즉 낮은 생활수준을 유지할 정도의 임금만이 지급된다는 것이다. 기계와 같은 자본에 의한 높은 노동생산성과 낮은 임금은 결국 높은 이익으로 이어지며, 이러한 이익은 다시 시설장비 자본으로 재투자되면서 노동생산성을 더 높이게 된다. 그럼에도 임금은 제자리 수준을 유지하면서 생산 단위당 이익은 더욱 높아지게 된다. 전체 이익이 상승하면서 재투자는 더욱 빨라지고 자본축적의 선순환이 이루어진다. 그런데 잉여 노동력이 고갈되는 지점에 도달하면 임금이 결국 상승하게 되고 이익 증가의 속도는 더뎌지면서 보통사람들의 삶의 기준에 대한 보상이 시작된다는 것이다.

이처럼 자본축적을 설명하는 과정에서는 일정 부분 공통점을 지니는 마르크스와 루이스는 산업화를 노동착취의 과정으로 보느냐 또는 현대화의 과정으로 보느냐에 있어 근본적 시각 차이가 있다.

로스토(W. W. Rostow)의 '선도산업 부문'(leading sector) 개념도 흥미롭다. 마르크스의 자본축적 개념을 승계하지만 산업혁명을 선도산업 부문의 역할로부터 풀어내고 있다. 로스토는 산업혁명을 주도하는 선도산업이 급부상하고 빠른 속도로 성장하면서 다른 산업에 대한 수요까지 이끌어 내고 경제 전반의 산업화를 촉진한다는 측면에서 선도산업 부문이 매우 중요하다고 보았다.

영국의 1차 산업혁명의 경우 섬유산업이 선도산업의 역할을 수행했다. 면섬유산업의 기술적 혁신으로 인해 생산비용과 가격이 급격히 낮아지고 이로 인해 판매가 증가하는 변화를 지적하면서, 1차 산업혁명에서 선도산업 부문의 역할과 자본축적 그리고 기술혁신이 매우 중요함을 강조했다. 4

4 Rostow, W. (1971).

창업과 혁신 모델(models of entrepreneurship and innovation)

슘페터(J. A. Schumpeter)는 경제성장을 위해서 창업가 정신과 혁신이라는 2가지 요인이 중요하다고 강조한다. 슘페터에 있어 창업가의 기능은 새로운 상품을 만들거나 기존 상품을 새로운 방법으로 만드는 데 있어 이전에 시도되지 않았던 기술적 가능성이나 발명을 잘 활용함으로써 생산 양식을 혁신하거나 아예 새로운 것으로 바꾸는 것을 말한다. 여기에는 새로운 소재의 공급원을 개척하거나 제품의 새로운 판로를 개척하는 일도 포함된다.[5]

물론 창업가와 자본가는 새로운 비즈니스를 위해 일정 부분의 위험을 감수하고 자본을 투자한다는 차원에서 유사할 수는 있으나 슘페터는 창업가에 필요한 통찰력과 기회를 포착할 수 있는 강화된 능력이 요구됨을 강조한다. 이때 기회는 혁신으로 인해 가능하게 된 고수익 창출 기회를 말한다.

또한 슘페터는 혁신을 기술적 변화나 재구조화 정도가 아닌 새로운 시장 창출이나 새로운 원료공급 원천 개발 등의 활동으로 정의하며, 혁신이 일종의 단절을 의미하는 것으로 본다. 그는 또한 현대 시대의 경제발전을 경제활동의 거대한 주기(huge cycles)와 연관된 전 세계적 현상으로 보기 때문에 어느 한 시기를 특정하는 '산업혁명'이란 단어를 좋아하지 않았다. 일정한 비즈니스 주기가 진행될

5 Schumpeter, J. A. (1942). p. 132.

때 소수의 산업들이 빠르게 성장하면서 다른 산업의 수요와 이익창출 기회를 자극하고, 산업화가 빠르게 확산하면서 창업가들이 이에 반응한다는 것이다.

슘페터는 경제발전을 구조적 변화의 역사적 과정으로 설명하면서, 근본적으로 다음과 같이 5가지 형태로 나눌 수 있는 혁신에 의해 주도된다고 보았다.

① 새로운 상품의 출시 또는 기존 상품의 새로운 변형
② 시장에서 검증되지 않은 새로운 생산방식의 적용 또는 제품의 판매
③ 새로운 시장 개척
④ 원재료의 새로운 공급원 획득
⑤ 독점의 파괴 또는 형성과 같은 새로운 시장 구조

한편, 슘페터의 경제적 발전에서의 창업과 혁신의 중요성에 공감하면서도, 모커(Joel Mokyr)는 발명 그 자체를 경제적 발전의 결정적 요인으로 봤다.6 모커는 증기기관과 같이 급진적인 신개념의 아이디어를 거시적 발명(macro-invention)으로, 그리고 그런 거시적 발명에 의해 가능해진 다수의 작은 기능개선 등을 미시적 발명으로 정의한다. 예를 들어, 증기기관의 발명(거시)으로 금속가공 기술의

6 Mokyr, J. (1992). pp. 12~13.

발전(미시)이 이루어져 가격이 싸고 질이 좋은 철 생산이 가능해진다는 것이다.

모커와 같은 학자들의 발명에 대한 이러한 설명은 '외인성(外因性) 발전 이론'으로 설명되기도 한다. 18세기의 거시적 발명들이 투자 이익을 높이고 재투자를 촉진하는데, 이 거시적 발명이 그 당시의 경제적 관계 밖에서 발생된 외인적 요인이라는 것이다. 즉, 그 결과들이 과학적 발전이나 순전한 사고나 우연과 같은 외적 요인들에 의해 발생된다는 점에서 산업혁명은 실제로 혁명적이라고 보는 시각도 존재한다.

수요 기반 모델(demand-side models)

경제적 성장을 설명하는 또 다른 방법은 수요 측면에서 살펴보는 것이다. 추가 수요의 발생은 시장에 시그널을 보내는데, 이때 가격은 오르고 투자 유인이 발생한다. 수요 증가를 설명하는 여러 요인 중에는 인구 증가나 해외무역 등이 있다.

무엇보다 인구 증가는 자본 형성에 기여함으로써 경제발전에 설명력을 지닌다. 예를 들어 영국에서 1750~1850년 사이 인구가 750만에서 2천만으로 급증하였는데, 이런 인구 증가는 주택에 대한 수요를 증가시키고, 따라서 주택 건설에 자본이 투여되고 수익이 증가하면서 경제 전반에 걸쳐 자본 수익률이 상승한다는 것이다.

물론 인구 증가와 임금 증가의 연관성을 찾기는 쉽지 않다. 오히려 다른 요인의 변동 없이 인구만 증가한다면 임금에는 부정적 영향을 미치기 쉽다. 산업혁명이 진행되는 동안에 뚜렷한 임금 상승은 없었으나 다음의 3가지 방법을 통해 노동자 계층의 생활수준은 높아진 것으로 보인다. 첫째, 고용 기회 증가로 개별 임금의 상승 없이도 가족 전체의 고용 소득은 증가하였다. 둘째, 분업으로 인해 기술을 가진 노동자의 임금이 상승하였다. 그리고 마지막으로 노동자들이 구입하는 상품의 가격 하락과 구매 가능한 상품군의 확대 등이 이루어졌다.7

또 다른 요인은 수출이다. 잉여자본과 노동력이 있다는 가정하에 수출은 수요를 자극하는 주요한 요인이 될 수 있다. 즉, 자본과 노동력이 완전히 투여된 상황에서 추가 수출 수요는 다른 생산으로부터 자원을 빼내올 수밖에 없지만 보통은 늘 실업이 골칫거리인 상황이다. 고용 여력이 충분한 상황이라면 수출 수요는 고용을 증가시키고, 증가하는 이익 기회들이 사업가들로 하여금 투자를 촉진하도록 독려하기 때문에 자본 증가로 이어진다.

마지막으로, 소비자의 취향 변화가 수요에 미치는 영향을 들 수 있다. 레저에서부터 상품이나 서비스 소비에 이르기까지 소비자의 선호도 또는 취향의 변화는 분명 수요를 촉진시키게 된다. 실제로 산업혁명을 통해 새롭게 등장한 상품이 산업화 이전의 전통적인 상품을 대체한 소비자 취향 변화가 어렵지 않게 관찰된다.

---

7 Deane, P. (1979). pp. 255~271.

3. 산업혁명의 성과들

산업혁명은 무엇을 중심으로 보느냐에 따라 그리고 발생 국가에 따라 시대 구분이 상이하며, 그 성과의 정도도 매우 다르게 나타난다. 그럼에도 1차 산업혁명과 2차 산업혁명으로 일반화될 수 있는 성과들은 다음과 같이 정리할 수 있다.

제 1차 산업혁명

최초의 산업혁명은 유럽과 미국에서 18세기에서 19세기에 걸쳐 일어났다. 주로 농경사회에서 산업사회로, 농촌에서 도시로의 발전이 이루어진다. 주요산업은 섬유산업과 제철산업으로, 증기기관의 발전과 함께 1차 산업혁명의 중추를 이룬다. 그리고 18세기 중반까지 북미대륙과 인도에 대한 광범위한 통제권을 기반으로 한 무역 발전과 비즈니스 활성화는 1차 산업혁명을 촉발하는 토대가 된다.

주요한 기술적 발전으로는 우선 증기기관의 효율성이 크게 개선되면서 산업적 이용이 크게 늘어나고, 특히 고압력 증기기관들은 철도나 선박과 같은 교통수단에도 사용된다. 예를 들어, 증기 동력에 의한 기계화된 면사방적(cotton spinning)은 근로자 1인당 생산량을 500배 늘리고 기계 직조기(power loom)는 40배 이상 늘리면서 섬유산업은 산업혁명을 견인하는 대표적인 선도산업으로 자리매김한다. 제철(製鐵) 기술도 놀라운 발전을 하게 되는데, 석탄 대신에 코크스를 사용함으로써 선철 생산비용을 크게 낮추고 대용량의 용광로를 통한 규모의 경제가 실현된다. 최초의 공작 기계도구도 개발되는데, 나사선반(screw cutting lathe)이나 절삭 공작기계인 밀링머신(milling machine) 등이 첫선을 보인다.

이러한 변화의 중심에서 과학기술 발전을 이끈 영국은 1차 산업혁명을 통해 몇 가지 근본적인 사회변화를 경험한다.[8] 우선 인구가 1780년 750만에서 1860년 2,030만으로 급격히 증가한다. 그리고 고용구조도 근본적인 변화를 겪는다. 1800년부터 1860년까지 60년간 농업 분야 비중은 35.9%에서 18.7%로 크게 낮아진 반면, 제조업 비중은 29.7%에서 43.6%로 늘어났다. 실제 인구로는 농업에 종사하는 인구가 170만에서 200만으로 조금 늘어난 반면 제조업 종사자는 140만에서 470만으로 증가했다. 실제 종사자 수나 고용인구 대비 비중 등 모든 면에서 1810년대에 농업에서 제조업으로 무게중심 이동이 이루어진다.

산업혁명의 주요산업으로는 역시 제철산업과 면직물산업을 빼놓을 수 없다. 영국 제철산업은 1790년대 10만 톤 수준의 선철 생산량이 1860년에는 380만 톤 수준으로 급성장하면서 세계 시장 지배력을 공고히 하고 석탄산업 발전과 기술혁신에도 영향을 미치는 등 주도적 역할을 한다. 또한 목화 수입에 의존하던 면직물산업도 기술혁

8 Fisher, D. (1992). pp. 42~51.

신에 힘입어 1760년부터 1859년까지 거의 100년간 연평균 6.02%의 놀라운 성장을 이어가면서 산업혁명에 필요한 자본형성과 기술혁신에 크게 기여한다.

이 시기(1760~1860년)에 영국 국민총생산(GNP)은 9,300만 파운드에서 6억 1천만 파운드로 연평균 2.28%의 성장률을 기록해 이 시기의 평균 인구증가율 1.16%을 앞지른 성장을 기록한다. 국민총생산 대비 투자는 평균 12.2% 이루어졌다.

제 2차 산업혁명

2차 산업혁명은 1870년에서 제 1차 세계대전 직전인 1914년까지 일어났으며, 철도나 전신・전보(telegraph) 같은 기존 기술체계의 광범위한 확산, 전기나 전화와 같은 새로운 기술의 도입을 그 특징으로 한다. 제철, 석유, 전기산업 등이 대표적인 산업이며, 전기에너지를 이용한 대량생산의 기반이 이루어진다. 2차 산업혁명은 '기술혁명'(technological revolution)이라 불릴 정도로 인류 역사에 큰 영향을 미치는 새로운 기술들이 쏟아져 나온 시기이기도 하다.

1876년 알렉산더 그레이엄 벨(A. G. Bell)이 전화 특허 등록을 마치면서 정보통신 혁명의 새로운 시대를 열었고, 같은 해 내연기관의 최초 모델인 오토(Otto) 엔진 특허도 이루어지면서 자동차 역사의 시작을 알린다. 디젤엔진 개발도 이 시기에 이루어진다. 1886년 칼 벤츠(Karl Benz)가 내연기관을 장착한 세계 최초의 자동차 특허를 취득했으며, 10년 뒤 미국에서는 헨리 포드(Henry Ford)가 그의 첫 자동차를 선보인다. 1910년을 전후로 이루어진 프리츠 하버(Fritz Haber)의 암모니아 인공합성과 칼 보쉬(Carl Bosch)의 암모니아 비료 대량생산도 인류를 오랜 식량난으로부터 벗어나게 했다는 평가를 받는다. 이 외에도 이 시기의 주요한 기술적 진전으로는 철강, 전구, 사진과 축음기(녹음기술) 등이 포함된다.

4. 산업혁명의 다른 시각들

토플러의 '물결'

산업혁명의 역사를 살펴봄에 있어 빼놓을 수 없는 개념은 토플러(Alvin Toffler)의 '물결'(wave)이다. 토플러는 왜 혁명 대신에 물결이라는 단어를 사용했을까? 변화의 거대함과 광범위함 그리고 지속성뿐만 아니라 그 변화로 인해 영향을 받는 사회·문화·교육 등 사회 전반의 변화를 강조하는 의미가 반영된 것으로 볼 수 있다. 캐츠(M. N. Katz)는 '혁명적 물결'이란 개념을 통해 비슷한 시기에 다양한 지역에서 일어나는 일련의 혁명들을 통칭하여 설명하는데, 이에 해당하는 사례로는 마르크시스트들에게 중요한 의미를 지니는 '프롤레타리아 혁명'이나 최근 중동의 여러 나라에서 연쇄적으로 발생한 민주화 운동인 '아랍의 봄'(Arab spring) 등을 들 수 있다. 즉, 일련의 혁명으로 인한 거대한 변화를 큰 틀에서 집약적으로 명명하기 위한 것이라는 해석이 가능하다.9

토플러도 물결이라는 비유가 자신의 독창적인 아이디어가 아님을 분명히 하고 있다. 미국 서부 개척사를 3번의 물결로 설명한 엘리아스(Norbert Elias)의 《문명의 과정》(*The Civilizing Process*)에서는 "수

9 Katz, M. N. (1999).

세기에 걸쳐 진행된 밀려오는 통합의 물결"이란 표현으로 물결의 비유를 이미 사용한 바 있다.[10] 이러한 물결의 개념을 사용함으로써 토플러는 엄청난 양의 다양한 정보를 조직화할 수 있고 미친 듯이 몰아치는 변화의 배후를 들여다볼 수 있다고 말한다. 또한 기나긴 인간의 역사를 세분화하기보다는 크게 3번의 물결로 집약하여 단순화함으로써 자신의 메시지를 분명히 하려는 목적하에 이러한 개념을 사용했다는 점과, 동시에 역사가들이 쉽게 동의하기 어려운 방식이라는 점도 인정한다.

인류학적 관점에서 수렵채집사회에서 농경사회로의 전환이 토플러가 말하는 첫 번째 물결, 즉 농업혁명이며, 기원전 약 8000년에서 1650~1750년까지 인류를 지배했다. 두 번째 물결은 농경사회에서 산업사회로의 변화로, 토플러는 1861년 미국 남북전쟁이나 1868년 일본 메이지유신, 그리고 1917년 러시아 혁명까지 제 1의 물결을 지키려는 세력과 제 2의 물결 세력 간의 충돌로 설명한다. 이러한 격렬한 투쟁을 통해 제 2의 물결, 즉 산업혁명의 물결이 지구를 제패한 것이다. 표준화, 분업화, 동기화, 집중화, 극대화, 중앙집권화와 같은 6가지 원칙이 제 2의 물결의 특징들을 극명하게 보여 준다.[11]

제 3의 물결은 1955년에서 1965년 사이 미국에서 출현하기 시작했으며, 산업사회에서 인터넷을 기반으로 하는 정보사회로의 변혁

---

10 Elias, N. (1978).

11 Toffler, A. (1980). pp. 62~76.

을 의미한다. 정보사회는 탈(脫) 대형화, 탈선형화, 다양화 등을 특징으로 하며, 지식기반 생산과 변화가 가속화된다. 정보 시스템의 커다란 변화는 기술변화와 함께 생산방식을 바꿔 놓아 탈대중화("de-massified") 시대를 열어 프로슈머(prosumer)의 등장과 함께 소비자의 생산참여와 맞춤형 소량생산 등을 가능케 한다. 또한 미디어의 권력이 분산되고 새로운 커뮤니케이션 시스템이 발달하면서 국민국가(nation-state) 체계가 약해지고 아래로는 종족이나 지역 중심의 그룹으로의 해체 압력이 커지고, 위로는 국가를 초월하는 국제적 조직이나 기관의 탄생에 직면하며, 동시에 거대한 글로벌 기업의 권력이 더욱더 강해진다. 기계와 동기화되었던 근로자들이 기계로부터 해방되면서 노동시간의 재편성이 이루어지고 조직의 탈집중화도 동시에 빠르게 진행된다.12

토플러는 또한 인류 문명의 기반을 에너지로 설명하기도 한다. 제1의 물결이 사람이나 동물의 생물학적 에너지원, 태양열이나 풍력, 수력과 같은 자연의 힘을 이용한 반면, 제2의 물결은 석탄이나 석유와 같은 화석연료를 사용한 것이다. 제3의 물결은 지구상에 엄청난 경제적 발전을 가져다준 화석연료의 유한성을 극복하려는 노력과 궤를 같이한다. 토플러는 제3의 물결의 에너지 체계의 특징을 다음과 같이 설명한다.

12 Toffler, A. (1980). pp. 143~344.

새로운 에너지 공급의 대부분은 석유와 같은 고갈자원이 아닌 재생 에너지로부터 올 것이다. 또한 고도로 집중화된 연료에 의존하는 대신에 광범위하게 산재되어 있는 다양한 에너지원을 찾아내 사용할 것이다. 고도로 중앙집중화된 기술을 사용하는 대신에 집중화된 방식과 탈집중화된 에너지 생산방식을 함께 연결하여 사용할 것이다. 또한 한정된 생산방법이나 자원에 위험할 정도로 너무 의존하는 현상에서 벗어나 그 형태는 급격히 다원화할 것이다. 바로 이러한 다양성이 우리로 하여금 생산되는 에너지의 종류와 질을 증가하는 다양한 수요에 맞춤으로써 에너지 낭비를 줄일 수 있게 해준다. 13

리프킨의 3차 산업혁명

에너지 체계의 특징으로 제 3의 물결을 설명한 토플러의 시각과 유사하게, 리프킨(Jeremy Rifkin)은 인터넷 기술과 재생에너지의 결합이 '3차 산업혁명'을 일으키고, 이를 통한 새로운 비즈니스와 수많은 일자리의 창출만이 지속가능한 성장을 가능케 할 것이라고 강조한다. 그는 특히 인류 역사의 강력한 경제적 변화는 새로운 커뮤니케이션 기술과 새로운 에너지 시스템이 융합될 때 발생한다고 주장한다. 즉, 새로운 형태의 커뮤니케이션이 새로운 에너지원에 의해 가능해진 더욱 복잡해진 인류문명을 조직화하고 관리하는 수단이 된

---

13 Toffler, A. (1980). p. 152.

다는 것이다.

이렇게 탄생된 새로운 인프라는 시공간 개념을 축소하고, 다양한 경제적 관계의 사람과 시장을 연결하며, 커뮤니케이션 기술과 에너지원의 유기적 관계를 통해 살아 있는 경제를 창조한다. 커뮤니케이션 기술은 경제적 유기체를 관장하고 조정하고 관리하는 신경체계에, 그리고 에너지는 경제를 살아 숨 쉬게 하고 발전시키기 위해 영양분을 공급하는 피에 비유하기도 한다.

석탄과 증기기관에 의한 대량생산의 시대인 1차 산업혁명기는 증기기관과 인쇄매체의 융합이 주된 특징을 이룬다. 신문, 잡지, 그리고 책과 같은 인쇄매체는 미국과 유럽에서 활짝 꽃피면서 인류 역사상 처음으로 대중 독자의 시대를 열었다. 공교육의 도입으로 문맹률이 낮아지고, 석탄과 증기기관에 의해 움직이는 철도와 공장의 복잡한 기능들이 조직화된다.

20세기 초반에는 석유를 원료로 하는 내연기관과 전기를 이용한 커뮤니케이션이 융합하는 2차 산업혁명이 태동한다. 전기에 의한 공장 자동화로 제품의 대량생산이 가능해지고, 자동차가 가장 대표적인 상징물이 되면서 시간과 공간의 사회적 개념에 큰 변화가 생긴다. 이때는 미 대륙을 연결하는 시멘트로 포장된 고속도로와 전화망이 만들어지고 라디오와 텔레비전이 등장하면서 사회적 삶에 대한 재조명이 이루어졌으며, 석유에 기반한 오일 경제와 자동차 시대의 광범위한 활동들을 관리하는 커뮤니케이션 체계가 만들어진 시기이기도 하다.

이러한 맥락에서 리프킨은 21세기 현재 우리는 인터넷과 재생에너지가 결합하는 3차 산업혁명에 직면해 있다고 주장한다. 수억 명의 사람들이 직장과 자택, 공장 등에서 그린에너지를 직접 생산하고, 인터넷을 통해 정보를 생산하고 공유하듯이 그린에너지를 지능화된 에너지 분산 네트워크를 통해 공유할 수 있다는 것이다. 리프킨은 특히 에너지 자원의 소유구조와 권력관계가 밀접함을 지적하고, 1·2차 산업혁명 시대의 소수에게 집중된 에너지 자원 기반의 수직적 권력은 이용자 스스로가 에너지 생산, 유통 및 공유의 주체로 거듭나는 협력적 네트워크와 분산 자본주의를 중심으로 한 수평적 권력으로 진화한다고 주장한다.

수백만 젊은이들의 온라인을 통한 음악파일 공유가 전통적인 음악산업을 붕괴시키고 집단지성의 위키피디아가 《브리태니커 백과사전》을 밀어내는 것처럼, 이런 변화는 경제뿐만 아니라 사회·문화·교육 전반에 변화의 바람을 몰고 올 것이라고 말한다.[14]

제 2차 기계시대

기계의 역사란 시각으로 현재의 변화를 설명하는 브린욜프슨(Erik Brynjolfsson)과 맥아피(Andrew McAfee) 교수가 공동 집필한 《제 2의 기계시대》(*The Second Machine Age*)에 의하면 우리 인류는 지금

---

14 Rifkin, J. (2011). pp. 33~36.

'제 2차 기계시대'로 접어들고 있다. 글로벌 경제가 컴퓨팅파워, 인공지능, 네트워크로 연결된 커뮤니케이션, 그리고 디지털화와 같은 기술적 발전들의 이점을 최대한 활용하는 스마트한 기계들에 의해 추동되는 획기적인 발전을 이루고 있으며, 이를 '제 2차 기계시대'라고 명명하는 것이다.

기계시대(Machine Age)는 원래 19세기 후반부터 20세기 초반의 시기를 말하며, 대략 1880년부터 1945년 사이를 지칭한다.**15** 이 시기의 주요한 기술적 발전을 살펴보면, 컨베이어 벨트와 같은 이동식 조립라인을 갖춘 대량생산 시스템, 철강과 관련된 거대한 기계장치 산업, 초고층 건축을 가능하게 한 철제빔 건설, 고속이동이 가능한 철도와 자동차 및 비행기, 대용량의 수력발전, 저렴한 대중신문과 잡지의 기반이 되는 고속인쇄, 사진과 라디오 기술 등이 포함된다. 이러한 기술발전의 영향으로 대량생산, 대량소비가 이루어지는 매스 마켓(mass market)이 형성되면서 전국적 단위의 제품 생산과 유통, 광고가 보편화된다. 규모의 경제에 기반한 대기업들이 급성장하면서 노동착취의 사회적 이슈가 등장하고 이에 맞서는 노동조합이 형성된 것도 이 시기이다.

브린욜프슨과 맥아피 교수는 인간이 수행하는 수많은 인지작업들의 자동화에 주목하고, 인공지능 같은 강력한 소프트웨어 기반의 기

---

15 Wikipedia. The definition of the machine age. Retrieved from https://en.wikipedia.org/wiki/Machine_Age

계들이 이러한 작업들을 대체하고 있음을 강조한다. 이는 인간의 노동력과 기계가 상호보완 관계였던 '제 1차 기계시대'와는 차이가 있다는 것이 이들의 주장이다. 그런데 일자리 논쟁과 관련하여 그들은 똑똑한 기계로 인해 일자리가 없어질 것이라는 러다이트(Luddite)식의 공포는 거부한다. 대신에 테크놀로지가 창출하는 증가된 풍요로움이 다른 형태의 직업들에 대한 수요를 새롭게 만들어 낼 것으로 전망한다.16

브린욜프슨과 맥아피는 또한 '제 2차 기계시대'의 최대 수혜자는 소비자임을 강조한다. 낮은 가격으로 고품질의 광범위한 선택을 할 수 있기 때문이다. 또 다른 수혜자들은 이러한 기계를 만들어 내거나 투자하는 사람들 또는 경쟁적 우위를 확보하기 위해 이러한 기계를 어떻게 이용해야 하는지를 아는 사람들일 것이다. 엄청난 부가 이러한 과정에서 창출된다.

이를 설명하고자 이들은 인스타그램(Instagram)과 코닥(Kodak)을 비교해 설명한다.17 사진공유 앱인 인스타그램은 설립 15개월 만인 2012년 4월에 10억 달러에 페이스북에 매각된다. 그 몇 달 후 코닥은 파산했다. 인스타그램 매각으로 탄생한 7명의 억만장자들은 코닥 창업주인 조지 이스트만(George Eastman)이 가졌던 부의 10배가 넘는 주식가치를 누리게 된다. 이것이 제 2기계시대의 '풍요로움'

16 Brynjolfsson, E. & McAfee, A. (2016).

17 Brynjolfsson, E. & McAfee, A. (2016). pp. 126~128.

〈표 2-1〉 산업혁명의 다른 시각들

인류학적 구분	토플러	리프킨	슈밥	브린욜프슨 & 맥아피	GE	팽	현대원
구석기							
중석기							
신석기	제 1의 물결						
청동기							
철기						1차 정보혁명	1차 정보혁명
						2차 정보혁명	2차 정보혁명
증기시대	제 2의 물결	1차 산업혁명	1차 산업혁명	제 1기계시대	제 1의 물결	3차 정보혁명	3차 정보혁명
강철시대		2차 산업혁명	2차 산업혁명			4차 정보혁명	4차 정보혁명
	제 3의 물결					5차 정보혁명	
디지털시대		3차 산업혁명	3차 산업혁명	제 2기계시대	제 2의 물결	6차 정보혁명	5차 정보혁명 (인터넷혁명)
			4차 산업혁명		제 3의 물결		6차 정보혁명 (초지능의 물결)

이다.

문제는 이러한 슈퍼리치(super-rich), 즉 거대한 부를 이룬 창업자들이나 투자자들의 풍요로움이 어떻게 분배될 것인가이다. 브린욜프슨과 맥아피 교수의 표현을 빌리자면 간극이 벌어지는 문제가 발생하는 것이다. 직장이 있는 자와 없는 자 사이, 고난도의 숙련된 기술을 가진 자와 그렇지 못한 자 사이, 그리고 슈퍼스타나 슈퍼리치와 보통사람들 사이의 간극 말이다.

다시 코닥과 인스타그램의 사진 역사로 돌아가 보자. 인스타그램에는 매각 당시 13명의 직원이 있었지만 코닥은 최고 전성기에 대다수가 중산층인 14만 5천 명의 직원들을 거느렸다. 코닥의 시대, 즉

'제 1차 기계시대'에는 생산성과 일자리와 평균임금이 동시에 상승했다. 그러나 '제 2차 기계시대'의 생산성 향상은 일자리나 소득과는 분리되어 작동한다.

바로 이러한 특성이 중산층 침체, 노동자 임금수준의 불평등 증가, 소득불균형 악화, 장기실업률 증가와 같은 비관적 전망이 지속적으로 제기되는 주요한 근거가 된다. 특히 '제 2차 기계시대'에 하위층의 상황이 더 악화될 것이라는 비판은 상당히 설득력 있다.

제너럴일렉트릭의 산업인터넷

제너럴일렉트릭(General Electric; GE)의 에반스(P. C. Evans)와 에넌지아타(Marco Annunziata)는 지난 200년간 진행된 산업혁신의 역사를 3차례의 물결로 설명한다.[18] 1차 물결은 '산업혁명'으로, 1750년부터 1900년에 이르는 시기를 말한다. 앞서 논의한 1·2차 산업혁명을 통합하는 개념이자 기계혁명과 유사한 시대구분이다.

2차 물결은 20세기 후반의 '인터넷 혁명'으로 정의한다. 메인프레임 컴퓨터와 알파넷의 탄생 등 1950년대에 시작된 1단계 혁신을 거쳐 1990년대의 웹브라우저, 월드와이드웹 같은 2단계 혁신에 힘입어 본격적인 대중화 시대에 들어서는 정보화 혁명이 진행된다.

마지막으로 3차 물결은 '산업인터넷'(industrial internet)의 시대

18 Evans, P. C. & Annunziata, M. (2012. 11. 26.). pp. 7~12.

로, 슈밥의 4차 산업혁명에 해당한다. 지능화된 기계와 진화하는 빅데이터 분석, 그리고 연결된 직장과 근로자들이 산업인터넷 시대를 구성하는 주요 특징이다. 기계에 내장된 센서들과 진화된 기기장치들이 인터넷을 통해 실시간으로 연결되고 이를 통해 모이는 엄청난 양의 데이터에 대한 분석결과는 기계의 성능, 더 나아가 시스템과 시스템을 연결하는 네트워크의 효율성 향상을 견인한다는 것이다. 또한 데이터 자체가 지능화하면서 적절한 시점에 필요한 사람에게 정보를 제공하는 수준으로 발전한다.

산업인터넷을 통해 특정 글로벌 산업부문에 1%의 절감효과만 가져온다고 해도 항공 부문에서 300억 달러, 그리고 발전 부문에서 660억 달러의 절감이 가능하다고 GE는 추정한다. 헬스케어 부문의 비효율성을 1%만 줄일 수 있어도 630억 달러, 원유가스 부문에서는 1%의 지출만 줄여도 900억 달러의 손실을 줄일 수 있다. 산업인터넷이 우리의 산업과 삶을 바꿔 놓을 수 있다는 것이다.

5. 정보혁명의 진화

앞서 살펴본 산업혁명의 시각과 달리 인류 역사를 정보혁명의 시각으로 보는 또 다른 축의 큰 흐름이 존재한다. 미디어 역사학자 어빙 팽(Irving Fang)은 인류의 역사를 여섯 번의 정보혁명으로 정의한다. ①'문자 혁명', ②'인쇄 혁명', ③'매스미디어 혁명', ④'엔터테인먼트 혁명', ⑤'커뮤니케이션 기기 혁명', 그리고 우리에게 친숙한 인터넷 혁명인 ⑥'정보 고속도로 혁명'이 그것이다.[19]

기원전 8세기에 그리스에서 시작된 제 1정보혁명인 '문자 혁명'은 알파벳과 파피루스의 만남으로 시작된다. 이로 인해 구전과 인간의 기억력에만 의존하던 지식의 체계적 축적이 가능해진 것이다.

제 2정보혁명인 '인쇄 혁명'은 중국에서 발명된 종이와 구텐베르크의 금속활자의 결합을 통해 15세기 중반부터 정보의 대중적 확산의 기초를 마련한다. 소수 엘리트들이 독점하던 지식의 대량 복제와 보급은 결국 종교개혁과 르네상스라는 거대한 시대적 변화를 이끌어 낸다.

그로부터 400년이 지난 19세기 중반에는 보다 발달된 종이와 증기기관을 이용한 대량 인쇄기술, 그리고 최초의 유선통신 수단인 전신·전보의 등장에 따른 컨버전스가 서유럽과 미국 동부에서 제 3의

19 Fang, I. (1997).

정보혁명인 '매스미디어 혁명'을 이끌어 낸다. 최초의 매스미디어인 신문과 잡지 등이 일반 대중을 위한 미디어로 자리매김하는 시기가 바로 이때이다. 1페니에 신문을 사서 볼 수 있다는 의미에서 '페니 프레스'(Penny Press)의 시대로 명명되기도 한다.

제4의 정보혁명은 19세기 후반부터 시작된 '엔터테인먼트 혁명'을 말한다. 이때 소리를 저장하는 녹음기술과 움직이는 영상 촬영기술 등이 대거 발명되고 축음기와 사진기가 대중들에게 보급되기 시작한다. 미국에서 5센트를 의미하는 니켈(Nickel)이 입장료가 되는 '니켈로디언'(Nickelodeon)의 시대가 열리면서 영화가 대중들의 삶 속에 깊숙이 자리 잡고, 음악과 사진들이 대량으로 복제되고 상품화된다. 이 시기에는 사진기술이 영화기술로 진화하고, 녹음기술과 영상이 결합하면서 유성영화로 발전하는 컨버전스가 진행된다.

20세기 들어 두 번의 정보혁명이 더해지는데, 제5정보혁명인 '커뮤니케이션 기기 혁명'과 제6정보혁명인 '정보 고속도로 혁명'이 바로 그것이다. 제2차 세계대전 직후부터 본격화된 제5정보혁명은 전화, 방송, 음향기기, 발달된 인쇄기술, 그리고 값싸고 보편화된 우편제도 등을 통해 일반 대중들의 가정을 정보와 엔터테인먼트 소비의 중심지로 탈바꿈시킨다. 이 시기에 각 가정에 보급된 전화선과 방송 케이블은 1990년대에 폭풍처럼 몰아친 정보 고속도로 혁명의 토대가 된다.

그런데 큰 틀에서 팽이 주장하는 정보혁명의 시대적 구분에는 2가지 상이한 시각이 존재한다. 첫째는 제4의 '엔터테인먼트 혁명'과제 5의 '커뮤니케이션 기기 혁명'을 연결된 하나의 진화 과정으로 묶어 보는 것이 더 타당하다는 시각이다. 실제로 전화나 텔레비전 기술 개발과 보급은 시장 중심의 선순환 흐름 속에서 자연스럽게 이루어졌기 때문에 이를 '기술개발'과 '시장확산'으로 분리해서 볼 필요가 없다. 특히 '문자 혁명'이나 '인쇄 혁명' 또는 가장 최근의 인터넷 혁명이 우리 사회에 미친 영향을 고려해 볼 때, 혁명으로 명명할 수 있는 구분의 기준을 제 4정보혁명과 제 5정보혁명에 각각 적용하기에는 무리가 있다는 것이다. 오히려 이 시기를 전화의 보편적 서비스 시대가 열리고 이와 함께 무선통신기술의 발달로 라디오와 텔레비전의 방송이 등장하고 대중화되는 시기로 묶어 보는 것이 더 타당하다는 주장이다. 콘텐츠 측면에서도 전보 시대의 텍스트 대신 오디오와 비디오가 주가 되는 시대로의 전환을 특징으로 하기 때문이다. 이 시대의 기술적 진전과 산업적 발전을 정리하면 다음과 같다. 20

- AT&T: 뉴욕에서 샌프란시스코까지 대륙횡단 전화선 연결 (1915)
- 웨스팅하우스: 미국 최초의 상업 라디오 방송국 KDKA 개국 (1920)
- 미국과 영국의 파이낸스센터 간의 무선전화통신(1927)
- GE: 세계 최초 텔레비전 방송국 WRGB 개국(1928)

---

20 Fang, I. (2008).

• 〈AP통신〉: 광전자식 스캐너를 이용한 사진 전송(1934)

또 다른 시각은 제5의 '커뮤니케이션 기기 혁명' 시기를 제6의 '정보 고속도로 혁명'의 1단계로 정의하고, 이를 기술적 진화 과정으로 연결하여 설명하는 시각이다. 즉, 커뮤니케이션 기기 혁명 시기에 각 가정으로 전화선과 케이블이 보급되는데, 결국 이 과정을 인터넷 보급의 인프라가 구축되는 과정으로 보는 것이다. 앨빈 토플러의 '제3의 물결'이나 GE의 '산업 인터넷 혁명'의 시각들이 여기에 해당된다. 이처럼 1950년대에서 1990년대까지의 기술발전에 대한 상이한 시각들은 정보혁명으로 인한 변화의 특징과 본질이 무엇이냐의 문제와 직결된다.

그렇다면 우리가 직접 경험하는 인터넷 혁명에 따른 변화의 특징과 본질은 어떠한가? 통신과 방송의 컨버전스, 급속하게 각 가정에 보급되기 시작한 컴퓨터의 결합으로 이룩된 인터넷 정보혁명은 디지털 테크놀로지 발전을 통해 보다 빠르고, 보다 값싸며, 보다 나은 품질과 보다 작은 크기를 가능하게 함으로써 빈곤을 풍요로 이끌어내는 혁명적 변화를 선도한다. 또한 이 시기는 '분산혁명'(distributed revolution)의 시기로 불리기도 한다.

방송과 통신, 그리고 컴퓨터산업이 1970년대까지의 독점 시대, 1980~1990년대의 독과점 시대를 거쳐 1990년대 중반 이후부터 본격화된 시장의 자유화와 국제화, 그리고 탈규제화 등과 맞물려 본격적인 경쟁체제로 전환되는 시기이기 때문이다. 시장의 절대적인 지

배력이 다수의 경쟁자들에 의해 분산되고 소비자들의 선택권이 강화되는 특징을 나타낸다.[21]

또한 네트워크 개방과 컴퓨터 진화가 중심이 되는 인터넷의 역사는 흥미롭게도 모바일폰의 역사와 상당 부분 궤를 같이한다. 1970년대 후반에 퍼스널 컴퓨터가 판매되기 시작하고, 1981년 미국 국가과학재단이 CSNET(Computer Science Network)에 자금 지원을 하고, 그 이듬해에 인터넷 프로토콜인 TCP/IP가 국제표준이 되면서 인터넷에 대한 개방이 확대된다. 1990년 월드와이드웹(World Wide Web; WWW 또는 Web)이 개발되고 1993년 최초의 웹브라우저가 선을 보이면서 1995년 인터넷은 완전히 상업화된다.[22]

현대적 개념의 1세대 모바일폰으로서 1979년 최초의 셀룰러 네트워크가 일본 NTT(Nippon Telegraph and Telephone)에서 런칭되었고, 최초의 상용 단말기인 모토롤라 DynaTAC 8000X 모델이 1983년에 시판되기 시작했다. 그런데 인터넷의 본격적인 상용화가 1990년대에 진행된 것처럼 모바일폰의 본격적인 대중화와 산업적 도약도 1991년 핀란드를 시작으로 개시된 2세대(2G) 디지털 모바일폰에 의해 이루어진다. 그리고 10년 뒤인 2001년 일본 NTT 도코모에 의해 3세대(3G)가 시작되면서 퍼스널 미디어로서의 기능과 금융·상거래 플랫폼 기능까지 포함하는 비약적 진화를 이루게 된다.[23]

---

21 현대원·박창신(2004). pp. 11~12.

22 Dominick, J. R. (1999). pp. 326~327.

23 Gruber, H. (2005). pp. 24~37.

현대원(2004)에 의하면 디지털 테크놀로지에 기반한 정보혁명이라는 공통점을 지니는 이 시기는 다시 두 단계로 나누어 설명될 수 있다.

"제작과 전송, 그리고 압축과 저장에 있어서 디지털 테크놀로지에 기반한 정보혁명이라는 측면에서 정보 고속도로 혁명과 퍼스널 미디어 혁명은 많은 공통점을 지니고 있다. 그래서 디지털 혁명을 두 단계로 나누어 정보 고속도로 혁명은 제 1단계 디지털 혁명으로, 퍼스널 미디어 혁명은 제 2단계 디지털 혁명으로 특징화하고자 한다. '컴퓨터와 인터넷, 유선통신이 융합'하는 제 1단계 디지털 혁명은 생산성(productivity)과 효율성(efficiency) 증대에 초점이 맞춰진 세상의 변화를 설명한다. … '모바일이 중심'이 되는 제 2단계 디지털 혁명이 추구하는 목표의 중심에는 '개인 주권의 선택과 이를 통한 행복과 만족의 증대'가 위치하게 된다. 디지털 혁명의 담론이 세계화에서 개인화로, 공급자에서 소비자로, 생산성 증대에서 행복한 개인의 삶으로 그 중심이 바뀌고 있음에 주목한다."[24]

네트워크 사회의 등장

오늘날 일상적으로 사용하는 '네트워크 사회'는 학문적으로는 조금 다른 맥락에서 일찍이 사용되어 왔다. 카스텔(Manuel Castells)은

24 현대원·박창신(2004). pp. 13~14.

1970년대에 산업주의(industrialism)의 시대가 지나고 정보화주의(informationalism) 시대, 즉 네트워크 사회가 도래했음을 강조한다. 그에 의하면, 네트워크 사회의 등장은 1970년대의 3가지 독립된 과정들이 우연히 동시에 발생된 상호작용적 결과이다. 그 첫째는 산업주의 그리고 그와 연계된 자본주의와 국가통제주의(statism)의 위기와 구조조정, 둘째는 1960년대 후반에서 1970년 초반에 걸쳐 발생한 자유지향적인 문화사회주의 운동, 그리고 셋째는 ICT 기술혁명이다.[25]

이들 3가지 과정은 출발점이 각각 다르지만, 그 발전 과정에서는 광범위한 상호작용이 이루어졌음은 매우 주목할 만하다. 예를 들어, 대학에서 출발한 사회운동에 기원을 둔 개인 자유화 문화는 결국 테크놀로지 혁명의 실제적 모습을 디자인한 혁신가들의 마음에 자리 잡는다. 회사 차원의 메인프레임 컴퓨터와는 상반되는 퍼스널 컴퓨터에 대한 고민도 같은 차원으로 볼 수 있다. 발명의 사유재산화도 정면으로 도전받으며, 소프트웨어의 무료확산 권리가 강조된다. 지식이 공유되고 동료들 간에 소통하는 대학 문화가 발명을 개선시켜 나가는 집단 협업으로 발전된다.

그리고 무엇보다 1970년대 석유파동으로 인한 글로벌 경제위기에 대한 새로운 해법 모색과 네트워크 사회 출현 간에 깊은 관련이 있다는 것이다. 1970년대에 다시 등장한 자본주의의 위기는 1930년

---

25 Castells, M. (2004). pp. 15~22.

대 경제대공항 이후 정부의 재정 지출을 늘려 높은 생산성과 시장 수요 확대를 꾀하고 이를 통해 사회적 안정과 삶의 질 향상, 그리고 대량생산된 상품과 서비스에 대한 대량 소비로 이어지는 케인스식 경제 모델에 대한 심각한 도전으로 나타난다. 정부의 지출 증가에 따른 부채 증가와 통화공급 증가는 급격한 인플레이션으로 이어지면서 경제위기가 커져 간 것이다. 기업들은 이러한 위기에 직원 감축과 임금인상 억제, 글로벌 생산과 시장 확대, 연구개발 강화, 기술투자 증대, 유연하고 효율적인 경영 등을 통해 대응했다.

이 과정에서 발달된 커뮤니케이션 기술들은 공간의 개념을 소멸시키고 글로벌화를 가능케 하며, 동시에 매우 빠르며 비동시적인 커뮤니케이션은 시간의 개념까지 바꿔 놓는다. 이러한 커뮤니케이션 기술들로 인한 비즈니스 분야의 핵심적 변화는 수직적 관료주의에서 수평적 기업체제로의 전환으로 특징될 수 있다. 이때 수평적 기업체제는 ① 업무가 아닌 프로세스 중심의 조직, ② 얇은 위계질서, ③ 팀 매니지먼트, ④ 고객 만족에 의한 성과 측정, ⑤ 팀 성과에 따른 보상, ⑥ 생산자와 소비자의 접촉 극대화, ⑦ 모든 수준의 근로자에 대한 정보제공과 훈련 등 7가지의 특징을 가진다.[26]

이러한 네트워크 사회에서 지식과 정보는 생산성과 권력의 필수적 원천이다. 즉, 생산성과 권력은 언제나 지식과 정보로부터 나온다. 그러나 정보나 지식은 한 사회를 구성하는 필수 요소이기는 하

26 Castells, M. (2000a). pp. 176.

나 지배적 구성요소가 되기에는 구체적이지 않다. 새로운 기술적 패러다임의 기반 위에서 구체적인 것은 새로운 사회 구조가 등장한다는 것이다. 이때 구조는 ICT 기술에 의해 작동되는 사회적 네트워크들로 이루어진다.

카스텔에 의하면 이러한 구조는 언제나 모순과 갈등의 형태를 띠며, 구조를 만드는 주체들의 이익과 가치 그리고 계획들을 대변한다. 또한 그는 네트워크 사회에 포함과 배제의 양분적 구조를 강조하면서, 인터넷과 통신 네트워크에 접속한다는 사실이 사회를 형성하는 지배 네트워크 또는 그 반대편에 위치하는 반지배 네트워크에 실질적으로 포함됨을 보장하지는 않는다고 강조한다. 즉, 인터넷 접속이 네트워크에 포함되는 필요조건은 돼도 충분조건은 아니며 배제가 발생할 수 있다는 것이다. 그런데 이러한 카스텔의 '네트워크 사회' 개념은 많은 통찰력과 시사점에도 불구하고 구조론적 한계에 빠져 개인 주체들의 능동적인 참여와 협업을 통한 창조의 많은 가능성들을 배제할 수 있다는 도전에 직면한다.

6. 산업혁명의 역사는 지속되는가?

'4차 산업혁명'이란 이름이 시대의 화두가 되었음은 부인할 수 없는 사실이다. 슈밥(Klaus Schwab)은 우선 인터넷 정보혁명을 3차 정보혁명으로 정의한다. 그러면서 오늘날의 변화가 단순히 3차 산업혁명의 연장이 아닌 이유를 다음과 같이 3가지로 설명한다. 첫째는 속도(velocity)로, 변화 속도가 기하급수적으로 빠르다는 것이다. 둘째는 범위(scope)로, 거의 모든 국가의 모든 산업에 파괴적 영향력을 미친다는 것이다. 마지막은 시스템 영향력(systems impact)의 차원으로, 변화의 폭과 깊이가 전체 산업체계, 즉 생산과 관리 및 지배체계의 근본적인 변화를 예고한다는 것이다. 물론 이러한 변화는 3차 산업혁명을 이끌어 온 ICT 인프라를 기반으로 한 새로운 기술들의 융합에 기인한다.

> 전례가 없는 데이터 처리 능력과 저장 용량 그리고 지식 접근성으로 무장한 모바일 기기로 연결된 수십억 명의 사람들이 만들어 내는 가능성은 무궁무진하다. 그리고 이러한 가능성은 인공지능, 로보틱스, 사물인터넷, 자율주행차, 3D 프린팅, 나노기술, 생명공학, 재료과학, 에너지 및 양자컴퓨팅과 같은 분야에서 발생하는 새로운 기술혁신들을 통해 배가될 것이다. 27

이렇게 4차 산업혁명으로 인한 변화가 그 규모, 범위 및 복잡성에 있어 이전에 우리가 경험한 것과는 분명 다를 것이라는 기대는 시장에서 새로운 기회로 인식되고 있다. 디지털 혁명의 기반 위에 발달된 기술들이 사회, 더 나아가 인간의 신체에 내재화(embedded) 되는 새로운 방식들까지도 제시할 것이란 전망과 함께, 4차 산업혁명을 특징짓는 기술들이 수십억 명의 사람들을 계속해서 웹에 연결하고 비즈니스 및 조직의 효율성을 획기적으로 향상시키며 더 나은 자산관리를 통해 자연환경을 재생산할 수 있는 커다란 잠재력을 가지고 있다는 긍정론에 힘이 실리는 것도 사실이다. 28

그런데 4차 산업혁명이라 명명되는 현상적 특징들을 과연 새로운 산업혁명으로 구분지어 규정하는 것이 타당한가에 대해서는 조금 다른 차원의 고민이 필요해 보인다. 우리는 흔히 거대하고 급진적인 변화를 혁명이라고 부른다. 때론 폭력에 의한 근본적 변화까지를 포괄하는 의미로 사용한다. 사회정치적으로 매우 중요한 의미를 지니는 이 단어가 비유적 의미로 경제나 기술 분야에 확대 적용되는 것은 그 변화의 크기와 폭이 상대적으로 매우 거대함을 설명하기 위해서일 것이다. 이런 측면에서 산업과 혁명이 만나 산업혁명으로 명명되는 거대한 변화는 분명 좋은 사례가 되기에 충분해 보인다.

그런데 모어는 혁명이라는 개념에 내재한 급격함(suddenness)이

27 Schwab, K. (2016. 1. 14.).
28 Bernard, M. (2016. 4. 5.).

〈그림 2-3〉 4차 산업혁명

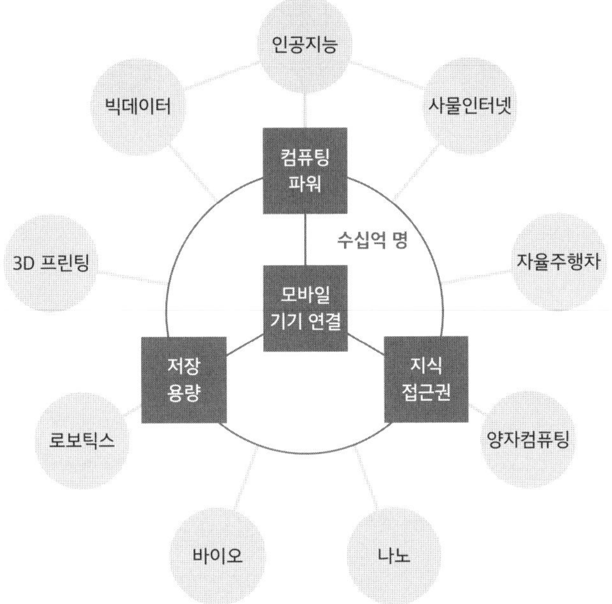

경제 분야의 적용에는 제한적임을 강조한다. 보통 수년에 걸쳐 진행되는 정치적 혁명과 달리 경제적 의미의 혁명은 매우 긴 시간에 걸쳐 진행되기 때문이다.29 일례로, 대략적으로 동의되는 1차 산업혁명 시기는 1760년부터 1840년까지의 80년이다. 따라서 경제에 있어 혁명은 거대 규모의 구조적 변화를 압축적으로 지칭하기 때문에 급격함보다는 초기 변화의 지속성(continuation)이 더 중요하다고 강조한다. 같은 의미에서 톰슨도 산업혁명에 영향을 미치는 선행적 성

---

29 More, C. (2000). pp. 1~2.

과 내지는 징조들이 심지어 르네상스 시대까지 거슬러 올라갈 수 있기 때문에 산업혁명 전후의 시기들을 다 고려해 보면 정치혁명의 비유로서 '혁명'이라는 단어를 사용한 것에는 문제가 있을 수 있음을 지적한다. 다만, 그것이 경제적 변화뿐만 아니라 근본적으로 사회 변화로까지 이어지는 파급력이 매우 크다는 측면에서는 '혁명'이 어느 정도 정당화될 수 있다고 인정한다.[30]

이처럼 경제적 의미의 혁명이 장시간에 걸쳐 진행된다는 특징은 산업혁명의 시대적 구분을 어렵게 하는 주된 이유이기도 하다. 변화의 주된 특징을 이루는 기술적 발전들에는 즉시적이고 단절적인 부분도 있지만 상당수는 수십 년 또는 수백 년 전에 뿌리를 두고 이어져 온 진화의 결과들이기 때문이다. 따라서 시작점을 언제로 볼 것인가 또는 언제를 혁명의 끝으로 볼 것인가는 시각에 따라, 목적에 따라 상이할 수밖에 없다.

다시 산업혁명의 초기 역사로 돌아가 보자. 산업혁명의 시대적 구분은 주도적 기술이나 자원, 이를 뒷받침하는 생산 시스템이나 경제구조 등을 기준으로 종종 이루어진다. 그리고 1, 2차 산업혁명을 설명하는 주요 요인으로는 전통적으로 중요한 경제적 요인들인 토지, 노동력, 자본과 함께 이들 요인들의 효율적 사용을 높일 수 있는 다양한 방법들, 즉 규모의 경제, 거래이익, 그리고 기술혁신 등

---

30 Thompson, A. (1973). pp. 26~28.

을 통한 효율성 제고의 노력들이 함께 다루어진다.[31] 이러한 기준과 요인들에 기반한 많은 학술적 논의들에 의해 1, 2차 산업혁명이 기계 중심의 혁신을 통해 경제와 사회 전반에 혁명적 변화를 불러일으켰음은 충분히 규명되어 왔다.

그런데 컴퓨터와 인터넷 기술 기반의 이른바 '정보화 혁명'을 3차 산업혁명으로 규정할 수 있는가에 대한 논의는 학계에서 제대로 그리고 충분히 이루어졌다고 말하기 쉽지 않다. 오히려 산업혁명과는 구분되는 '정보혁명'의 시각으로 이를 조명하는 작업이 더 주류를 이루었다.

같은 맥락에서 살펴본다면, 공장 자동화를 기본으로 사물인터넷의 채택과 혁신이 주된 내용이 되는 인더스트리 4.0과 그 확장적 개념이 된 4차 산업혁명은 ICT 진화에 따른 연속적 혁신으로 충분히 설명 가능하다. 이는 앞으로 살펴볼 초지능 물결의 단절적이고 파괴적인 혁신과는 거리가 먼 것이다. 따라서 4차 산업혁명은 학계나 업계에서 합의되거나 동의된 공통의 특징들로 명료하게 정의되는 개념이라기보다는, 새로운 기술혁신으로 산업이 진화함을 설명하고 이에 제대로 대응해야 함을 강조하는 일종의 전략적 슬로건으로 보는 것이 더 타당할 수도 있다.

실제로 4차 산업혁명이란 용어를 탄생시킨 주역인 클라우스 슈밥은 그 스스로가 독일 엔지니어 출신으로 다보스 포럼으로 알려진 세

---

31 More, C. (2000). pp. 9~12.

계경제포럼(World Economic Forum)의 창립자이자 회장이며, 4차 산업혁명의 화두도 이 포럼을 중심으로 세계에 널리 퍼진 점을 유념할 필요가 있다.

슈밥이 강조하는 4차 산업혁명이 비즈니스에 미치는 영향을 들여다보면 그가 의미하는 4차 산업혁명의 실체는 더욱 분명해 보인다. 슈밥은 첫째, 소비자 기대가 충족됨을 강조한다. 고객으로서의 소비자들이 경제의 중심에 위치하게 되며, 어떻게 이들을 잘 응대하고 관리할 것인가 그리고 이들의 기대를 충족시킬 것인가가 비즈니스의 모든 것으로 여겨진다. 둘째, 제품 향상에 대한 기여를 빼놓을 수 없다. 물리적 제품이나 서비스들은 그 가치를 증가시키는 디지털 역량에 의해 한층 더 향상된다. 신기술들은 기존 자산들을 더욱 견고하고 탄력적으로 만들며, 이와 관련된 빅데이터와 분석기술들은 그것들이 유지되는 방식을 개선해 나갈 것이다. 셋째, 협업적 혁신의 특징도 강조된다. 소비자들의 경험과 데이터 기반 서비스 그리고 데이터 분석을 통한 자산운용은 파괴와 혁신이 발생하는 빠른 속도하에 새로운 형태의 협업을 요구할 것이다. 마지막으로는 조직 형태의 변화를 꼽는다. 슈밥은 글로벌 플랫폼과 새로운 비즈니스 모델의 등장은 재능을 가진 인재와 문화 그리고 비즈니스 조직 형태에 새로운 변화를 모색하게 할 것이라고 정리한다.

그런데 슈밥이 정리한 이러한 변화의 특징들은 인터넷 혁명의 결과로 이미 산업계에서 활발하게 진행되는 현실의 모습에 가까워 보인다. 즉, 앞으로 다가올 미래 변화의 근본적 특징들로서 4차 산업혁명으로 명명할 정도의 새로운 패러다임으로 특정 짓기에는 구분 기준의 명확성과 배타적 차별성을 제대로 찾아보기 어렵다. 같은 맥락에서 앞서 살펴본 슈밥의 또 다른 설명, 즉 속도, 범위, 그리고 시스템 영향력이 전과 비교해서 매우 빠르고 크고 확장적이라는 이유로 인터넷 혁명과 구분되기 때문에 4차 산업혁명으로 정의하는 방식에도 동의하기란 쉽지 않다. 연속적 혁신을 강조함으로써 최소한 다른 시대로 구분하기 위해 필요한 파괴적 혁신 또는 혁명 수준의 변화적 특징들에 대한 세부적인 설명이 부재하기 때문이다.

우리가 맞이할 새로운 패러다임적 전환은 인류 역사상 처음으로 기계가 경제 주체로 등장하는 혁명적 상황을 주된 특징으로 한다. 성직자와 귀족이 아닌 제3신분의 시민들이 역사의 전면에 나서 이끌었던 사회변혁과 함께 태동된 산업혁명 속에서도 인간의 노동력은 늘 역사와 경제의 중심에 서 있었다. 그러나 오랜 시간 인간의 도구로서 생산성과 효율성을 높이고 이윤을 창출하는 수단으로 기능해 온 기계는 이제 스스로의 의지를 가지고 인간과 소통하고 인간의 노동력을 대체하는 초지능의 존재로 진화에 진화를 거듭하고 있다. 이것이 우리가 주목해야 하는 변화의 핵심이며, 산업혁명과 정보혁명을 뛰어넘는 새로운 패러다임을 얘기할 수밖에 없는 이유이다.

제 2 부

AI 도전과 변화의 엔진들

인류 최초로 인간의 지능이 도전받는 시기, 이 격변의 시기를 주도하는 3가지 엔진들, 스스로의 의지를 가지고 인간과 소통하고 인간의 자리를 대체해 가는 '인공지능', 인공지능의 생명줄이자 초연결의 중심인 '사물인터넷', 그리고 인공지능의 에너지 공급원과 같은 '빅데이터'에 대해 살펴본다.

인공지능의 진화

3장

1. 인공지능이란 무엇인가?

21세기 들어 컴퓨팅, 빅데이터와 같은 정보기술의 급격한 발달로 과거 수십 년간 가능성의 영역에만 머물렀던 인공지능이 우리 현실 안으로 깊숙이 들어오고 있다. 인공지능이 퀴즈쇼에 이어 바둑에 도전하고, 기사 작성을 하며, 주식 분석을 통해 유망종목을 추천해 줄 뿐만 아니라 암을 진단하고 처방까지 한다.

그런데 인공지능의 개념을 정의하는 것은 그렇게 간단한 문제는 아니다. 인공지능은 하나의 기술이 아니라 컴퓨터나 기계를 지능적인 방식으로 기능케 하는 모든 기술들의 포괄적 개념에 가깝기 때문이다. 초기에 인공지능은 통계학이나 경제학의 개념을 차용해서 불확실하거나 불완전한 정보를 다루는 인간의 추론 능력을 모방하기 시작했다. 이후 주어진 상황에 적절하게 적용 가능한 계획과 학습 능력을 향상시키는 방향으로 진화를 거듭했다.

인공지능의 개념은 1956년 미국 다트머스대의 존 매카시 교수가 개최한 다트머스 하계 워크숍에서 처음 등장했다. 인공지능 분야의 개척자로 여겨지는 10명의 학자들은 학습이나 지능을 모방하고, 지금까지 오직 인간만이 해결할 수 있었던 문제들을 해결할 수 있으며, 스스로를 향상시킬 수 있는 기계를 만드는 방법을 찾기 위해 모인 것이다.

다트머스 워크숍을 계기로 시작된 인공지능에 대한 관심과 흥분은 몇 가지 의미 있는 결과들을 만들어 낸다.[1] 수학정리를 증명하고 기존보다 더 명쾌한 증명방법을 찾아내는 프로그램을 개발하고, 대학교 1학년 수준의 미적분 문제나 IQ 테스트에 출제되는 시각적 유추 문제를 해결하는 프로그램도 개발해 냈다. 1970년대에 이르러서는 기하학적 블록으로 이루어진 가상세계에서 사용자가 영어로 입력한 지시사항에 따라 가상의 로봇 팔을 이용하여 문제를 해결하는 프로그램에 이어 여러 클래식 작곡가들의 스타일을 모방하여 음악을 작곡하는 프로그램, 자동차를 스스로 운전하는 프로그램, 심지어는 특허를 받을 만한 발명을 하는 프로그램도 개발되었다.

그러나 초기에 이러한 시범사례의 성공을 이끌었던 방법들의 확장성에는 심각한 문제가 있었다. 조금만 복잡한 상황에 놓이면 모든

---

1 Bostrom, N. (2014). pp. 6~11.

경우의 수를 탐색하기 때문에 발생하는 '조합적 폭발'(combinatorial explosion)에 빠져 제대로 기능할 수 없게 되는 것이다. 이 문제를 해결하기 위해서는 목표 도메인의 구조를 탐색하고, 경험적 탐색이나 유연한 추상적 표현 등을 활용하여 선행지식을 잘 이용하는 알고리즘이 필요하다.

뿐만 아니라 초기 인공지능 시스템은 불확실성을 다루는 방법론도 미흡하고, 관련 데이터는 빈약했으며, 메모리 용량이나 연산처리 속도와 같은 하드웨어의 성능도 한계를 보이는 총체적인 문제에 둘러싸였다.

1990년대에 들어 신경망(neural networks)이나 유전자 알고리즘(genetic algorithm) 등이 포함된 새로운 기법들이 '구식 인공지능'(Good Old-Fashioned Artificial Intelligence; GOFAI)의 단점들, 특히 '불안정성' — 프로그래머들이 단 하나라도 틀린 추정을 할 경우 터무니없는 결론이 도출되는 GOFAI의 특성 — 과 같은 문제에 대한 해결책으로 등장하게 된다.

예를 들어, 신경망은 '양허된 성능저하'(graceful degradation)의 특성을 지니는데, 이는 신경망의 사소한 고장이 약간의 성능저하는 초래하지만 시스템 전체의 붕괴로 이어지지는 않는다는 것이다. 더 중요한 사실은 신경망 기법은 경험으로부터의 학습을 가능케 해서 여러 사례들로부터 일반화된 방식을 도출하고 입력된 내용으로부터 숨겨진 통계학적 패턴을 찾도록 해준다는 것이다. 이런 특성들로 인해 신경망 기법은 패턴 인식이나 분류 문제 해결에 강점을 지닌다.

유전자 알고리즘도 최적화나 검색 문제에 대한 최고의 솔루션을 도출하는 데 사용된다.

이처럼 인공지능은 그 발전의 역사에 있어 몇 번의 부침 속에서도 끊임없이 진화를 거듭하면서 인간지능과 실제로 겨루는 사건들로 그 존재감을 드러낸다. 예를 들어 체스는 과거 인간 사고작용의 전유물로 여겨졌는데, 따라서 성공적인 체스기계가 만들어진다면 인간의 지적 활동의 핵심이 간파된 것으로 간주되면서 체스를 둘러싼 인공지능과 인간의 대결은 세간의 이목을 집중시키기에 충분했다. 1989년과 1996년 그리고 1997년까지 3번의 도전 끝에 체스용 특수목적 알고리즘인 IBM '딥블루'(Deep Blue)는 체스 세계챔피언 게리 카스바로프에 승리한다. 이어서 2011년에는 IBM '왓슨'(Watson)이 퀴즈쇼 〈제퍼디〉(*Jeopardy*)에서 우승자가 된다. 기계학습(machine learning)에 의한 인공의 지능이 인간을 앞지를 수 있음을 증명해 보인 것이다.

2. 인공지능의 진화

기계학습은 기본적으로 알고리즘을 이용하여 데이터를 분석하고 학습을 수행하며, 이를 토대로 판단이나 예측을 하게 된다. 기계학습은 학습방식에 따라 지도학습(supervised learning)과 비지도학습 그리고 이 두 방법을 절충한 준지도학습으로 나뉜다. 지도학습은 대다수의 실질적인 기계학습이 사용하는 방법으로, 미리 구축된 데이터셋(dataset)을 활용하여 모델을 학습시키며, 여기에는 분류와 회귀 방법 등이 포함된다. 분류는 여러 카테고리에 속한 사물들의 수많은 예를 보여 준 후에 특정 대상이 속한 카테고리를 결정하게 하는 것이다. 반면에 회귀는 입력과 출력 사이의 관계를 설명하는 기능을 제공하고 입력값이 바뀜에 따라 출력값이 어떻게 바뀌는지를 예측하게 하는 것이다.

비지도학습(unsupervised learning)은 군집이나 연상 등의 방법을 통해 분류되지 않은 데이터셋의 패턴을 찾아내게 한다. 군집은 예를 들어 구매 행위에 따라 비슷한 소비자들을 그룹으로 묶는 것과 같이 데이터 내에서 내재적인 그룹들을 찾을 수 있도록 해준다. 연상은, 다시 구매의 예를 들어 보면, 상품 X를 사면 Y도 구매하는 소비자들처럼 데이터의 상당 부분을 설명할 수 있는 규칙을 발견할 수 있도록 해준다.

준지도학습(semi-supervised learning)은 지도학습과 비지도학습의 절충된 형태로, 분류된 데이터와 비분류된 데이터를 둘 다 사용하여 훈련한다. 이 방법은 적절한 특징들을 추출하기가 쉽지 않고, 데이터를 레이블링하는 작업에 많은 시간이 걸릴 때 사용한다. 이 방법은 CT나 MRI와 같은 의학적 이미지에 대한 학습에 사용되는데, 훈련된 영상의학과 전문의가 종양이나 특정 질병에 대한 촬영 데이터에 레이블링해서 작은 규모의 분류된 데이터셋을 마련한 후 이를 통해 학습시키는 것이다. 초기 작업에 시간과 비용이 많이 들기는 하지만 비지도학습에 비해 정확성을 높일 수 있다는 장점이 돋보인다.

마지막으로 살펴볼 강화학습(reinforcement learning)은 결과에 대한 보상과 처벌이 컴퓨터 게임과 정확하게 같은 방식으로 이루어지는 학습방식을 말한다. 이러한 방법으로 인공지능 에이전트는 특정 목적을 달성하기 위해 최적의 방법을 찾아내려고 지속적으로 시도하면서 특정한 임무를 수행하는 역량을 증진시켜 나간다. 따라서 강화학습은 장기적인 전략에 의해 이루어지며, 반복적인 과정을 거쳐 더 많은 피드백 과정이 이루어질수록 인공지능의 전략이 더 나아진다. 이는 자율주행차 운전과 같이 일련의 연속적 결정을 해야 하는 로봇 훈련에 도움이 된다.

앞서 살펴본 여러 가지 학습방법들은 접근방식의 차이에도 불구하고 대량의 데이터와 알고리즘을 통해 컴퓨터 자체를 학습시켜 작업수행 방법을 익히게 하는 것을 공통의 목표로 삼는다.

그렇다면 기계학습은 어떻게 시각적 장면을 인식하고 분석할까?

예를 들어 머신러닝 시스템을 기반으로 정지 표지판(stop sign)의 이미지를 인식할 경우, 개발자는 물체의 시작과 끝부분을 프로그램으로 식별하는 경계감지 필터, 물체의 면을 확인하는 형상감지, 'S-T-O-P'와 같은 문자를 인식하는 분류기 등을 직접 코딩으로 제작한다. 그런 후에 머신러닝은 코딩된 분류기로부터 이미지를 인식하고 알고리즘을 통해 학습하는 방식으로 작동된다. 즉, 인공지능을 구현하는 과정 전반에 일정량의 코딩 작업이 수반되어야 한다는 한계는 아직 남아 있다.

인공지능 역사의 첫 번째 쾌거라 평가받는 IBM 딥블루의 체스 세계챔피언 카스파로프와의 경기에서의 승리도 프로그램 자체에 내재된 인공지능의 승리라기보다는 '전문가 시스템'의 승리로 보는 이유도 바로 이 때문이다. 즉, 딥블루 프로젝트에 투입된 프로그래머들과 체스의 세계적 고수들이 경기에 필요한 모든 지식들을 코드화하고 IBM의 강력한 슈퍼컴퓨팅 파워가 이렇게 수작업된 규칙들을 이용하여 모든 가능한 변수들을 연산해서 얻은 승리라는 것이다.

이러한 인공지능의 응용 범위에는 여전히 한계가 많았다. 알고리즘 분석 분야의 창시자로 알려져 있는 컴퓨터 과학자 도널드 커누스(Donald Knuth)의 다소 과장된 고백처럼, 이른바 '생각'을 필요로 하는 거의 모든 일들을 해내는 데는 성공했지만, 인간이나 동물이 '생각을 하지 않고도' 할 수 있는 일들은 더 하기 어려운 상황에 직면한다.**2** 예를 들어, 우리가 딥러닝(deep learning)에 주목하는 이유가 바로 여기에 있다.

딥러닝은 초기 머신러닝 연구자들이 만들어 낸 또 다른 알고리즘인 인공신경망(artificial neural network)에서 발전한 형태의 인공지능으로, 뇌의 뉴런과 유사한 정보 입출력 계층을 활용해 데이터를 학습한다. 예를 들어 정지 표지판의 경우, 팔각형 모양, 붉은 색상, 표시문자, 크기, 움직임 등 그 이미지의 특성이 잘게 잘려 뉴런에서 '검사'되며, 각 뉴런에서 수행하는 작업을 기준으로 입력의 정확도를 나타내는 가중치가 할당되며, 그 후 가중치를 모두 합산해 최종 출력을 결정하게 된다. 그런데 기상상태, 밤낮의 변화 등 여러 변화에 관계없이 항상 정답을 낼 수 있을 정도로 정밀하게 뉴런 입력의 가중치를 조정하려면 수백, 수천, 어쩌면 수백만 개의 이미지를 학습해야 한다. 이런 과정을 통해 신경망이 정지 표지판을 제대로 학습해 나가는 것이다.[3]

이러한 딥러닝을 앞서 살펴본 머신러닝과 간단히 비교해 보면, 머신러닝은 이미지의 어떤 특징을 어떻게 인식할지를 미리 지정하고 학습시키는 방식이라면, 딥러닝은 컴퓨터가 이미지의 특징을 스스로 파악해 내도록 하는 방식이라고 할 수 있다. 마찬가지로 '알파고'도 체스의 '딥블루'와 달리 미리 바둑 두는 방법이 프로그래밍되어 있지 않고 딥러닝을 통해 스스로 점수 올리는 법, 즉 승리하는 법

---

2 Nilsson, J. (2009). p. 318.

3 NVidia. "인공 지능과 머신 러닝, 딥 러닝의 차이점을 알아보자". Retrieved from http://blogs.nvidia.co.kr/2016/08/03/difference_ai_learning_machinelearning/

을 터득해 간 것이다.

이세돌 9단과의 바둑 대결로 세계를 뒤흔든 딥마인드(DeepMind)의 접근법은 인공지능의 정의를 이해하는 데 큰 도움이 된다. 딥마인드의 '알파고' 개발을 총괄한 하사비스(Demis Hassabis)는 딥러닝의 2가지 커다란 원칙으로 '학습'과 '범용성'을 강조한다. 첫째, 우리가 개발하는 알고리즘이 주어진 임무를 마스터하기 위해서는 실제 경험으로부터 직접 배워야 한다. 즉, 인공지능이 획득하는 지식은 이미 정제된 추상적 기호로 입력된 것이 아니라 센서를 통해 인지되는 실제 현실로부터 체득되어야 한다는 것이다. 둘째, 이러한 알고리즘은 동일한 매개변수들로 이루어진 같은 시스템하에서 광범위한 범위의 작업들에도 동일하게 잘 작동할 수 있도록 범용적이어야 한다.[4] 딥러닝으로 인해 머신러닝의 실용성이 강화되고 인공지능의 영역이 확장되고 있다는 것은 분명하다.

머신러닝은 많은 데이터에 의존할 수밖에 없다는 문제점을 해결하기 위한 노력 또한 계속되고 있다. 대표적인 접근법이 원샷러닝(one-shot learning)으로, 이는 수백 수천 장의 사진과 대용량의 데이터베이스 없이 한두 장의 사진만으로도 그 대상이 속한 카테고리에 대한 정보를 기계가 학습하도록 한다.[5] 최근에는 구글 딥마인드 팀도 이러한 원샷러닝에 자신들의 매칭 알고리즘을 적용하여 이미

4 Hassabis, D. (2017. 4. 21.).

5 Fei-Fei, L., Fergus, R., & Perona, P. (2006). pp. 594~611.

지 인식률이 많이 개선되었고, 이러한 방법론이 언어 영역으로 확장하는 데도 매우 효과적임을 밝혔다.[6]

아예 어떤 학습자료도 제시되지 않은 상황에서 문제를 해결하도록 하는 방법론도 연구되고 있다. 예를 들어 어떤 사물이나 그 사물이 속한 카테고리에 있는 관련 이미지를 전혀 보여 주지 않고 단지 상세한 설명 정보만 제공되더라도 처음 제시되는 사진에서 그 사물이 어떤 것인지를 알아볼 수 있다는 제로샷러닝(zero-shot learning)이 여기에 해당된다.[7]

실제로 이세돌 9단을 이긴 알파고 리(AlphaGo Lee)의 진화는 예상보다 빠르게 진행되고 있다. 2017년 10월 〈네이처〉(*Nature*) 지에 발표된 알파고 제로(AlphaGo Zero; AGZ)는 인간이 입력하는 바둑 기보와 같은 데이터의 도움 없이 스스로 진화하는 인공지능으로, 단 3일 만에 자기 자신과 490만 번의 대국을 통해 강화학습을 했다. 그 결과 한 번의 패배도 없이 100승을 거두며 알파고 리를 능가했으며, 21일 만에 알파고 마스터의 수준까지 넘어섰다.[8]

바둑에 대해 간단한 게임 규칙 외에는 어떤 사전 지식도 없는 인공신경망이 강력한 검색 알고리즘과 함께 강화학습을 함으로써 바둑의 수를 예측하는 능력을 키워 가는 방식으로 진화하는 것이다.

---

6 Vinyals, O., Blundell, C., Lillicrap, T., Kavukcuoglu, K., & Wierstra, D. (2016. 6. 13.).

7 Palatucci, M., Pomerleau, D., Hinton, G., & Mitchell, T. (2009).

8 Hassabis, D. & Siver, D. (2017. 10. 18.).

딥마인드의 공동창업자 하사비스의 정의를 빌리면 "알파고 제로는 매우 강력해서 더 이상 인간 지식의 한계에 얽매이지 않는" 인공지능이 탄생한 것이다.9

참고로 알파고 제로는 4개의 TPU(Tensor Processing Unit: 구글이 2016년 5월에 발표한 데이터 분석 및 딥러닝용 하드웨어)와 44개의 CPU 코어를 갖춘 단일 기계모델로, 하드웨어 비용만 2,500만 달러, 약 290억 원으로 알려졌다.10

구글은 이 여세를 몰아 두 달 뒤인 2017년 12월에 바둑뿐 아니라 체스, 일본식 장기인 쇼기와 같은 다른 게임에도 적용 가능한 알파고 제로의 일반화 버전 알파제로(AlphaZero; AZ)를 발표한다. 알파제로는 단 8시간의 자가학습을 통해 알파고 리를 능가할 정도로 빠른 학습 능력을 갖추고 있는데, 2016년 일본 쇼기 대회에서 우승한 AI 엘모(Elmo)는 2시간, 같은 해 세계 컴퓨터 체스 챔피언에 오른 AI 스톡피시(Stockfish)는 4시간, 바둑에서 알파고 제로는 34시간 학습을 통해 승리할 정도로 자기 진화를 빠르게 이뤄 내고 있다. 이와 같은 내용은 2018년 12월 〈사이언스〉(*Science*) 지에 게재됐다.

향후 인공지능 연구 분야에서는 이처럼 기존 인공지능의 한계를 뛰어넘는 새로운 아키텍처와 알고리즘에 대한 경쟁으로 지속적인 발전이 이루어질 것이다.

---

9 Knapton, S. (2017. 10. 18.).
10 Calhoun, L. (2017. 10. 23.).

3. 인공지능과 일자리의 미래

옥스퍼드대 마틴 스쿨에서 발간한 보고서인 〈일자리의 미래〉(*The Future of Employment*, 2013)에 의하면, 머신러닝과 무선로봇 기술로 인해 전체 미국 일자리의 약 47%가 위기에 처할 것으로 예상된다. 이때 '위기'란 10년에서 20년 사이에 일자리가 자동화된다는 의미이다. 일차적으로 직격탄을 맞는 분야에는 교통이나 물류 관련 직업, 엄청난 숫자의 사무직이나 하위 관리직, 그리고 생산직 근로자들이 포함되는 것으로 이 보고서는 분석하였다.

특히 로봇의 감각 및 지각 능력이 진화하고, 기능이 다양해지고 능숙해짐에 따라 초기의 단순반복 기능에서 벗어나 다양한 분야의 특수 수작업까지 수행하게 되면서 생산직 근로자 대부분의 일자리가 줄어들 것은 자명해 보인다. 뿐만 아니라 지난 수십 년간 생겨난 서비스 분야 일자리의 상당수도 심각한 영향을 받을 것이라는 분석이다. 존 메이너드 케인스(J. M. Keynes)의 예언처럼 "노동력에 대한 새로운 사용처를 찾는 속도보다 노동력의 사용을 경제적으로 줄일 수 있는 수단의 발견이 앞서가기 때문에" 생기는 광범위한 기술적 실직 상태는 어제오늘의 일이 아니다.

일례로 대표적 정신노동 직업인 콜센터 전화상담사가 인공지능에 의해 대체될 가능성은 99%라고 한다. 실제로 IBM과 SK C&C가 2016년 5월 제휴하여 시작한 인공지능 왓슨의 한국어 응용프로그램

인터페이스 '에이브릴'(Aibril)의 더욱 강력해진 2.0 버전이 2020년 11월 공개되었다. 이를 보면, 고객 데이터에 대한 사전학습 기능과 AI 모델 연동기술을 통해 사용자 의도를 파악함은 물론, 방대한 내·외부 비정형 데이터를 처리하며 사용자가 원하는 정보를 쉽게 찾아낼 수 있는 수준으로 발전하고 있다.

고용노동부 한국고용정보원도 〈기술변화에 따른 일자리 영향 연구〉 보고서를 통해 인공지능과 로봇 기술의 발달로 2025년까지 국내 취업자의 61.3%가 일자리를 잃을 수 있다고 분석했다. 2016년 기준으로 보면 전체 근로자 2,659만 명 대비 약 1,630만 명의 일자리가 없어지는 셈이다. 청소원이나 매표원, 건설이나 광업 단순 노동자, 청원경찰, 주유원 등 단순 노무직이나 1차 산업 종사자들이 대체 가능성이 매우 높은 것으로 예상된다.

일본도 예외는 아니다. 미쓰비시종합연구소는 일본에서 인공지능의 보급으로 2030년 240만 개의 일자리가 없어질 것으로 전망했다. 로봇 관련 전문직이나 기술직 같은 분야는 고용이 늘어 500만 개의 일자리가 새로 생기는 반면 생산현장이나 건설업, 서비스 분야의 이른바 '흔한' 일자리는 740만 개가 줄어든다는 것이다.

예를 들어 도쿄에 있는 설립 94년 차의 후코쿠생명은 왓슨 시스템을 도입해 병원기록, 환자 진료기록, 상해정보 등을 이용해 보험금 지급업무를 담당하게 한다. 이를 통해 34개의 일자리가 사라지고 연간 직원임금 165만 달러를 절약한다. 왓슨 시스템 도입비는 236만 달러에 연간 유지보수 비용이 17만 달러로, 2년간 운용으로 초기 투자비용 회수가 가능해진다.

그렇다면 이런 변화에 가장 영향을 받지 않는 직업은 무엇일까? 높은 수준의 사회적 지성과 창의성, 그리고 자기주도적 경험학습 지식을 갖춘 종합적 역량의 소유자들, 예를 들어 경영관리 및 재무, 컴퓨터, 공학, 과학, 교육, 헬스케어, 예술, 미디어 분야 등은 비교적 인공지능의 영향을 덜 받는 분야라 할 수 있다. 인공지능으로 대체 가능한 사무직인 법률 보조직은 없어질 가능성이 크지만 종합적 판단과 조정 및 감정적 상담을 제공하는 변호사는 영향을 적게 받는다는 것이다.

임금과 교육수준도 인공지능과 부적(負的) 관계를 가지는 것으로 전망된다. 즉, 전체적으로 낮은 임금과 단순 기술직은 사라지기 쉬운 반면, 높은 임금과 고급 기술직은 크게 영향을 받지 않을 뿐만 아니라 더 큰 기회의 장이 열릴 가능성이 크다. 이를 통해 사회구조의 양극화가 심화되는 문제를 예상해 볼 수 있다.

이런 시대의 변화에 결국 인간은 창의력과 유연성으로 적응해야 할 것이다. 큰 방향성을 결정하거나 인간관계를 조정하는 일은 결국 인간의 몫이다. 결국 중요한 것은 인공지능을 어떻게 받아들이고 활용할 것인가의 문제이며, 이와 관련된 창의력과 사회성은 매우 중요한 경쟁력이 될 것이다.

4. '엑소브레인'은 여전히 배고프다

머신러닝이 컴퓨터가 스스로 학습할 수 있도록 진화함에 따라 놀라운 변화들이 이어지고 있다. 인공지능이 병을 진단하고 차를 운전하는 시대가 눈앞에 다가온 것이다. 그렇다면 우리나라의 상황은 어떠한지 2016년 11월로 거슬러 올라가 보자. 우리나라의 토종 인공지능이 EBS 〈장학퀴즈〉 프로그램에 참가한 것이다. 한국전자통신연구원(ETRI)과 한국과학기술원(KAIST) 등이 3년 6개월간 301억 원을 들여 개발한 인공지능 '엑소브레인'(Exobrain)은 이 대회에서 600점 만점에 510점으로 우승을 차지했다.

엑소브레인의 데이터베이스에는 도서 12만 권, 용량으로는 48기가바이트 분량의 백과사전, 어학사전, 일반상식 등이 들어 있으며, 검색과 신뢰도 평가를 위해 일반컴퓨터 41대를 연결해 사용했다. 엑소브레인의 정답률은 평균 88% 수준으로, 2011년 미국 CBS 퀴즈쇼 〈제퍼디〉에 출연해 우승했던 IBM 인공지능 '왓슨'의 정답률 70%보다 높은 수준이었다.

엑소브레인은 2018년에는 문서언어 분석을 뛰어넘어 사람 간 대화 분석, 즉 구어체 분석을 위한 API까지 공개하며 상용화에 더욱 박차를 가한다. 중요한 것은 이러한 한국형 인공지능 서비스들이 지속적으로 진화하기 위해 필요한 한국어 기반의 지식 베이스가 탄탄하고 풍부한가 여부이다. 인공지능의 미래는 결국 활용 가능한 데이터에서 성패가 갈리기 때문이다. 2020년 8월 기준 개체명 인식 학습 데이터 양을 보면, 문어체는 약 27만 건이지만 구어체는 10분의 1 수준인 2만 5천 건 수준에 불과한 것으로 나타났다.

미국에서 다양한 인공지능 서비스가 소비자 기대를 충족하는 수준으로 속속 선을 보이는 것은 위키피디아(Wikipedia), 디비피디아(DBpedia) 같은 디지털 공유지가 핵심 인프라 역할을 해주기 때문이다. 잘 알려진 바와 같이 위키피디아와 디비피디아는 기부금으로 운영되는 공적 소유의 비영리 사이트이다. 익명의 불특정 다수가 협업을 통해 정보를 축적해 가고 누구나 자유롭게 이용할 수 있는 정보의 공유지 같은 곳이다. 인공지능과의 공존의 시대에 권력과 자본에 휘둘리지 않는 디지털 공유지를 보유해야 그 혜택을 오랫동안 누릴 수 있다.[11] 여기에 정부의 역할이 중요한 이슈로 떠오른다. 버락 오바마 전 미국 대통령은 대통령 재임 시 〈와이어드〉(*Wired*) 지와의 특별 인터뷰에서 인공지능에 대한 정부의 역할과 정책적 지원을 강조한 바 있다.[12]

오바마 전 대통령에 따르면, 정부는 기술 초기 단계에 느슨한 규제와 함께 연구개발에 집중 투자할 필요가 있다. 그리고 기초연구와 응용연구가 잘 연결될 수 있도록 도와야 한다. 전통적으로 미국이 신기술에 대해 유지하고 있는 규제 유보 내지는 최소 규제를 유지하

---

11 우병현(2016. 12. 29.).

12 Obama, B. (2016. 10.).

고, 나중에 기술이 진화하고 성숙하면 정부가 관여 폭을 조금 더 넓혀 가면서 기존 정부 규제들과의 정합성을 검토하면 된다는 것이다.

또한 그는 기초연구 투자가 줄어드는 것에 대한 우려도 표명했다. 우주개발사업 초기에 미국은 GDP의 0.5%를 매년 사용(현재 가치로 약 800억 달러)했으나 현재 인공지능에는 10억 달러도 사용하지 않는다면서, 다양한 기술에 내재된 다양한 가치를 실현하기 위해서는 정부도 지속적인 투자를 가속화해야 한다고 강조했다. 정부가 제대로 재정지원을 하지 않을 경우 인공지능을 둘러싼 많은 이슈들은 제대로 논의되지 못하거나 논의 자체가 실종될 수 있음을 경고한 것이다.

오바마 전 대통령은 또한 데이터 및 연구개발이 한 그룹에 의해 독점되어서는 안 됨을 강조한다. 예를 들어, 정밀의료 분야의 유전자 정보를 포함해서 정부가 수집하는 데이터와 다양한 연구개발들은 모두가 접근·공유할 수 있어야 한다는 것이다. 이를 실현하기 위해서도 정부 재정지원의 의미는 매우 중요하다.

마지막으로 그는 일자리 문제를 포함한 경제적 영향에 대한 깊은 논의가 필요함을 강조한다. 기술발전이 일자리 창출과 직결되던 과거와 지금은 상황이 다름을 정확히 인식할 필요가 있다는 것이다. 저소득 일자리는 물론 변호사와 같은 고소득 일자리도 사라질 우려가 있다. 기계가 일을 대신함에 따라 생산과 분배의 연계가 약해지고 경제력이 집중될 수 있기 때문에, 기본소득제도(Universal Basic Income) 등에 대한 사회적 논의가 필요함을 역설한다.

5. 인공지능의 미래와 과제

인공지능과 관련된 핵심 키워드 중 하나인 특이점(singularity)에 대한 논쟁의 핵심은 그 시점이 언제일 것인가 그리고 그 이후에 인공지능은 과연 통제 가능한가이다. 특이점은 인공지능이 인간의 지능보다 더 뛰어나게 되는 시점을 말하며, 그 지점을 넘어서면 인공지능 스스로 진화할 수 있다는 아이디어를 내포하는 개념이다. 이를 AGI(Artificial General Intelligence)로 명명하기도 한다. 즉, 인간의 지능 수준으로 발전한 인공지능을 말한다.[13]

다수의 과학자들은 이 지점을 향후 15년에서 25년 사이로 예상하고 있다.[14] 그러나 이 예측은 정확한 과학적 근거에 의한 것이 아니며 단지 전문가들을 대상으로 한 설문조사 결과임을 참고할 필요가 있다. 물론 앞서 살펴본 알파고의 진화에서처럼 알파고 제로 그리고 알파제로로 이어지는 일련의 발전과정은 인공지능 진화의 속도가 우리의 예상보다 더 빠를 수 있음을 잘 보여 준다.

그러나 기술 발달의 역사가 보여 주듯, 기술발전만으로 그 상용화 시기나 성공 여부를 쉽게 단정 지을 수는 없다. 무엇보다 인간의 지능을 능가하는 초지능의 등장에는 사회적 또는 국제적 합의라는

---

13 Barrat. J. (2013). pp. 8~23.

14 Armstrong, S. & Sotala, K. (2012). pp. 52~75.

큰 외적 변수의 영향을 간과할 수 없기 때문이다. 이렇게 그 시점이 언제가 될지에 대해서는 여러 견해들이 있지만, 특이점이 반드시 올 것이라는 점에는 이견이 없다.

또 다른 논쟁점은 초지능 사회를 바라보는 상반된 시각의 충돌이다. 커즈와일(Ray Kurzweil)은 특이점을 넘어서는 시대에 우리는 점차로 비생물학적 존재가 될 것이며, 지금보다 수조 배 이상 강력해질 것이라고 전망한다.[15] 우리의 생물학적 한계를 뛰어넘고 상상력을 배가시키는 새로운 인류문명이 싹틀 것으로 보는 것이다. 이러한 새로운 세상에서 인간과 기계의 구분이나 실제세계와 가상세계의 구분은 모호해질 것이다. 노화나 질병은 역전되고, 환경오염은 멈추고, 기아와 가난도 해결될 것이며, 나노기술은 값싼 정보를 이용하여 가상 재화나 물리적 재화를 생산할 것이다.

이처럼 극단의 긍정적 시각을 취하는 트랜스휴머니스트들은 인공지능이 아닌 우리 인간들이 가속화되는 진화의 중심이 될 것이라고 주장한다. 우리 두뇌를 포함한 장기들의 교체를 설계하고 기계와 우리를 연결 지으며, 이로 인해 감각과 역량이 엄청나게 증진되고 거의 무한대로 수명이 늘어나는 신인류로 진화할 것이라는 것이다.[16]

그러나 한편 초지능의 발달로 예정된 결말은 '존재적 재앙'(existential catastrophe)일 것이라고 우려하는 주장도 만만찮게 제기된

15 Kurzweil. R. (2005).
16 Kaplan, J. (2016).

〈그림 3-1〉 초지능으로의 진화

1956	다트머스 워크숍
1989	IBM 딥소트 체스 도전 실패
1997	IBM 딥블루 체스 세계챔피언에 승리
2011	IBM 왓슨 미국 퀴즈쇼 〈제퍼디〉 우승
2016	구글 딥마인드 이세돌 9단과 바둑 대결 승리
?	인간 지능 기준선 통과
?	교차점 통과
?	강력한 초지능 탄생

다.[17] 보스트롬에 의하면, 가장 먼저 등장하는 초지능적 에이전트는 확실한 전략적 우위를 확보한 독립체를 형성하고 이 땅에서 태어난 생명체들의 미래를 좌지우지할 가능성이 있고, 인간의 지혜나 지적 발달과 연계되어 있다고 고정관념화된 가치들과는 전혀 다른 최종 목표를 지향할 수도 있으며, 마지막으로 무한한 양의 물리적 자원을 확보하고 가능하다면 그 자신이나 자신의 목표에 대한 잠재적 위협을 제거하려는 융합적인 도구적 이유를 가질 가능성이 크다. 이때 잠재적 위협이라 함은 물리적 자원들을 둘러싸고 갈등 관계에 있을 수 있는 인간을 의미한다는 사실을 생각해 보면, 초지능의 존재와 활동의 결과가 인류의 신속한 멸종으로 이어질 수도 있다는 것이다.[18]

---

17 Barrat. J. (2013). pp. 8~23.

인공지능의 급격한 발전에 대해 우려를 나타내는 사람들의 바람과는 달리, 인공지능의 발전 속도는 인간 수준의 지능에 도달하면 초지능으로 급격히 도약할 가능성이 매우 크다. 인공지능 시스템의 자체 역량에 하드웨어의 지속적 성능 개선과 무한한 콘텐츠 자원이 연결되어 최적화 능력이 급격히 향상되기 때문에 초지능으로의 본격적인 상승이 이루어진다. 특히 인공지능 시스템이 외부의 도움 없이 자체 능력만으로 성능 개선을 이루게 되는 교차점을 넘어서면 초지능의 대폭발적 상황은 순식간에 발생할 수도 있다.[19]

결국 이 시점에서 우리 인간들이 고민해야 할 문제의 핵심은 인공지능의 발전 속도가 아니라 인공지능으로 인한 우리 삶의 환경 변화와 정치 · 사회 · 경제 제도 정비, 통제와 감시 체계 마련 등과 관련한 공론화 과정과 대비책 준비가 될 것이다. 하사비스도 이러한 도구를 광범위하고 정당하게 잘 이용하기 위해서는 모든 이들이 참여하는 노력이 필요하다고 주장한다.

인간과 인공지능 간의 협업 속에서 놀라운 과학적 발전들이 향후 수십 년간 펼쳐질 것이다. 인공지능은 과학자들이 효율적으로 사용할 수 있는 일종의 메타 솔루션(meta-solution)으로 우리의 일상생활을 증진시키고 더 빠르고 효율적으로 일할 수 있도록 만드는 데 기여할 것으로

---

18 Bostrom, N. (2014). pp. 140~141.

19 Bostrom, N. (2014). pp. 75~94.

믿는다. 우리가 이러한 도구를 광범위하고 정당하게 잘 이용한다면 모든 사람들이 참여하고 이익을 공유할 수 있는 환경을 조성함으로써 인류 전체가 보다 풍성해지고 진일보하는 기회를 가지게 될 것이다.[20]

---

20 Hassabis, D. (2017. 4. 21.).

초연결의 사물인터넷 4장

1. 사물인터넷이란 무엇인가?

사물인터넷(Internet of Things; IoT)은 사람, 사물, 공간, 데이터 등 모든 것이 인터넷으로 서로 연결되고 정보가 실시간으로 생성·수집·공유·활용되는 인프라를 의미한다. 산업혁명으로 발전한 전통 산업과 정보화 혁명에 의해 발달한 온라인이 융합되는 초연결사회의 핵심으로 상징되기도 한다. 다양한 사물이 센서와 네트워크로 연결되어 정보를 공유하는 기술인 M2M(Machine to Machine)보다는 적용 대상이나 비즈니스의 확장성이 매우 뛰어난 상위 개념으로 이해할 수 있다.

IoT는 서비스 제공 대상에 따라 산업 IoT, 공공 IoT, 그리고 개인 IoT로 나눠 볼 수 있다. 산업 IoT는 제조·유통·물류 등에 활용되어 산업효율성을 제고하고, 공공 IoT는 도시·사회 공간 등에 연결되어 공공서비스를 혁신하며, 개인 IoT는 개인 생활제품 등과 연결되어 삶의 질 향상에 기여한다.

가장 대표적인 산업 IoT 사례는 독일의 '인더스트리 4.0'으로, 전통적인 제조업에 사물인터넷을 결합하여 제조공정 간 정보 공유 및 생산공정 최소화 등을 통해 스마트 공장으로 거듭나고 산업생산성을 지속적으로 향상시키는 혁신을 목표로 한다. 전통산업에 사물인터넷을 결합하여 생산성과 효율성을 극대화하고 기존 제품에 새로운 부가가치 창출을 더한 것이다.

공공 IoT의 경우, 거리에 설치하는 스마트 쓰레기통을 통해 쓰레기 수거 및 운송비용을 크게 절감하고, 스마트한 주차관제 시스템을 통해 이용자들의 주차 낭비시간은 줄이고 사업자의 주차 수입은 오히려 증가시킨다. 이 두 사례 모두 환경오염 개선에 크게 기여하는 사회적 효과가 발생한다. 뿐만 아니라 CCTV와 각종 센서, SNS 등을 연계한 사회안전 IoT 플랫폼이 가동하게 되면 실시간 범죄 감시는 물론 범죄 예측 및 대응의 효율성이 증가하여 사회안전 문제 해결에도 큰 도움이 된다.

개인 IoT가 가장 활발한 영역으로는 스마트홈 서비스를 들 수 있다. 냉장고나 TV, 냉난방 시스템과 조명 등이 IoT로 연결되어 원격 통제가 가능한 수준으로 발전하면서 생활의 안전과 편리함이 가시적으로 향상되고 있다. 이 외에도 개인용 운동 관리, 영양 관리 및 응급상황 관리 등 헬스케어 분야 서비스도 활발하게 성장 중이다.

2. IoT 생태계

IoT 생태계는 그 핵심이 되는 플랫폼을 중심으로 디바이스, 서비스, 네트워크 등이 연결된 구조로 이루어져 있다. 우선 IoT 플랫폼이란 사물을 인터넷에 연결하고 사물로부터 수집된 정보를 처리하는데 필요한 공통 소프트웨어(미들웨어 등 포함)와 개발도구의 집합을 의미하는 것으로, 개발자는 공통 플랫폼 활용으로 제품 및 서비스 개발 비용 및 시간을 단축하고 이용자는 스마트폰을 통해 사물에 쉽게 접속·이용하게 된다. 전 세계는 지금 지배적 IoT 사업자가 되기 위한 플랫폼 경쟁 중이다. 구글이나 마이크로소프트 등이 자사의 경쟁력을 바탕으로 글로벌 시장을 주도하기 위해 경쟁 중이나 아직은 지배적 사업자가 부재한 상태이다.

서비스 차원을 살펴보면 창의적이고 혁신적인 아이디어를 기반으로 새로운 시장 창출이 가능한 상황에서 많은 도전들이 이루어지고 있다. 예를 들어, 제조업 분야의 대표 사례라고 할 수 있는 독일 암베르크(Amberg)에 있는 지멘스 부품공장은 25년 전부터 가동되기 시작했다. 2015년 기준으로 생산규모는 연 1,200만 개로 8배 증가했으며 불량률은 100만 개당 550개 수준에서 12개로 줄었는데 직원 수는 1천여 명 수준 그대로이다. 공장 내 생산장비와 부품 등 모든 사물이 클라우드로 연결되고, 재고량에 따라 생산량을 조절하고 주문 품목이 바뀌면 생산 라인도 스스로 재편할 정도다. 또한 스포츠

용품 제조회사인 아디다스도 축구공에 센서를 내장시켜 볼의 속도나 회전, 방향 등의 데이터를 스마트폰 앱을 통해 이용자들이 분석할 수 있도록 함으로써 더 나은 사용자 경험을 제공한다. 뿐만 아니라 웨어러블 디바이스인 심박계를 통해 운동량을 확인하고 조언도 구할 수 있도록 했다.

네트워크 분야에서 주목할 부분은 통신비 부담 없이 효과적으로 사물을 연결하기 위한 저(低) 전력, 장거리, 비면허 대역 통신 수요가 급증한다는 점이다. 이와 관련해서는 작은 사물에 탑재된 소규모 센서 및 모뎀을 통해 저용량의 데이터를 주기적으로 송수신하는 기술인 소물인터넷(internet of small things)에 최적화된 협대역 IoT(Narrow Band IoT; NB-IoT) 추진이 활발히 이루어지고 있다.

저전력 · 저비용 · 저출력 전송을 특징으로 하는 NB-IoT는 4세대 이동통신인 LTE망을 활용하는데 커버리지는 15킬로미터에 전송속도는 수백 kbps 수준으로, 가로등 원격제어, 가스나 수도 무선검침, 스마트 주차 서비스, 맨홀 내부 상태 모니터링, 위치추적 기기를 포함한 위험방지 웨어러블 기기 서비스 등을 가능하게 한다.[1]

IoT 환경이 점차 조성되면서 네트워크에 접속되는 IoT 커넥티드 디바이스 시장의 빠른 성장도 예상된다. 웨어러블 기기나 커넥티드 가전 등의 시장수요가 늘어나면서 동시에 스마트 센서 및 주요 부품 시장 확대도 이어질 전망이다.

---

1 KT경제경영연구소(2017). pp. 89~90

IoT 생태계는 새로운 기회 못지않게 위협적 요소도 늘 내포하고 있는데, 수많은 디바이스와 네트워크 및 플랫폼으로 연결되어 있어 생기는 다양한 보안 문제가 그것이다. 스마트가전을 '좀비'가전으로 만들어 해킹이나 스팸발송 통로로 이용하거나 사람 몸에 장착된 의료장치를 원격 해킹해 치명적인 사고를 일으키는 일들은 이미 현실이 되고 있다. 단말기와 센서 간 통신채널의 안전성 확보와 사물 데이터에 포함된 개인정보 보호, 해킹이나 재난·재해에 대비한 백업 및 이중화 장치를 통한 단말·네트워크·플랫폼의 물리적 안전성 확보, 그리고 이용자 식별 및 통제를 위한 다양한 인증방식에 이르기까지 IoT 관련 보안 이슈 대응에는 지속적인 기술개발과 사회적 인식 제고 등 많은 노력이 지속되어야 한다.

3. IoT 초연결과 승자독식 시장

IoT로 인한 가장 큰 변화는 초연결성이 우리가 사는 세상을 지배한다는 사실이다. 이와 연관하여 우리들의 경제생활과 사회생활의 거의 모든 측면들이 센서와 네트워크, 그리고 소프트웨어를 통해 사물인터넷으로 연결되면서 거대 글로벌 사업자들의 운신의 폭이 전례없이 커져 가고 있음에 주목할 필요가 있다. 거대 글로벌 사업자들이 중심이 되는 승자독식 시장은 왜 점점 더 힘을 얻어 가는가에 대해 브린욜프슨과 맥아피는 다음 3가지 이유를 들어 설명한다.[2]

첫째 이유는 당연히 디지털화에 의한 변화이다. 물리적 제품이나 노동력에 기반한 서비스와는 비교할 수 없을 정도로 저렴한 한계비용이 경쟁력이 되는 디지털 상품이나 서비스는 단연 고부가가치 창출에 적합하다. 한 개인의 아이디어로 시작된 스마트폰 앱이나 영상콘텐츠는 낮은 비용으로 전 세계 소비자(이용자)를 끌어들인다.

둘째로 통신의 눈부신 진화를 빼놓을 수 없다. 유선에서 무선으로의 이동, 점차로 빨라지는 속도, 넓어지는 대역폭은 우리의 삶과 경제 전반에 가장 근본적이고 파급력이 큰 인프라가 되고 있다. 전 세계 수십억 명 손에 쥐어진 스마트폰을 통해 세계는 하나의 시장이 된다. 마지막으로 네트워크 연결이다. 네트워크 효과와 규모의 경

2 Brynjolfsson, E. & McAfee, A. (2016). pp. 154~155.

제가 동시에 작동하는 연결성은 세계 시장을 독식하고자 하는 거대한 글로벌 사업자의 탄생을 가능케 한다. 더 넓은 세상으로 그리고 더 많은 사람, 사물, 그리고 장소들의 연결을 가능하게 한다.

실제로 사물인터넷이 견인하는 글로벌 경제는 지배적 플랫폼 사업자가 되기 위한 경쟁의 장이라고 해도 과언이 아니다. 예를 들어, 산업 IoT의 대표주자 중 하나인 GE는 산업인터넷이라는 신개념 용어를 주창하며 대표적인 글로벌 플랫폼 사업자임을 천명한다. GE는 특히 산업인터넷의 핵심 분야로 에너지, 기계설비, 그리고 헬스케어 분야 등에 주목한다. 이들은 산업인터넷이 연료와 에너지의 상당한 절감을 가능케 하고, 기계와 장비 같은 물리적 자산들의 기능을 향상하고 수명을 연장하며, 낮은 비용으로 더 나은 건강상태를 유지하게 하는 효과를 가져다줄 것으로 확신한다.

에반스와 에넌지아타에 의하면, 이러한 산업인터넷은 미국에서만 매년 1~1.5%의 생산성 성장을 가져올 것이며, 향후 20년간 평균소득도 25~40%의 증가를 이룰 것이다. 또한 이러한 기술적 혁신이 전 세계로 퍼져 나가 미국의 생산성 증가의 절반 정도만 보장된다고 가정할 때 글로벌 GDP에 1경 달러의 추가 성장이 이루어지는데, 이는 현재 전체 미국 경제 규모에 해당되는 액수이다.[3]

---

3 Evans, P. C. & Annunziata, M. (2012. 11. 26.). pp. 19~30.

4. IoT와 한계비용 제로 사회

그런데 사물인터넷의 분산성과 상호연결성이라는 기술적 특성이 본질적으로 공유문화에 최적화한 것이며, 이러한 기술 플랫폼의 바탕 위에 자본주의의 교환가치가 협력적 공유가치로 전환되는 세상이 넓어지고 있다고 보는 시각도 있다. 앞서 살펴본 바와 같이 리프킨은 커뮤니케이션 인터넷과 에너지 인터넷 그리고 물류 인터넷이 결합하여 사물인터넷을 형성하여 3차 산업혁명을 일으키고 있다고 주장한다. 그는 이러한 사물인터넷은 수십억 명의 사람들을 서로 연결해 주고, 사회적 자본을 전례 없는 규모로 번성하게 만들 것이며, 협력적 공유사회의 삶을 구성하는 새로운 관행과 다수의 새로운 경제적 기회를 공동 창출케 할 것이라고 말한다.

그렇다면 리프킨이 주장하는 한계비용 제로 사회는 어떤 사회를 말하는가? 한계비용이 제로에 가까워진다는 의미는 재화나 서비스를 한 단위 더 생산하는 데 소요되는 추가비용, 즉 한계비용이 제로에 수렴하여 제품이나 서비스의 가격이 거의 공짜가 되는 상황을 말한다. 책이나 잡지 등에 투여되는 고정비용을 제외하고 추가로 한 권을 더 생산할 때 온라인 유통에서는 거의 비용이 발생되지 않는 상황을 생각해 보자.

마찬가지로 3D 프린터로 자신이 필요로 하는 재화를 만들거나 자신이 필요한 전기를 직접 생산하고, 수백만 명이 거의 제로에 가까운 한계비용으로 운용되는 개방형 온라인 강좌인 MOOC(Massive Online Open Courses)에 등록한다. 뿐만 아니라 제로 수준의 한계비용으로 자동차나 집, 심지어 옷까지 공유하는 시대로 나아가고 있다. 이처럼 경제를 구성하는 많은 재화와 서비스들이 갈수록 제로 수준의 한계비용을 향해 나아가고 거의 무료로 제공되고 공유됨에 따라 수익에 기반한 자본주의 시장은 점점 더 협소한 틈새를 찾아가게 될 것이라고 주장한다.[4]

문제는 한계비용이 고정비용을 제외한 총비용 증가분을 생산량 증가분으로 나누어 산출한다는 점이다. 즉, 새로운 재화나 서비스를 만들기 위한 막대한 초기 투자비용, 즉 고정비용을 누가 어떻게 조달할 것인가의 문제는 여전히 숙제로 남는다. 또한 혁신을 통한 이윤창출에서 단지 지적 호기심이나 인류애로 대체되는 봉사와 자기만족 그리고 사회적 기여로 경제활동의 목적이 전환될 것이라는 설명이 과연 현실적이냐는 질문도 여전히 남는다.

차두원(2015) 등은 한계비용을 제로로 만들어 줄 토대인 인프라스트럭처는 자본 없이는 만들어 낼 수 없음을 지적하면서 오히려 한계비용 제로 서비스를 가능하게 해주는 거대 플랫폼 기업의 독점 현상과 프리미엄 시장 확대 등을 예로 들면서 자본주의 종식을 말하는 리프킨의 주장이 극단적임을 지적한다.[5]

---

4 Rifkin, J. (2014). pp. 10~28.

5 차두원·진영현(2015).

5. IoT와 삶의 질 향상

IoT에 기반한 경제적 효과 못지않게 사회문화적 효과에 대한 기대도 점점 커지고 있다. IoT 플랫폼 기반의 맞춤형 공공서비스 확대로 재난재해 방지는 물론 개인 맞춤형 서비스를 통해 편리하고 안전한 생활을 향유할 수 있는 환경이 조성되고 있다.

'스마트 네이션'(smart nation)을 비전으로 삼고 있는 싱가포르 정부는 스마트함을 얼마나 진일보하고 복잡한 기술들이 채택됐는지를 나타내는 척도가 아니라 한 사회가 자신들의 문제와 도전을 어떻게 해결하고 접근하기 위해 기술을 얼마나 잘 이용하느냐에 대한 것으로 정의한다. 스마트 네이션 비전의 중심에는 기술이 아니라 궁극적으로 시민들이 있음을 분명히 한 것이다.[6]

싱가포르는 이미 2005년에 인텔리전트 국가(intelligent nation)로 거듭나겠다는 목표하에 ICT 개발 10개년 계획인 'iN2015'를 발표했고, 이를 통해 정보통신기술을 촉진시켜 경제와 사회에 새로운 가치를 부가하는 세계 1등 국가를 건설하겠다는 비전을 분명히 했다. 정보통신 시장을 2배로 키우고, 수출은 3배로 늘리며, 8만 개의 새로운 일자리와 브로드밴드 가입률 90% 그리고 컴퓨터 보급률 100%를 이루겠다는 세부적인 목표도 분명히 했다.[7]

---

6 Smart Nation and Digital Government Office. *Why Smart Nation*.

10년이 흐른 2014년 싱가포르는 다시 '스마트 네이션 이니셔티브'(Smart Nation Initiative)를 발표하고 정보통신기술과 네트워크 그리고 빅데이터를 촉진하여 더 나은 삶의 질과 더 많은 기회, 그리고 더 강력한 공동체 형성에 기여하기 위해 정부와 시민, 그리고 기업이 공동의 노력을 경주해야 함을 강조했다.8 이를 위해 싱가포르 정부는 시민과 사회에 중요한 영향을 미치는 교통, 가정과 환경, 비즈니스 생산성, 보건 및 노인건강, 공공 서비스 등 5개 분야를 스마트 네이션의 핵심 분야로 선정했다.

교통 분야의 예를 들면, 완벽한 의미의 비접촉 요금지불 시스템을 현실화하려는 노력이 진행 중이다. 신용카드에서부터 모바일 및 웨어러블 기기를 통한 다양한 결제 시스템을 자유롭게 선택할 수 있는 핸즈프리 결제 시스템을 완성하겠다는 것이다. 뿐만 아니라 도로교통국의 데이터몰(datamall) 서비스를 통해 버스 도착 실시간 데이터, 택시 정보, 도로교통 상황, 그리고 주차공간 유무 등에 대한 접근이 자유롭게 이루어진다. 또한 자율주행차와 공유경제를 결합한 공공교통 모델도 본격적인 상용화를 위한 준비작업에 들어갔다.9

보건 및 노인건강의 경우, 국민 모두가 자신의 의료기록에 접속할 수 있고, 검사결과를 받아 보고 병원 예약을 할 수도 있는 원스톱

7 Infocomm Development Authority of Singapore(2006).

8 Au-Yong, R.(2014.11.25.).

9 Smart Nation and Digital Government Office. *Self-driving vehicles: Future of mobility in Singapore*.

포털인 헬스허브(HealthHub)를 운영하고,[10] 로봇 기술을 통해 노인 환자들의 이동과 재활치료를 돕는 등 보건의료의 질적 향상에 대한 많은 노력과 성과들이 이루어지고 있다.

이러한 개념의 스마트 네이션을 실현해 주는 핵심 동력으로는 공공 데이터 개방과 초고속 인터넷 연결, R&D 투자, 삶의 현장 실험실 및 테스트베드, 창업생태계 육성, 사이버 보안과 개인정보 보호 등을 들고 있다. 이 외에도 소프트웨어 역량강화와 인재 양성을 위한 다양한 민관 프로그램들이 포함된다.[11]

싱가포르와 같은 국가적 차원의 노력 못지않게 시민들의 삶의 질 향상을 위한 크고 작은 지자체 차원의 노력들도 쉽게 찾아볼 수 있다. 미국 보스턴시가 이동통신사 버라이즌과 추진하는 '비전 제로'(Vision Zero)는 사물인터넷을 활용하여 교통안전을 강화하고 교통사고 사망률을 낮추는 프로젝트이다. 버라이즌은 주요 도심 곳곳에 CCTV와 교통 데이터 수집・전송 장비를 설치하고 자사 클라우드망을 통해 전송・분석한 후 이를 기반으로 교통안전 수준을 높이려는 노력을 하고 있다. 교차로에서의 불법행위나 불법주차, 교통체증 유발에 대한 정보를 수집한다. 이를 통해 2030년까지 치명적이고 심각한 수준의 교통사고를 완전히 제거하겠다는 것이다.[12]

---

10 Smart Nation and Digital Government Office. *HealthHub portal: A digital healthcare solution*.

11 Smart Nation and Digital Government Office. *Enablers*.

12 Vision Zero Boston. *What does Vision Zero mean for Boston?*

6. 이용자와 가치 창출

모바일 네트워크와 스마트폰의 기술적 진화로 연결성과 접근성이 지속적으로 향상되는 초연결 상황은 흥미롭게도 소비자들의 영향력을 극대화하고 있다. 이들은 기업의 설계에서부터 판매·유통 방식에 이르기까지 제품 및 서비스의 전 주기에 자신들의 의견을 반영하고 때론 불만족을 해소하기 위한 직접적인 행동까지 불사한다. 뿐만 아니라 경험이 중심이 되는 가치 창출의 중심으로 확실하게 자리매김하고 있다.13

여기에서 가치는 특정한 사회-문화적 상황 속에서 사람과 사물(장소 포함) 간 상호작용의 결과로, 가치가 제품 자체에만 있다고 믿었던 제품 중심의 논리나 이론이 늘 간과해 왔던 소비자의 역할이 주목받는 것이다. 즉, 이용자의 경험이나 상호작용에 의해 관찰된 결과 그리고 가치에 대한 이용자의 주관적 해석이 매우 중요한 의미를 지니게 된 것이다. 토플러는 인간의 기본적 욕구가 점차 충족되어 감에 따라 더 수준 높은 만족감에 사람들의 관심이 집중되면서 경험 산업이 등장하고 심리화(psychologization)를 특징으로 하는 경제로 발전할 것이라고 강조했다.14

---

13 Oksanen, J., Lammi, M., Loikkanen, T., Rask, M., Repo, P., & Timonen, P. (2012). pp. 9~12.

14 Toffler, A. (1970). pp. 229~236.

특히 이들은 페이스북, 트위터, 유튜브와 같은 소셜 플랫폼에서 만들어지는 연결 가치에 많은 의미를 부여한다. 이러한 관계 시스템을 통해 시간이나 장소, 그리고 공간과 순간의 환경 속에 자신의 관계를 추가하고 그러한 이해를 다른 사람과 공유하면서 관계를 확장한다. 사물인터넷을 통해 사람과 사람, 사람과 사물의 소통을 넘어서서 이제는 사물과 사물의 소통이 가능해지고 그 결과 모든 사람들과 사물 그리고 장소들이 데이터를 생성하고 전송하고 저장할 수 있는 연결 가능한 생태계가 형성된다. 이렇게 확장된 능력은 새로운 생태계적 환경에서 참여자들의 밀도를 증가시키고 사회자본의 새 형태를 제시한다.15

예를 들어, 위치는 선택된 좌표 시스템의 원점을 언급하는 것으로 묘사되는 고정값이지만 장소는 위치에 대한 개인적, 혹은 공동의 이해를 표현한다. 새로운 목적은 새로운 의미를 말하는데, 이러한 의미는 우리가 장소에 부여하는 사회적 자본을 증가시켜 준다. 우리가 더 많은 사회적 자본을 장소에 부여하면 그 장소는 더욱 큰 경제적 가치의 가능성을 지니게 되는 것이다.

이처럼 초연결 상황은 생산자와 이용자, 즉 양면시장(two-sided market)의 두 축이 자유롭게 상호작용하면서 새로운 가치를 창출할 수 있는 플랫폼 중심의 경제를 더욱 공고히 한다. 우버처럼 더 많은 운전자(공급자)들이 더 많은 이용자(소비자)들을 불러들이는 횡축

---

15 Manu, A. (2015).

네트워크 효과(cross-side effects)는 물론이고, 페이스북이나 인스타그램처럼 많은 이용자들이 더 많은 이용자들을 불러 모으는 동축효과(same-side effects)로 그 가치를 기하급수적으로 확장해 간다. 이러한 네트워크 효과는 과거 산업사회의 공급자 중심의 규모의 경제를 수요자 중심의 규모의 경제로 바꿔 놓는다.

뿐만 아니라 강력한 외부성을 작동시켜 기존의 수직적 또는 수평적 통합의 개념이 아닌 외부요인들을 끌어들여 가치를 최대화하는 기능적 통합과 조화를 통한 지속적 성장을 이루어 낸다.16 그리고 이러한 초연결 패러다임은 이미 애플, 구글, 마이크로소프트, 아마존, 그리고 페이스북과 같은 글로벌 플랫폼들을 세계 경제의 중심에 자리매김하게 하는 것이다.

---

16 Parker, G., Alstyne, M., & Choudary, S. (2016). pp. 29~33.

빅데이터로 모이다 5장

1. 빅데이터란 무엇인가?

4차 산업혁명의 주된 특징으로 자동화와 초연결성이 종종 언급된다.[1] 앞서 살펴본 인공지능과 사물인터넷으로 인해 가능해진 기술적 진화의 주요 현상들이다. 그렇다면 인공지능과 사물인터넷을 통한 혁신과 가치창출은 무엇으로 가능해지는 것일까? 1차 산업혁명 때 증기기관과 석탄의 관계처럼, 그리고 2차 산업혁명 때 컨베이어 벨트와 전기, 내연기관과 석유의 관계처럼 4차 산업혁명의 실질적인 추동세력은 무엇일까? 수십억 개의 스마트 디바이스와 수십조 단위의 센서들이 연결되면서 엄청난 양의 데이터들이 생성되고, 송수신

1 UBS White Paper for the World Economic Forum Annual Meeting 2016 .

이 일어나고, 축적되고, 분석과 해석 작업이 이루어지는 과정에 인공지능이 깊게 관여하고 주도하면서 혁신과 가치가 창출되고 새로운 비즈니스 기회가 탄생하는데, 그 중심에 바로 빅데이터가 있다.

빅데이터는 초기에 일반적인 데이터베이스 소프트웨어가 수집, 관리 및 처리하는 범위를 초과하는 데이터로 정의되면서, 주로 그 '규모'를 강조하는 개념에서 출발했다. 레이니(Douglas Laney)는 급성장하는 전자상거래 분야의 도전과 기회에 대한 보고서에서 데이터 관리의 주요한 도전을 데이터의 양(volume), 입출력 속도(velocity), 다양성(variety)이라는 3개의 차원으로 정의하였다. 전자상거래의 낮은 거래 비용은 더 많은 소비자들에게 상품과 서비스를 제공할 수 있게 하며, 반대로 오프라인 마켓보다 훨씬 많은 수의 소비자와의 거래 관련 데이터들이 수집될 수 있기 때문에 이러한 방대한 데이터에 대한 관리가 필요하다는 것이다.

기업들은 이러한 데이터들을 유형의 자산으로 인식하면서 이를 관리하기 위한 시스템 마련에 적극 나선다. 또한 거래의 상호작용 접점(Point-of-Interaction; POI)들의 처리 속도도 차별적 경쟁력으로 여기게 된다. POI에는 웹사이트 반응, 재고 분석, 결제 처리, 주문 진행상황, 그리고 배송 조회 등이 포함된다.

마지막으로 다양성의 도전은 데이터 포맷들이 서로 달라 호환되지 않고, 데이터 구조도 다르며, 데이터 시맨틱(semantics)도 일관되지 않은 문제들을 어떻게 통합적으로 관리할 것인가에 대한 것이다. **2**

최근에는 빅데이터를 통한 '가치 창출 및 활용'이 더 강조된다. 빅데이터를 효과적으로 이용하면 경영 혁신뿐만 아니라 사회현안 해결에도 큰 도움이 되기 때문이다. 구글이나 페이스북, 아마존 등은 이미 기업 내·외부의 데이터를 최대한 활용하여 운영 효율을 향상시키고 전략적 가치 창출과 신서비스에 주력함으로써 빅데이터 기반의 선순환 구조를 공고히 해나가고 있다.

각국 정부도 빅데이터 기반의 국정혁신 및 주요 사회현안들에 대한 선제적 대응과 동시에 빅데이터 산업 육성에 적극 나서고 있다. 미국은 "빅데이터 R&D 이니셔티브"(2012)에 이어 "빅데이터 R&D 전략"(2016)을 발표했고, 영국은 "오픈 데이터 전략"(2012)을 발표했으며, 중국은 '빅데이터거래소' 설립을 승인(2015)했다. 우리나라도 2017년 2월 국가과학기술자문회의에서 "미래 신성장 동력 창출을 위한 빅데이터 구축·활용 방안"을 발표하고 빅데이터 기반의 4차 산업혁명 선도국가로의 도약을 위한 청사진을 제시한 바 있다.

이처럼 초기에 거대한 데이터 집합체를 의미했던 빅데이터는 점차 관련 도구(생성, 수집 및 분석), 플랫폼, 분석 기법까지 포괄하는 용어로 발전하고 있다. 따라서 빅데이터는 그 자체가 4차 산업혁명의 핵심 자원인 동시에 가치 있는 정보를 추출하고 생성된 지식을 바탕으로 능동적으로 대응하거나 변화를 예측하는 기술을 포괄하는 개념으로 정의할 수 있다.

---

2 Laney, D. (2001. 2. 6.).

2. 빅데이터 기반의 경제학 연구

경제활동에 대한 데이터가 양적, 질적으로 빠르게 확장되면서 이러한 데이터들에 기반한 실증적인 경제학 연구도 급증하고 있다. 이들 연구들이 사용하는 데이터들은 종전의 연구들에 사용되었던 데이터들과는 기본적으로 다른 특징들이 존재한다.

첫째는 데이터들이 실시간으로 공개된다는 점이다. 이전에 정부 통계가 수개월에서 수년까지 시간 지체가 있던 것과는 근본적인 차이가 있다. 이렇게 즉각적으로 데이터에 접근이 가능하다는 점 외에 데이터가 더 자세하고 정확하다는 장점도 있다.

둘째로, 그 규모가 엄청나게 크다는 특성도 빼놓을 수 없다. 과거 연구에서는 대상 행위를 관찰함에 있어서의 여러 가지 한계로 인해 통계적 방법론에 대한 의존도가 컸지만 지금의 데이터 규모는 통계적 위력을 감소시키기에 충분할 정도이다.

셋째로, 종전에는 측정 불가였던 행위에 대한 데이터도 이제는 기록이 가능하다. 개인 간 소통, 소셜 네트워크, 검색 및 정보 수집, 그리고 지리적 위치정보와 같이 이전에는 계량화하기 어려웠던 행위들에 대한 데이터들이 기록되고 있다.

넷째로, 데이터들이 덜 구조화되는 특징이 있다. 즉, 데이터들이 더 다차원적이며 이전처럼 간단명료한 구조가 아니라는 것이다.[3]

이러한 새로운 특징들을 기반으로 하는 공공 데이터 분석에서는 표본 선택과 자연 감소, 여론조사 패널들과 관련된 일반적인 통계적 문제들은 더 이상 주요 관심사가 되지 못한다. 연관된 주제나 현상과 관련된 데이터 전체를 포괄하는 데이터 세트는 데이터가 질적으로 우수함은 물론, 패널들에 대한 장기간의 흐름을 살펴볼 수 있도록 해주기 때문에 특히 인구변화와 관련된 경제학적 연구에 매우 강력한 힘을 지닌다.4

예를 들어, 피케티(Thomas Piketty)와 사에즈(Emmanuel Saez)는 세금납부 기록을 통해 소득분포에서 최상위 계층의 소득과 부의 분배 정도를 연구했는데, 이전에는 작은 표본 수와 낮은 응답률, 최근 수년 동안 벌어진 일 이상을 제대로 묻지 못하는 서베이 질문의 한계 등으로 인해 매우 문제가 많은 연구 주제였음이 분명하다.5

이 글 후반부에 소개되는 체티 등의 연구(Chetty et al., 2014)도 거대한 공공 데이터베이스에 근거한 장기적 효과 연구라는 측면에서는 같은 의의를 지닌다.

---

3 Einav, L. & Levin, J. (2014b). pp. 2~4.

4 Einav, L. & Levin, J. (2014a).

5 Piketty, T. & Saez, E. (2014).

3. 빅데이터 분석과 창발적 전략이론

기업들에게는 전략을 수립하는 2가지 상이한 방법이 있다.

첫째는 계획적 전략(deliberate strategy)을 따르는 경우로, 목표를 설정하고 이를 달성하기 위한 일련의 과정들을 정한 후에 각 단계별로 조직적으로 행동한다. 이러한 과정은 매우 의식적으로 이루어지며 동시에 전형적으로 매우 분석적이다. 여기에는 시장구조, 경쟁상황 그리고 소비자 수요조사 등에 대한 평가가 포함된다.

반면에 창발적 전략(emergent strategy)을 따르는 측은 유연성을 유지하면서 시장에서 작동하는 것과 작동하지 않는 것에 대한 피드백 수집에 주력한다. 그들은 시장에서 떠오르는 새로운 정보에 맞춰 그때그때 최적화한 방향으로 전략을 수정한다. 진화의 어느 단계에 전혀 예기치 않은 새로운 성질이나 행동양식이 나타난다는 창발적 진화의 큰 흐름과 궤를 같이한다.

현실은 어떠할까? 현실에서의 전략 수립은 계획적 전략과 창발적 전략을 혼합하는 복잡한 과정으로 이루어진다. 심지어 정교하게 계획된 전략을 따른다고 굳게 믿는 회사들조차 종국에는 자신들의 원래 의도와는 다른 전략에 도달했다는 사실에 종종 놀라곤 한다. 새롭게 등장하는 창발적 요인들의 변화의 힘이 거세기 때문이다.[6] 빅

6 Christensen, C. M. & Raynor, M. E. (2003). pp. 213~219.

데이터 분석을 통한 전략 수립이 점차로 보편화되고, 이를 기반으로 한 정교한 계획적 전략 수립이 중요해지지만 정작 중요한 것은 창발적 전략이론이 요구하는 유연함과 새로운 정보에 맞는 시의적절한 변화임을 잊어서는 안 될 것이다.

4. 빅데이터의 다양한 활용

빅데이터 활용은 새로운 상품이나 서비스의 기획단계에서부터 마케팅과 유통 그리고 소비자 반응에 이르기까지 전 주기적으로 이루어지며, 적용 분야도 공공 부문에서부터 제조, 금융, 미디어, 의료 분야까지 광범위하다.

가트너 그룹(Gartner, 2015. 10. 30.)은 빅데이터 활용 사례를 다음과 같이 6개 범주로 구분하는데, 그 각각은 빅데이터 활용의 이유가 되기도 한다. ① 고객에 대한 통찰력, ② 생산 및 프로세스의 효율성, ③ 디지털 제품과 서비스, ④ 경영혁신의 우수성, ⑤ 디지털 마케팅, ⑥ 위기관리가 그것이다.

빅데이터 활용의 가장 대표적 분야인 전자상거래 분야를 보면 가트너 그룹에서 열거한 빅데이터 활용 목적의 대부분이 그대로 적용됨을 쉽게 알 수 있다. 소비자의 관심분야와 취향, 구매이력 등에 대한 데이터를 소비자들의 라이프스타일, 상품이나 서비스의 데이터베이스와 연계시켜 소비자 개개인에게 맞춤형 커머스 서비스를 제공한다. 고객에 대한 통찰력을 기반으로 신제품이나 새로운 서비스가 지속적으로 개발되고, 다양한 빅데이터 기반의 마케팅으로 고객을 유인하면서 매출을 극대화하려고 한다. 업무 프로세스의 효율성이나 경영혁신의 우수성 추구는 기본이다.

특히 이 분야의 선두주자라 할 수 있는 아마존의 경우에는 '고객에 대한 통찰력'을 위해 빅데이터 분석을 얼마나 잘 이용하는지를 보여 준다. 특히 자신의 특허인 '예측 배송'을 통해 고객보다 고객을 더 잘 이해하는 기업이란 차별화 전략을 강조한다. 예측 배송은 고객의 기존 주문 내역과 검색 내역, 위시 리스트나 쇼핑 카트에 담아놓은 상품, 마우스 커서가 머무른 시간 등을 활용해서 고객이 구매를 결정하기 이전에 미리 고객 주소지 근처의 물류창고로 상품을 배송하는 것을 말한다. 이와 관련해 〈월스트리트저널〉은 "고객 데이터를 제대로 활용하는 아마존만이 가능한 서비스"로, 확실한 차별적 경쟁력이 될 수 있을 것으로 전망했다.7

금융 분야의 빅데이터 활용도 본격적인 궤도에 오르고 있다. 대출 시 신용평가에 대출희망자의 SNS 분석과 같은 비정형 정보를 활용하고, 보험에서도 사용자 습관 연계 보험(Usage Based Insurance; UBI)이나 날씨 데이터를 활용한 농작물 보험, 헬스케어 빅데이터와 연계된 보험료 할인 등 다양한 상품개발에 빅데이터는 이미 핵심적 역할을 수행한다.

또한 최근 각광받는 카드 할인적용 연결 서비스인 CLO(Card Linked Offer)는 신용카드 결제 시에 할인 쿠폰이나 멤버십카드 제시 없이도 가능한 할인적용 프로그램으로 연결함으로써 소비자들에게 편리함과 동시에 경제적 실익을 제공한다. 이러한 CLO 서비스의 핵심은 빅데이터를 통해 고객의 취향과 선호도, 습관 등을 분석하고

7 최재경(2016).

카드 회원사들이 보유한 고객 데이터와의 통합관리를 통해 고객 개개인에 대한 맞춤형 마케팅과 서비스가 가능해진다는 것이다.

위기관리와 관련된 빅데이터 분석은 앞서 산업인터넷으로 소개한 바 있는 GE를 빼놓을 수 없다. GE는 프리딕스(Predix)라는 클라우드 기반의 빅데이터 분석 플랫폼을 통해 설비수명을 연장하고 가용성을 높이며, 효율성을 극대화시켜 비용을 절감하고, 터빈의 출력과 에너지 효율을 높여 실질적인 에너지 절감 효과를 거두게 한다. 무엇보다 프리딕스는 위기관리 능력이 뛰어나 심해(深海) 유전의 누유(漏油) 탐지를 기존 대비 1만 배 이상 정확하게 수행하며, 항공기 안전에도 놀라운 관리 역량을 발휘한다. 항공기 엔진별로 엔진 온도, 연료 소비량, 진동 감지센서가 수백 개씩 설치되고, 운항 중 모든 센서 데이터는 오하이오주 신시내티에 있는 GE항공운영센터로 실시간 전송한다. 여기서는 전 세계적으로 3만 4천여 대가 매 2초마다 이륙하는, 한 해 1억 건가량의 항공기 비행정보를 실시간으로 처리하면서 엔진의 미세한 온도변화나 진동, 연료 사용량 등을 분석해서 이상징후가 감지되면 고객공지보고서(Customer Notification Report; CNR)를 통해 얼마의 시한 내에 어떤 조치를 취해야 하는지를 고객에 알려 준다. 항공산업에서 갑작스런 고장으로 인한 손실은 하루에 500억 원에 달하는데, 이러한 빅데이터 분석으로 그 비용을 많이 줄일 수 있을 것으로 기대된다.[8]

8 KBS 〈일요스페셜〉(2016. 7. 7.).

의료 분야에서도 바이오경제 시대 주도권 선점을 위해 바이오·헬스 빅데이터 확보 경쟁이 심화되고 있다. 주요 선진국들은 정밀의료와 신약 분야 혁신을 위해 코호트 데이터를 수집 중인데, 미국은 2015년부터 100만 명 코호트 구축을 위해 2,500억 원을 투자하고 있으며, 중국은 2016~2030년 사이에 100만 명 코호트와 35만 명 질환 코호트 구축에 나섰다. 여기에서 코호트 데이터란 질병 발병의 관계, 요인 등을 도출하기 위한 유전, 질병 등 바이오 데이터와 생활 관련 헬스 데이터를 총괄하는 개념이다. 실제로 신약개발 분야에서는 유전체 등 관련 빅데이터를 활용하여 신약개발을 위한 임상시험 기간을 획기적으로 단축시키는 성과들이 나오고 있다.

이처럼 빅데이터는 정치·사회·경제·문화·과학기술 등 전 영역에 걸쳐서 데이터 기반의 과학적 의사결정과 문제해결이라는 긍정적 기여로 인해 그 필요성과 중요성이 점차로 강조되고 있다.

또한 주요 선진국들은 R&D 효율성 제고를 위한 과학 빅데이터의 공유와 활용을 추진하고 있다. 과학 빅데이터라 함은 연구자가 R&D 수행 시 실험, 측정, 분석 등의 과정에서 생산되는 데이터를 말하며, 지금까지는 주로 연구자들이 개인적으로 데이터를 관리하며 개인 자산으로 인식해 왔다. 미국은 2013년 과학 데이터 관리계획 제출 및 공유 의무화 행정조치를 취했으며, 중국도 과학 데이터 공유 법률 제정을 추진 중에 있다.

미디어산업이나 패션산업에서도 빅데이터의 위력은 대단하다. 일례로, 패스트패션산업의 대표주자인 자라(Zara)는 전 세계 매장의 판매 및 재고 데이터를 분석하여 최대 매출을 창출할 수 있는 정교한 빅데이터 분석 시스템과 재빠른 제품 개발 및 공급 시스템으로 세계 최대의 패션 기업으로 우뚝 섰다. 전 세계 93개국 2,213개 매장에서는 매일매일 전날 가장 잘 팔린 제품, 반품이 많이 된 제품, 고객들의 피드백, 직원들이 현장에서 인지하는 트렌드 정보들을 공유한다. 또한 제품별 수요 예측, 매장별 판매추이 분석, 진열된 상품의 판매량에 미치는 영향 등을 분석하여 데이터 기반의 의사결정을 내려 일주일에 두 번 연간 1만 5천 개의 신상품을 출시하는데, 제품 아이디어에서 매장 디스플레이까지 단 21일이 걸린다.[9]

원래 패션산업은 계절과 시기에 민감한 탓에 신용카드 정보와 제품의 바코드 정보를 종합적으로 분석하여 고객의 수요에 빠르게 대처하는 반응생산시스템(Quick Response System; QRS)이 다른 산업에 비해 잘 발달된 특징이 있는데, 여기에 빅데이터 분석으로 예측력과 대응력이 배가된 효과를 톡톡히 누리고 있는 것이다.

---

9 Varma, A. (2017. 5. 25.).

5. 사람의 마음까지 읽는다.

보통 엔터테인먼트 비즈니스는 수익성은 매우 뛰어나지만 동시에 불확실성의 위험도 매우 높은 이른바 '고위험, 고수익' 분야로 흔히 설명된다. 예를 들어 가장 대표적인 엔터테인먼트 산업인 영화의 경우 투자 대비 수익, 즉 ROI(Return on Investment)가 1천%(투자 대비 10배의 수익)를 넘는 대박 사례를 어렵지 않게 찾아볼 수 있다. 특히 애니메이션의 경우는 더더욱 그러하다. 우리에게 익숙한 〈라이온 킹〉(1994), 〈토이 스토리〉(1995), 〈슈렉〉(2001) 같은 영화들이 모두 여기에 해당된다.

문제는 이익이 큰 만큼 실패 가능성도 크다는 불확실성의 위험이 늘 영화와 같이 엄청난 투자를 필요로 하는 엔터테인먼트 산업을 괴롭혀 왔다는 점이다. 미국 영화산업을 통계적 관점에서 보면 대략 10편의 영화를 기준으로 대여섯 편은 투자비도 회수하지 못하는 적자이고, 두세 편 정도가 본전에 해당하는 손익분기점을 겨우 맞춘다. 결국 10편 중 1편이 이른바 대박을 터트려서 영화산업 전체를 끌고 간다는 것이다.

그런데 이러한 고위험이라는 100년의 난제에 대한 해법을 할리우드가 다름 아닌 빅데이터에서 찾아 가고 있음은 매우 흥미롭다. 콘텐츠 시장에 빅데이터의 새 시대를 연 주인공은 영상 콘텐츠 유통의 글로벌 최강자 넷플릭스(Netflix)이다.

〈뉴욕타임스〉의 저명한 미디어 비평가 데이비드 카(David Carr)는 2013년 2월에 기고한 "시청자들이 원하는 것을 보여 줘라"란 제목의 글을 "방송 비즈니스에서 확실한 것이란 없다. 최고의 감독과 배우 그리고 인기 있는 소재가 있어도 여전히 주사위를 굴릴 뿐이다"라고 시작한다. 그런데 "어떤 비즈니스에서도 미래를 볼 수 있는 능력이 킬러 앱(killer app), 즉 최고의 해법인데, 넷플릭스가 〈하우스 오브 카드〉(*House of Cards*) 라는 드라마로 이런 능력에 거의 다가가고 있다"라고 단언한다.[10]

〈하우스 오브 카드〉는 콘텐츠 유통에만 주력하던 넷플릭스가 처음으로 선보인 자체 제작물로, 영국 BBC가 제작 방송했던 같은 제목의 드라마를 미국 버전으로 리메이크하면서 페이스북의 탄생 과정을 소재로 한 영화 〈소셜 네트워크〉로 당시 대중의 관심이 높았던 데이비드 핀처 감독이 연출을 맡았다.

재미있는 사실은 BBC 원작을 골라내는 작업에서부터 주인공에 캐스팅된 케빈 스페이시의 선정에 이르기까지 모든 결정이 넷플릭스의 가입자가 만들어 내는 빅데이터에 의해 이루어졌다는 점이다. 즉, 그 시점에 넷플릭스 서버에 쌓여 있던 3천만 명 가입자의 시청 행태와 400만 개의 평가, 그리고 300만 개의 검색 결과들이 넷플릭스로 하여금 두 시즌 26편 (한 시즌은 13편의 에피소드로 구성) 제작에 1억 달러라는 과감한 투자를 이끌어 낸 것이다.[11] 편당 제작비가 한

10 Carr, D. (2013. 2. 24.).

화로 환산하면 대략 40억 원이 넘는다.

뿐만 아니라 넷플릭스는 시청자들의 빅데이터를 이용하여 〈하우스 오브 카드〉의 트레일러, 즉 홍보 영상을 10개 버전으로 다르게 만들어 홍보 효과를 극대화한 새로운 시도로도 좋은 평가를 받았다. 보통의 영화나 드라마의 경우 한두 개의 트레일러를 만들어서 모든 매체에 일괄적으로 뿌리는 반면, 넷플릭스는 시청자들의 성향에 따라 다른 버전의 트레일러를 노출하는 정교한 방식을 선보였다. 예를 들어, 케빈 스페이시 영화를 즐겨 보는 시청자에게는 케빈 스페이시의 멋진 모습이 담긴 샷들이 더 많이 편집된 버전을 내보낸다. 시청자들이 무엇을 보는지, 어느 장면에서 멈춰 있는지, 처음부터 끝까지 보는지 아니면 건너뛰면서 보는지, 무슨 영화나 드라마를 검색했는지 등의 세세한 정보들이 모두 넷플릭스에 모이기 때문에 가능한 일이다.12

빅데이터에 기반한 넷플릭스의 새로운 시도는 〈하우스 오브 카드〉가 첫 방영된 2013년 1사분기에만 미국에서 200만 명, 세계 시장에서 100만 명의 가입자 순증을 가져왔으며, 이러한 300만 명의 새로운 가입자는 〈하우스 오브 카드〉의 제작비를 거의 회수하는 성과로 이어진다.

---

11 Petraetis, G. (2017. 7. 13.).

12 Bulygo, Z. "How Netflix uses analytics to select movies, create content, and make multimillion dollar decisions". https://neilpatel.com/blog/how-netflix-uses-analytics/

뿐만 아니라 다음 시즌 제작으로 이어지는 성공 비율을 의미하는 갱신율 측면에서도 넷플릭스의 경쟁력은 독보적이다. 2017년 기준으로 보면 넷플릭스 자체 제작물의 갱신율은 93%에 이르러, 다른 회사들의 평균 갱신율 35%와 좋은 대조를 이룬다.[13] 넷플릭스의 빅데이터 기획이 흥행의 확실한 보증수표가 되는 것이다. 이처럼 사람들의 마음까지 읽어 내는 빅데이터 분석은 가장 불확실성이 높다는 엔터테인먼트 비즈니스에서 넷플릭스가 세계 최고의 영상 콘텐츠 기업으로 확고하게 자리매김하는 든든한 발판이 되었다.

---

13 Dixon, M. (2019. 4. 5.).

6. 빅데이터와 사회변화

사회적 문제 해결을 위한 빅데이터 활용은 이미 보편화 단계로 접어들고 있다. 심야시간대 특정 지역의 이동통신 기지국 연결상황과 신용카드 결제상황 등에 대한 데이터 분석을 통해 사람들의 이동 경로와 규모를 파악하고 이를 토대로 심야버스 노선을 변경한 사례는 빅데이터의 사회적 활용이 잘 자리 잡고 있음을 보여 준다.

구글은 계절감기 유행이 공중보건의 가장 큰 관심사이며, 전 세계적으로 매년 수천만 명의 호흡기 질환과 25만에서 50만 명의 사망을 불러오는 원인임에 주목한다. 뿐만 아니라 사전에 면역력이 없는 신종플루 바이러스가 대면 접촉을 통해 전염되면서 수백만 명의 희생자를 만들어 낼 수도 있음에 깊은 관심을 가지고 빅데이터 분석에 나선다. 구글은 이용자들의 웹 검색 질의 형태로 이루어지는 온라인 건강추구 행위를 분석함으로써 계절감기뿐만 아니라 전염이 되는 플루의 충격을 줄일 수 있다고 본 것이다. 그러한 검색의 상대적 빈도와 환자의 의사 방문 비율 간의 상관관계가 높기 때문에 특정 지역의 주간별 플루 활동 상황을 정확히 측정해 낼 수 있다고 주장한다.[14]

---

14 Ginsberg, J., Mohebbi, M. H., Patel, R. S., Brammer, L., Smolinski, M. S., & Brilliant, L. (2009. 2. 19.).

이러한 배경에서 탄생한 구글 플루 트랜드(Google Flu Trend; GFT)는 미국 질병관리본부(Centers for Disease Control and Prevention; CDC)보다 최소 1~2주 먼저 플루 발생 사전경고 시그널을 내보내는 것을 목적으로 만들어졌다. 실제로 2009년 신종플루 H1N1 발생을 미리 예측하는 등의 성과를 내면서 빅데이터 분석의 승리로 높이 평가되기도 했다.

물론 이러한 구글의 알고리즘에 대한 공격도 만만치는 않다. 래저(David Lazer) 등은 플루 활동을 모니터링하는 단일 도구로서의 GFT 서비스에는 의문의 여지가 많다고 주장한다. 실제로 2011년부터 2012년까지 구글의 예측치는 실제 의사들의 보고에 기준한 질병예방본부의 수치에 비해 최대 50% 이상 많은 것으로 보고되었고, 2013년까지 주간 기준으로 보면 108주 동안 100주가 높은 것으로 나타났다. 이러한 오류는 빅데이터가 전통적인 데이터 분석 방법들의 보완재가 아니라 대체재라는 빅데이터의 자만심에 기인한 것으로 본다. 레저 등은 대중의 관심을 받는 대부분의 빅데이터가 과학적 분석을 위한 신뢰도와 타당성 결여라는 도전에 늘 노출될 수밖에 없으며, 플루 예측의 경우에도 구글의 알고리즘에 질병예방본부의 데이터와 여러 다른 보정기술들을 융합시킨 매시업이 더 효과적임을 강조한다.[15] 그럼에도 불구하고 GFT 논쟁의 양측 모두 사회적 문제 해결을 위한 보완적 방법으로서의 효율성과 타당성에 대해서

---

15 Lazer, D., Kennedy, R., King, G., & Vespignani, A. (2014. 3. 14.).

〈그림 5-1〉 빅데이터를 이용한 사회변화 연구 사례:
체티의 계층 이동 가능성 연구

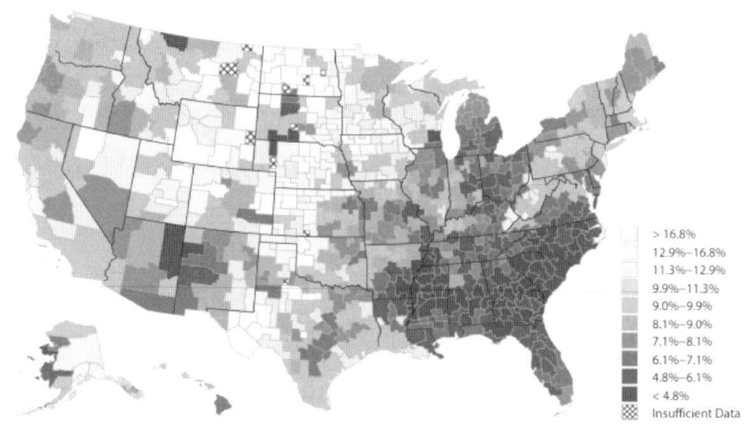

자료: Chetty, R. (2015). p. 2.

동의하고 있음은 매우 의미 있는 진전이 아닐 수 없다.16

체티(Raj Chetty) 등도 4천만 명의 어린이들과 그 부모들의 소득세 자료를 바탕으로 한 빅데이터 분석을 통해 계층 이동에 영향을 미치는 주요 요인들을 도출해 냄으로써 관련 정책 수립에 의미 있는 시사점을 제공한다. 그들의 분석에 따르면 미국의 하위 20%에 속한 어린이들이 상위 20%에 진입한 경우는 7.5%로 영국(9%), 덴마크(11.7%), 캐나다(13.5%) 등에 비해 그 빈도가 매우 낮은 것으로 나타났다.17

특히 〈그림 5-1〉에 나타난 바와 같이 그 비율은 미국 내에서도 도

16 Lohr, S. (2014. 3. 28.).
17 Chetty, R. (2015).

시에 따라 매우 다르게 나타났는데, 샬럿은 4.4%인 데 반해 산호세는 12.9%로 무려 3배나 차이가 난다. 계층 이동이 높게 나타난 지역의 경우 ① 낮은 인종 분리·차별, ② 낮은 소득 불균형, ③ 더 나은 초·중·고 교육, ④ 사회적 관계망의 강도나 공동체 관여도가 높은 사회적 자본, ⑤ 양부모 가정과 같은 안정된 가족관계 등의 요인이 작동한 것으로 나타났다.[18]

체티의 연구가 미 국세청이 보유한 1996년부터 2012년까지 4천만 명의 어린이와 부모들의 소득세 신고자료라는 방대한 공공 데이터에 토대한 것처럼, 우리나라도 공공 데이터 개방을 통해 국민들의 공동 데이터 이용권을 보장하고 새로운 서비스와 비즈니스 창출의 기반을 마련하도록 정책 전환이 이루어지고 있다.

건강보험심사평가원 공공 데이터를 활용한 환자맞춤형 병원정보 제공 앱이 창업 형태로 탄생되고, 식약처가 보유한 화장품 성분분석 자료를 기반으로 한 유해 화장품 성분정보 제공 서비스도 등장했다. 또한 상권분석을 통해 자영업자 창업실패 예방정보를 제공하거나, 통화량 데이터 분석을 통해 심야버스 노선을 조정하고, 질병 데이터 분석을 통해 건강위험 요인 사전경보 등 개인맞춤형 건강정보를 제공하는 사업들이 정부의 동참과 지원 속에 이루어졌다.

그러나 이러한 빅데이터 활용에는 늘 개인정보 유출 및 노출에 따른 위험이 뒤따른다. 우리나라 정부도 '개인정보 비식별화 조치 가

---

18 Chetty, R., Hendren, N., Kline, P., & Saez, E. (2014).

이드라인'(2016. 6.)을 시작으로 공공정보 개방 및 빅데이터 활용에 따른 개인정보 유출 및 노출 가능성에 대비했다. 이에 대한 현상 진단과 평가와 관련한 논의는 12장 3절 "빅데이터, 장벽에 부딪치다"에서 자세히 살펴본다.

제 3 부

기회 그리고 미래

인간의 지능을 능가하는 인공지능은 분명 우리에게 위협적이나 이에 못지않게 새로운 기회를 제공하고 있음도 분명하다. 자율주행, 핀테크, 가상증강현실과 같은 신산업들의 지형이 바뀌고 신약개발과 같은 새로운 비즈니스의 기회들이 파괴적 혁신으로 열릴 것이다.

자율주행은 계속된다 6장

1. 자율주행차의 역사

자동차 역사에서 대중화의 상징이 된 포드자동차의 모델 T가 출시된 것은 1908년. 20년이 흐른 1927년에 1,500만 대가 판매되면서 자동차의 대중화 시대는 활짝 열리게 된다. 100년이 다시 흐른 현재 우리는 자동차 역사의 새로운 장을 목격하고 있다. 운전자가 없는 자동차, 자기 스스로 운전하는 자율주행차의 역사가 이제 본격적인 막을 올리고 있는 것이다.

자율주행차(autonomous car)의 역사는 1939년 뉴욕 국제박람회에 출시된 제너럴모터스(GM)의 '퓨처라마'(Futurama)로 거슬러 올라간다. 퓨처라마는 교통통제 타워로부터 발사되는 라디오 통제 시그널에 의해 안전하게 안내를 받으며 지정 차선 내에서 자동화된 자동차(automated vehicle) 여행을 즐기는 콘셉트 카로 출시되었다. 그러나 실제로 이를 실현하는 노력이 가시화된 시점은 1980년대이다. 1984년에 시작된 카네기멜론 컴퓨터공학부의 내브랩(Navlab) 프로젝트는 1986년에 자율주행차인 내브랩 1을 선보인다.

10년 뒤 폰티악 미니밴을 개조해서 만든 내브랩 5는 1995년에 피츠버그에서 샌디에이고까지 미국 대륙횡단을 성공적으로 마치는 진일보한 성과를 보인다. 전체 4,585킬로미터 중에서 98.2%에 이르는 4,500킬로미터를 자율주행으로 운행하였으며, 평균 속도는 시속 100킬로미터를 약간 상회하는 수준이었다.[1]

유럽에서도 비슷한 노력들이 성과를 내기 시작했다. 자율주행차 분야 최대 프로젝트 '유레카 프로메테우스(Eureka Prometheus) 프로젝트'가 메르세데스 벤츠와 독일 연방군대학교(Bundeswehr University Munich)의 주도로 1987년에 시작됐다. 첫 번째 성과로 쌍둥이 로봇 자동차인 VaMP와 VITA-2가 1994년 파리 근교의 교통량이 많은 실제 고속도로에서 시속 130킬로미터의 속도로 1천 킬로미터를 주행하는 데 성공했고, 이듬해인 1995년에는 벤츠의 S-Class를 개조한 자율주행차가 독일 뮌헨에서 덴마크 코펜하겐까지 1,609킬로미터 주행에 성공한다. 독일의 아우토반에서는 시속 175킬로미터를 넘는 속도로 주행했으며, 운전자가 개입하지 않은 최장 주행거리는 158킬로미터였다.[2]

1 Crowe, S. (2015.4.3.).

2. 자율주행차의 개념

자율적(autonomous)이냐 자동(automated)이냐의 개념은 혼재되어 사용된다. 우드(S. P. Wood) 등은 이미 대중에게 익숙한 개념이기 때문에 자신들의 논문에서도 '자율적'이라는 단어를 사용하지만 사실은 '자동'이 더 정확한 개념임을 강조한다. '자동'은 기계에 의한 통제 또는 작동을 의미하는 반면에 '자율적'이라는 것은 개별적 또는 독립적으로 작동함을 뜻하는데, 대부분의 자율주행차 개념은 사람이 운전석에 앉아 있고 센서와 통신에 의해 작동하지만 스스로 목적지나 길을 선택하지는 않기 때문이다.3 즉, 전술적 선택은 하지만 전략적 선택은 하지 않는다는 측면에서 '자동' 주행이 더 정확한 표현이라는 것이다. 이러한 개념적 혼동으로 인해 자율주행차에는 늘 자기주행(self-driving), 무인(driverless), 스마트(smart), 로보틱(robotic)4 등 여러 이름들이 따라다닌다.

이렇게 다양한 이름에도 불구하고 한 가지 공통점은 자동차가 스스로 운행하는 능력을 갖추고 있다는 점이다. 그렇다면 자동차는 어떻게 스스로를 움직이는가? 자율주행차는 다양한 센서로부터 들어

---

2 Eureka Prometheus Project. from Wikipedia. Retrieved from https://en.wikipedia.org/wiki/Eureka_Prometheus_Project#cite_note-3

3 Wood, S. P., Chang, J., Healy, T., & Wood, J. (2012).

4 Sebastian, T. (2010).

오는 데이터와 오프라인 지도를 새로운 위치값과 업데이트된 지도로 만들어 주는 알고리즘인 SLAM(Simultaneous Localization and Mapping)을 일반적으로 사용한다. 구글은 차량이나 보행자와 같이 움직이는 대상을 인지하고 추적하는 기술인 DATMO(Detecting and Tracking of other Moving Objects)를 SLAM 알고리즘과 함께 사용하는 변종방식을 취한다.

자율주행에 사용되는 전형적인 센서로는 라이다(Light Detection and Ranging; Lidar), 레이더(radar), 스테레오 비전(stereo vision), 위성위치확인시스템(Global Positioning System; GPS), 관성측정장비(Inertial Measurement Unit; IMU) 등이 있다.

라이다는 레이저 빛을 발사하고 그 반사되는 신호를 이용하여 목표물까지의 거리를 측정하는 장비이며 고해상도 지도를 만드는 데 주로 사용된다. 스테레오 비전은 사람의 두 눈과 같은 기능을 하는 카메라로부터 인지되는 시각정보를 토대로 3차원의 구조와 깊이에 대한 인식을 가능하게 한다. 레이더는 무선전파를 이용하여 거리를 측정하며, IMU는 가속도계와 평형상태를 측정하는 자이로스코프를 사용하여 가속도, 회전율 등을 감지한다.

이러한 센서와 장비들 그리고 인공지능 알고리즘의 융합에 힘입어 자율주행차는 완벽한 무인주행의 완성을 향해 지속적인 진화를 거듭하는 것이다.

3. 자율주행 단계와 기술적 특징

자동차를 포함한 교통산업의 국제표준기구인 SAE 인터내셔널(Society of Automotive Engineers International)이 2014년 1월에 정한 자율주행시스템 관련 용어와 정의 표준인 J3016 표준에 따르면, 자동차 자율주행은 전혀 자동화가 작동하지 않는 0단계(no automation)에서 완전 자동화인 6단계(full automation)까지 6단계로 나뉜다. 큰 틀에서는 운전 상황을 모니터링하는 주체가 사람(0~2단계)이냐, 시스템(3~6단계)이냐에 따라 두 단계로 나뉜다.[5]

자율주행의 핵심인 '역동적인 주행임무'(dynamic driving task)는 기능적 측면(핸들 조작, 제동, 가속, 전후방 주시 등)과 전술적 측면(상황 대처, 차선 바꾸기, 회전, 지시등 조작 등)들을 포함하지만 목적지 결정 등과 같은 전략적 측면은 포함하지 않는다. '주행방식'(driving mode)은 고속도로 끼어들기, 고속 주행, 저속 정체와 같이 역동적 주행이 요구하는 주행 시나리오별 유형을 말한다. 그리고 '개입요청'(request to intervene)은 자율주행시스템이 운전자에게 역동적 주행을 즉시 시작 또는 재개할 것을 고지함을 말한다.

이러한 개념들을 토대로 자율주행이 본격적으로 적용되는, 즉 모

---

5 SAE International. Automated driving: Levels of driving automation defined in new SAE International Standard J3016.

니터링의 주체가 사람에서 시스템으로 전환되는 3단계에는 역동적 주행 임무의 모든 기능들 중 특정 주행방식이 자율주행시스템에 의해 이루어지며, 만약을 대비해 운전자는 개입요청에 적절하게 대응해야 한다. 4단계는 개입요청에 대해서도 운전자가 대응할 필요가 없는 단계로, 다만 주행방식에는 여전히 선택적으로 자율주행이 적용된다는 제약이 있다. 마지막으로 5단계인 완전자율은 운전자가 관리할 수 있는 도로환경 조건하에서는 자율주행시스템이 모든 주행방식을 수행함을 뜻한다.

자동차업계에서는 이미 자동주행시스템이 장착된 차들이 상용화되는 현 시점에서 완전자율주행을 다시 5단계로 설명하는 방식을 사용하기도 한다.

1단계는 운전 중에 발을 사용하지 않는 자율주행을 의미하며, 레이더 시스템이 크루즈 컨트롤 상태에서 가속과 브레이크 기능을 조절한다. 이 기능은 이미 글로벌 완성차업체의 주류 차량에 탑재되어 있다.

2단계는 차선 유지나 차선에 따른 핸들 조작이 자율주행 기능에 의해 이루어지는 단계로, 이 또한 볼보, 벤츠, 그리고 BMW 등에서 이미 구현 가능한 수준이다. 운전자에게는 간간이 핸들의 움직임을 살펴보는 수준의 관여를 요구하지만, 정작 문제가 있다고 판단되는 순간에는 언제든지 개입할 수 있도록 준비되어 있어야 한다.

3단계는 운전 중에 발과 손과 눈이 자유로운 특징을 구현할 수 있는 단계로, 운전자는 운전 중 차량 통제와 관련해서 어떤 적극적 개

〈표 6-1〉 SAE 인터내셔널의 자율주행 표준 단계

단계	명칭	운전 주체	운전환경 모니터링	역동적 주행 대비	자율주행 역량 (주행방식)
사람이 운전환경을 모니터링한다.					
0	자율주행기능 없음	운전자	운전자	운전자	해당 없음
1	운전자 보조	운전자와 시스템	운전자	운전자	일부
2	부분 자율주행	시스템	운전자	운전자	일부
자율주행시스템이 운전환경을 모니터링한다.					
3	제한적 자율주행	시스템	시스템	운전자	일부
4	고급 자율주행	시스템	시스템	시스템	일부
5	완전 자율주행	시스템	시스템	시스템	전부

입도 할 필요가 없음을 의미한다. 물론 이 경우에도 2단계와 같이 운전자는 언제든지 개입할 준비가 돼 있어야 한다. 현재 아우디 A8 모델이 세계 최초로 구현했다고 발표한 단계이다. 그런데 포드는 3단계를 적용할 경우 과연 운전자가 위기상황 시 충분할 정도로 빠르게 차량을 통제할 수 있는지, 다시 개입할 수 없는 수준으로 주의가 산만해지는 것은 아닌지에 대한 깊은 우려를 나타낸다. 이 점이 포드가 바로 4단계로 직행하려고 하는 이유이다.

4단계는 거의 모든 경우에 완전한 자율주행이 가능한 상태로, 오직 지도상에 없는 도로 주행과 같은 예외적인 경우에만 운전자가 개입하는 단계를 말한다.

마지막으로 5단계는 운전자가 목표지점을 설정하는 것 외에는 어떤 개입도 필요하지 않은 완전자율주행을 의미한다.[6]

---

6 McAleer, M. (2017. 7. 11.).

4. 자율주행차와 변화들

자율주행차는 일상적인 삶에서부터 자동차산업 생태계 전반에 이르기까지 광범위하게 변화를 가져올 뿐만 아니라, 그 변화의 성격도 파괴적 혁신의 형태로 진전될 것이다.7 우선 자동차 정비산업의 근본적인 구조조정을 생각해 볼 수 있다. 우리나라에서 흔히 볼 수 있는 자동차 정비업소들은 과연 고도의 컴퓨터 작업이 수반되는 자율주행차 정비 및 수리에 효율적으로 대처할 수 있을까? 우리나라뿐만 아니라 자동차 선진국인 독일에서도 80%의 정비업소가 자동차 제조사와는 독립적으로 운영된다고 한다.

향후 자율주행차 소비자들이 안전 문제에 대한 보증 없이 지금처럼 독립형 정비업소를 방문할 가능성은 매우 낮아 보인다. 현재 검토 중인, 자동차 사고 책임을 완성차 제조사에 묻는 방안이 현실화된다면 제조사 직영 서비스 이용은 소비자들의 유일한 선택이 될 것이다. 또한 자율주행으로 인해 사고율이 급감하기 때문에 자동차 정비 서비스업 자체가 규모 면에서 현저하게 줄어들 수밖에 없다는 점도 고려해야 할 것이다.

이와 연관하여 자동차 보험업계의 비즈니스 모델 변화도 불가피해 보인다. 2015년 기준으로 미국에서는 1명의 교통사고 사망 시 8

7 Bertoncello, M. & Wee, D. (2015. 6.).

명의 입원과 100명의 통원치료가 수반되며 이로 인한 피해 규모는 2,120억 달러에 달한다. 만약 자율주행차로 인해 사고율이 90% 급감한다면 무려 1,900억 달러를 절약할 수 있다는 계산이 나온다. 관련 시장에 미치는 영향은 거의 파괴적인 수준이 될 것이다. 또한 현재는 운전자 과실로 인한 피해 보상이 자동차 보험의 주 대상이라면 자율주행차 시대에는 자동차의 과실, 즉 제조사의 책임을 보상하기 위한 보험이 주를 이룰 것이다. 당연히 비즈니스의 대상도 수많은 개별 운전자에서 극소수의 자동차 제조사로 바뀌며, 이에 따라 자동차 보험업계의 비즈니스 모델과 구조의 근본적인 조정은 불가피해 보인다.

무엇보다 자율주행 기술은 교통체증의 가장 큰 원인 중 하나인 운전자의 반응시간 지체, 즉 '유령체증'을 대폭 줄일 것으로 기대된다. 그리고 자율주행이 의무화되는 시점에는 마치 컨베이어 벨트의 제품들이 일정한 간격을 두고 체계적으로 움직이는 방식처럼 차량들이 일정하게 움직여 나감으로써 운전자로 인해 야기됐던 교통체증의 상당 부분이 사라질 것으로 보인다.[8]

뿐만 아니라 자율주차 기능으로 인해 주차공간의 효율성도 크게 개선될 것으로 보인다. 자동차 스스로에 의한 자율주차 시 주차 전후 차문을 열 필요가 없는 관계로 15% 정도의 공간을 더 사용할 수 있게 되는데, 이를 미국에 적용할 경우 약 57억 제곱미터의 주차공

8 김범준·강미덥(2016).

간 절감 효과가 나타난다.

또한 자동차를 이용한 이동시간이 자유시간이 되는 변화는 우리 삶에 여유와 풍요로움을 안겨줄 것이다. 움직이는 나만의 공간에서 인터넷 서핑은 물론 다양한 엔터테인먼트 콘텐츠 소비가 이루어지고, 진지한 비즈니스 미팅도 가능할 것이다. 출퇴근 시간을 포함한 운전 시간의 자유로움으로 인해 이동통신 이용 증가나 이와 연계된 미디어산업의 수혜효과는 앞으로 흥미롭게 지켜볼 대목이다.

마지막으로, 차량 소유에 대한 인식 변화도 주목할 만하다. 우버와 같은 O2O(Online-to-Offline) 서비스들이 보편화되고, 여기에 자율주행차가 대중화됨은 소비자들의 차량 소유에 대한 인식도 바뀔 가능성이 높아짐을 의미한다. 사물인터넷에 연동된 차량 정보를 통해 자신의 필요와 선호에 따라 적절한 차량 서비스를 호출하고 이용하는 개념은 마치 운전자 없는 콜택시를 연상시키기에 충분하다. 물론 이러한 소유에서 이용으로의 인식 변화가 당장의 신차 구입 행태에 직접적 영향을 미치기는 쉽지 않을 것이라는 조사결과도 있다.[9] 그러나 결국 장기적 관점에서 차량 소유에 대한 인식 변화가 차량 구매에 상당한 영향을 미칠 것임은 분명해 보인다.

---

9 O'Donnell, B. (2016. 9. 1.).

5. 해결 과제들

2018년 3월 우버(Uber) 자율주행차의 행인 추돌과 테슬라(Tesla) 모델의 고속도로 분리대 추돌로 2명의 사상자를 내며 자율주행 실험이 일시 중단되는 상황이 발생하면서 자율주행의 안전성이 도마 위에 올랐다. 물론 현재 테슬라가 채택한 오토파일럿(autopilot)은 완전자율주행 기능이 아닌 운전자 보조 수단임을 자동차 매뉴얼을 통해 분명히 밝히고 있다. 그러나 2018년 1월 정지되어 있는 소방차의 후면 추돌 사건을 시작으로 발생한 연이은 사고는 분명 자율주행에 대한 큰 도전과 부담을 안겨 주고 있다.10

그런데 이러한 사고에도 불구하고 자율주행차 인공지능 플랫폼 개발의 선두주자인 엔비디아(Nvidia)는 오히려 모든 형태의 운송수단의 자율주행과 안전의 중요성을 강조하면서 관련 연구가 더 활성화·가속화될 것으로 전망한다.11

엔비디아는 자사의 페가수스(Pegasus) 인공지능 컴퓨터가 탑재된 가상현실 시뮬레이션 시스템을 통해 완성차 제조사들의 실제 자율주행에 앞선 다양한 실험과 검증 작업을 클라우드 기반으로 수행한다. 결국 이 플랫폼으로 모이는 엄청난 양의 데이터들은 차량 시

10 Stewart, J. (2018. 3. 30.).
11 McGregor, J. (2018. 3. 29.).

스템의 적절한 작동과 함께 어떤 경우에도 사람과 차량을 더욱 안전하게 만들어 줄 것이라는 설명이다.

이처럼 자율주행차가 대중화되는 단계로 진화하는 것은 결국 시간문제라는 것이 자동차업계와 전문가들의 일치된 중론이다. 그럼에도 우리는 지금까지 경험해 본 적 없는 여러 가지 법적, 윤리적, 제도적, 기술적, 그리고 재무적 문제들에 직면하고 이에 대한 솔루션을 도출해야 하는 어려운 과정을 겪어 나갈 것이다.

현 시점에서 가장 진지하게 논의되는 이슈는 사고에 대한 법적 책임을 누가 질 것인가의 문제이다. 물론 자율주행으로 인해 놀라운 수준으로 교통사고가 줄어들 것이라는 예측이 주를 이루지만, 그럼에도 발생하는 사고의 책임 소재를 어디로 둘 것인가에 대해서는 다양한 견해들이 상존하는 상황이다. 현재까지 가장 설득력 있는 대안 중 하나는 결국 완성차 제조사에게 책임을 묻는 방안이다. 자율주행차가 하드웨어인 완성차에 소프트웨어인 자율주행시스템이 통합된 신개념 상품이자 서비스이기 때문에 최종 책임은 제조사가 지는 것이 마땅하다는 논리이다. 또 다른 논리적 근거는 제조사들에게 책임이 돌아갈 때 그에 따른 경제적 손실과 사고의 가능성을 최소화하기 위해 기술혁신을 포함한 많은 자발적 노력들이 이루어질 것으로 보기 때문이다.

물론 현재와 같이 운전자나 차량 소유자에게 책임을 물어야 한다는 시각도 만만치 않다. 그러나 이 경우에도 개인에게 직접 책임을 묻기보다는 책임 보상을 위한 세금제도를 만들거나 자율주행차 관련 보험제도를 별도로 신설하는 방안들이 거론된다.

또한 자율주행차에는 항상 복잡한 윤리적 이슈가 뒤따른다. 누가 차량운행과 관련된 결정을 어떻게 내릴 것인가의 문제에 대한 것으로, '트롤리(trolley)의 딜레마'와 관련된 윤리적 판단의 갈등 상황이 바로 그것이다. 트롤리의 운전자가 예정 트랙으로 운행할 경우 5명의 희생자가 예상되는 반면 교통량이 적은 옆 트랙으로 옮겼을 때 1명의 희생자가 발생한다고 할 경우 어떤 판단이 윤리적으로 옳은 것인가, 또 누가 그 판단을 결정할 것인가에 대한 문제이다.

2가지 시각이 충돌한다. 첫째는 의무론으로, 어떤 상황에서도 이미 엄격하게 정해진 규칙을 충실히 따라야 한다는 것이다. 반대 시각인 공리주의는 공중의 이익을 최대화할 수 있는 방향으로 결정이 내려져야 함을 강조한다. 자율주행차에 이 시각을 적용할 경우, 사고가 발생했을 때 생존자의 숫자를 최대화하는 결정이 이에 부합한다. 이와 같이 상이한 시각들이 충돌하는 윤리적 판단의 논의는 기술적 진화와 함께 지속될 것으로 보인다.

고용 문제도 고려하지 않을 수 없다. 미국에서만 운수업에 종사하는 500만 명의 일자리가 사라질 수 있다는 전망이다. 주로 택시나 밴, 트럭과 같이 차량 운전과 관련된 직종으로, 전체 고용시장의 3%에 해당되는 숫자이다.[12]

앞서 살펴본 바와 같이 차량 사고나 고장이 현저하게 줄어듦에 따

12 Greenhouse, S. (2016. 9. 22.).

라 정비 분야나 보험 관련 직종에서도 상당한 충격이 불가피할 것으로 보인다. 자율주행차가 보편화될 경우 사고율이 현재의 90% 수준으로 줄어든다는 전문가들의 예상이 현실화된다면 자동차 보험업계나 정비업계의 고용 상황도 심각해질 것은 자명해 보인다.

마지막으로 개인정보 보호와 사이버 보안 이슈도 점검해 볼 필요가 있다. 자율주행차는 우리가 다니는 길과 방문하는 장소에 대한 정보를 가지고 있으며, 심지어 차 안에서 이루어지는 이메일과 웹서핑, 엔터테인먼트 콘텐츠 소비 등에 대한 많은 정보를 가지게 된다. 이는 때로는 우리가 인지하지 못하는 방식을 통해 우리의 삶에 적지 않은 영향을 줄 수도 있다.

예를 들어 출근길 커피를 원할 때 자율주행차가 인도하는 커피숍은 그냥 가까워서 우연히 들리는 가게가 아닐 수도 있다는 것이다. 자율주행차는 차에 장착된 카메라와 센서, GPS, 연결된 이동통신 네트워크 등을 통해 우리에 대해 너무나 많은 정보를 쉽게 획득하고 저장할 수 있기 때문이다. 이런 정보들이 순전히 주행 그 자체만을 위해 사용될지 아니면 '훌륭한' 마케팅 정보로 사용될지는 현재로서는 정해진 바가 전혀 없다.13

해킹은 자율주행차의 악몽이 될 수 있다는 우려는 이미 현실로 나타난 바 있다. 2013년 밀러(Charlie Miller)와 발라섹(Chris Valasek)은 토요타 프리우스, 크라이슬러 지프 체로키 등을 대상으로 인터넷

13 Lafrance, A. (2016. 3. 21.).

해킹을 통한 핸들 조작과 브레이크 또는 가속 페달 조작 등을 시연해 보였다. 크라이슬러는 해당 차량 140만 대에 대해 사이버 보안 강화를 위해 리콜 조치를 취할 정도로 자동차업계의 보안 이슈가 심각함을 입증해 보였다.

이들 보안전문가들이 시도한 해킹은 자동차에서 컴퓨터가 통제하는 일부 기능에만 영향을 미쳤지만, 자율주행차는 그 자체가 컴퓨터라 불릴 정도로 컴퓨터가 모든 것을 통제하는 시스템이다. 앞으로 자율주행차의 보안 문제 해결을 위해서는 보다 공개된 공론화 과정과 관련 업체 간 협업이 매우 중요하다고 이들 전문가들은 강조한다.[14]

상기한 여러 문제점들을 해결하고 진화의 과정을 촉진하기 위해 맥킨지는 다음과 같은 3가지 제안을 한다.

첫째, 특정 회사가 자율주행에 필요한 하드웨어와 소프트웨어 전체를 스스로 개발하는 것은 거의 불가능함을 깨달아야 한다. 파트너십을 맺고 협업하는 데 더욱 익숙해져야 하며, 특히 자동차업계는 라이다와 같은 비전통적 파트너들과 전략적으로 협업해야 함을 권고한다.

둘째, 특정 회사가 솔루션을 만들기보다는 공개적이고 관련 주체들이 합의 가능한 표준 작업을 통해 진화를 가속화하고 더 튼튼한 시스템을 만들 수 있어야 한다. 그 결과로 만들어지는 호환 가능한

---

14 Greenberg, A. (2017. 4. 12.).

요소부품들이 모듈 방식의 플러그 앤 플레이 개발 프레임워크(plug-and-play system- development framework)를 더욱 촉진할 것이다.

마지막으로, 현재와 같이 특정 용도의 요소부품 개발에 목매기보다는 통합 시스템 개발로 무게 중심을 옮길 것을 권고한다. 특히 앞에서 살펴 본 안전 이슈와 관련해서는 자율주행차의 전 주기를 통해 비행기처럼 신뢰성과 내구성을 담보할 수 있는 실질적인 시스템 개발에 더 많은 관심을 가져야 한다고 강조한다. 15

15 Heineke, K., Kampshoff, P., Mkrtchyan, A. & Shao, E. (2017).

6. 자율주행의 진화: 웨이모 Vs. 테슬라

자율주행의 미래 진화 방향성을 구체적으로 들여다보기 위해서는 웨이모(Waymo)와 테슬라의 최근 움직임에 주목할 필요가 있다. 현재 구글 알파벳의 자회사로 독립한 웨이모가 추구하는 비즈니스 모델은 다음의 4가지 형태로 나뉜다. 첫째는 차량 호출, 즉 콜서비스 분야이고, 둘째는 완성차 제조사들에 대한 자율주행 솔루션 공급 라이선스, 셋째는 트럭 물류 운송, 그리고 마지막으로 소비자들과 대중교통 간의 최종 연결 솔루션(first and last-mile solutions)으로 정리해 볼 수 있다.16 이 중에서도 첫 번째와 두 번째 모델의 결합, 즉 완성차 제조사들과의 협업을 확대하고 이를 통해 차량호출 서비스를 강화하는 구체적인 협업 모델이 점차로 가시화되고 있다.

2018년 3월 웨이모는 피아트 크라이슬러와의 기존 협업을 뛰어넘어 재규어 랜드로버와 공격적인 협업에 나서고 있음을 밝혔다. 재규어 아이페이스(I-Pace)라는 고급형 전기차 신 모델에 웨이모의 자율주행 기능을 탑재해 2020년부터 2022년까지 2만 대를 생산하고 이를 애리조나주 피닉스에서 시범 운영되는 차량 호출 서비스에 우선 투입한다는 내용이다. 이후 웨이모는 자사의 자율주행 솔루션을 재규어 랜드로버에 라이선스 형식으로 제공할 계획이다. 크라이슬러

---

16 Bhuiyan, J. (2018. 3. 27.).

와 랜드로버 이외에도 여러 완성차 제조사들이 이 웨이모 생태계에 동참할 가능성을 생각해 볼 수 있다.

이처럼 고급형 전기차 생산부터 자율주행 트럭 생산까지 웨이모의 최근 움직임은 전기자동차의 고급화와 대중화를 선도하는 테슬라를 연상시키기에 충분하다. 그러나 웨이모가 추구하는 자율주행 생태계 모델은 자신만의 자율주행 솔루션이 장착된 소비자용 자동차를 직접 생산하고 판매에 주력하는 테슬라와는 확연히 구분된다.

한편, 테슬라는 현재 웨이모로 대변되는 대표적인 자율주행 솔루션의 한계를 비판하고 이에 대한 해결책을 제시하고 있다. 앞서 살펴본 바와 같이 현재 광범위하게 채택되고 있는 자율주행차의 구성은 스테레오 비전 카메라와 레이더 그리고 라이다와 같은 센서로 이루어져 있다.

그런데 테슬라의 창업자 일론 머스크는 자율주행차의 필수 요소로 모두가 인정하는 라이다를 자율주행차의 발전을 가로막는 주요 걸림돌로 지목한다. 레이저를 쏘아 물체에 반사되어 돌아오는 데 걸린 시간을 측정하는 라이다 센서는 너무 비싼 가격 때문에 자율주행차 채택의 저항 요인으로 작용한다는 것이다. 예를 들어 라이다의 가격이 컴퓨터칩처럼 기하급수적으로 떨어지기 위해서는 대량 생산이 필수적인데, 2018년 기준으로 스마트폰이 15억 대 팔린 반면 자동차는 8,200만 대로, 규모의 경제를 이루기에는 한계가 있다는 주장이다.

머스크는 두 번째 지체 요인으로 고해상도 지도를 지목한다. 정확히 지도화된 지역에서만 완벽한 자율주행이 가능한 현재의 시스템으로는 수시로 변할 수 있는 운전 상황에 제대로 대처하지 못한다는 설명이다. 이러한 이유로 테슬라는 인공지능을 전면에 내세우는 대안적 자율주행시스템을 제안한다.17 테슬라는 이를 위해 자체 제작한 컴퓨터칩을 이용해 대용량의 이미지 데이터를 처리하고 주변 환경을 파악할 수 있도록 하는 기술을 선보였다.

이에 대해 다른 경쟁사들이 광범위하게 사용 중인 자율주행 칩을 제조하는 엔비디아조차도 '기준치를 높이는' 발전으로 평가하였다. 컴퓨터에 의한 이미지 인식 기술의 발전은 최근 인공지능 진화의 가장 대표적인 성과 중 하나라는 점에서 머스크의 주장은 충분히 설득력 있다.

이처럼 인공지능을 앞세워 자신만의 차별화 생존전략에 집중해 가는 테슬라와 자신들의 뛰어난 자율주행 솔루션을 앞세워 새로운 생태계 구축과 확산에 본격적으로 나선 웨이모의 경쟁은 향후 자율주행의 미래를 가늠해 보는 주요한 관찰 포인트가 될 것이 분명하다.

또 한 가지 분명한 진화의 방향은 자율주행차가 운송의 개념을 완전히 뛰어넘는 스마트 미디어로 기능할 것이라는 점이다. 이동통신과 콘텐츠, 커머스, 그리고 각종 다양한 비즈니스와 서비스, 레저 등이 자율주행 생태계에 포함되어 끊임없이 진화하는 융합 미디어의 전형이 바로 자율주행차가 될 것이다.

---

17 Waters, R. (2019. 5. 4.).

7. 자율주행차와 공유플랫폼

흔히 차량공유 서비스라고 하면 개인용 차량에 국한된다고 생각하기 쉽지만, 중국의 차량공유 서비스 회사 디디추싱(滴滴出行, Didi Chuxing)은 '디디히치'라는 카풀 서비스에서부터 렌트카 서비스인 '디디렌트', 미니버스 호출 서비스인 '디디미니버스', 그리고 기업용 차량호출인 '디디 기업 솔루션'까지 모든 종류의 차량공유 서비스를 총망라한다. 이동할 목적지를 설정하고, 자신이 원하는 곳으로 차량 호출만 하면 예약은 완료되며, 차를 타고 이동한 후에 휴대폰상에서 결제는 간단하게 이루어진다. 이처럼 대대적인 서비스와 편리하고 간단한 사용법으로 인해 중국의 차량이용 문화는 빠르게 선진화되고 있다.

원래 디디추싱은 업계 1위인 알리바바의 콰이디다처와 2위인 텐센트의 디디다처가 불필요한 경쟁을 줄이고 업계의 지배력을 더욱 공고히 하기 위해 합병으로 탄생한 기업이다. 양사는 그간 택시 운전기사를 유치하기 위해 경쟁적으로 보조금을 높이면서 출혈경쟁을 펼쳤다. 또 중국 베이징과 상하이 등 대도시에서는 택시 운영자격을 갖추지 않은 차량을 불법으로 규제하면서 사업을 확대하기 어려워진 상황이기도 했다. 거기에 경쟁사인 우버가 중국 최대 포털인 바이두와 손을 잡는 경쟁상황의 변화도 영향을 미쳤다.

디디추싱이 성공적인 안착을 할 수 있었던 배경은 크게 3가지로 정리해 볼 수 있다.

첫째는 중국의 열악한 교통 인프라로 인한 이용자들의 불만과 새로운 혁신 서비스에 대한 니즈가 컸다는 점이다. 디디추싱은 이 지점을 파고들었으며, 택시에서 중대형의 버스 호출까지 다양한 서비스를 통해 빠른 성장을 이룰 수 있었다.

둘째는 기존 사업자들인 택시업계와의 상생관계를 통해 갈등을 최소화하고 오히려 발전의 동력으로 삼았다는 점이다. 디디추싱은 상하이, 광저우 등 10여 개 도시에 속한 50개 택시업체와 전략적 제휴를 맺었을 뿐만 아니라 기존 택시 기사들의 우려를 감안해, 디디추싱 운전자의 진입장벽을 높게 만들었다. 즉, 범죄전력이 없고, 운행거리가 60만 킬로미터를 넘으며, 최소 3년 이상의 운전 경력이 있는 자들로 한정했다.

마지막으로 가장 중요한 의미를 부여할 수 있는 중국 정부의 협조를 빼놓을 수 없다. 사실상 디디추싱의 확산을 막고 있던 것은 자동차 예약 서비스 규제인데, 중국 정부는 2017년 이를 전격 합법화한다. 여기에 제도적으로 택시 기사들을 수용하는 기반이 될 수 있도록 법안을 '택시예약 서비스'로 명명한다. 더 나아가 지방정부와도 파트너십을 맺어 진안과 같은 도시에서 스마트 교통 시범사업을 시작해서 디디추싱이 지속적인 혁신을 견인할 수 있는 토대를 마련한 것이다.

이러한 성장의 토대 위에 디디추싱은 2016년 5월 애플로부터 10억 달러를 유치하고 3달 뒤인 8월에는 경쟁자였던 우버 차이나를 인수한다. 디디추싱은 2016년 전 세계에서 두 번째로 거래량이 많은 공유차량 플랫폼이 되었고, 중국 내 시장점유율은 94.6%, 일간 이용 수는 1천만 건, 월간 실질 이용자는 1억 2,795명으로 기업가치가 56조 원에 달하는 전 세계 2위 유니콘 기업이 됐다.

디디추싱은 여기에 만족하지 않고 지속적인 성장을 위한 R&D 혁신을 더욱 가속화했다. 우선 2017년 3월 자율주행차 연구를 위해 미국에 인공지능연구소를 설립하고 그 이듬해인 2018년 5월에는 캘리포니아의 자율주행차 테스트를 성공적으로 통과한다. 이러한 성과를 바탕으로, 디디추싱은 세계 2위의 자율주행 기술 업체가 되겠다는 목표를 천명하였다.

현재 디디추싱에 따르면 이들의 앱에서 매일 3천만 건의 주행이 이뤄지며, 이 과정에서 100테라바이트 이상의 주행경로 정보가 수집된다. 디디추싱은 이를 토대로 향후 15분 내 교통상황을 85% 안팎의 정확도로 예상할 수 있는 '교통 수요예측 시스템'을 가동할 계획이다.

또한 중국 내 교통당국과 협력하여 교통체증을 완화시키는 '스마트 신호등' 프로젝트를 실시하고 있다. 스마트 신호등은 디디추싱이 주행차량에서 모은 실시간 정보를 바탕으로 신호주기를 유동적으로 바꾸는데, 실제로 20여 개 도시에서 1,300여 개 신호등에 적용한 결과 해당지역의 교통체증이 10~20% 줄어든 것으로 나타났다.[18]

18 임현우(2018.7.15.).

더욱 놀라운 것은 디디추싱이 차량공유 서비스에 그치지 않고 전기차 생산에도 참여한다는 점이다. 2018년 베이징 모터쇼에서 토요타, 폭스바겐, 르노-닛산-미쓰비시 얼라이언스 등과 '오토 얼라이언스'를 체결해, 국제적으로 전기차 개발을 위한 협력체제를 결성한다. 2020년까지 100만 대, 2028년까지 1천만 대로 확대한다는 방침이다.[19]

마지막으로 주목할 만한 변화로는 차량과 인터넷의 연결을 통한 풍부한 이용자 경험의 제공을 들 수 있다. 화웨이가 개발한 와이파이를 탑재하여 차량 내 인터넷 활용을 확산할 예정으로, 지속 사용은 25시간까지 가능하다고 한다.[20]

이처럼 인공지능 기반의 자율주행에 인터넷이 완벽하게 연결된 전기차는 소유가 아닌 공유의 형태로 '움직이는 공간' 또는 '이동하는 플랫폼'으로 기능하게 될 것이다.

---

19 김송이(2018. 5. 15.).
20 권선아(2018. 5. 14.).

핀테크와 블록체인 7장

1. 은행의 디지털 진화

스키너(Skinner, 2014)는 은행의 디지털 역사를 다음과 같이 정리한다. 역사적으로 강력한 지점 네트워크 체제를 유지해 온 은행들은 1970년대에 ATM, 1980년대에 콜센터, 1990년대에 인터넷 뱅킹, 그리고 2000년대에 들어 모바일 뱅킹을 추가로 도입했다. 문제는 이렇게 각각 도입된 채널들이 지점 체제의 강력한 기반 위에 별도의 계층으로 추가되어 왔다는 것이다. 비유하자면 지점 네트워크가 케이크의 빵이라면 계속 추가된 전자적 유통망들은 케이크의 크림인 셈이다.

스키너는 이러한 멀티 채널구조의 접근을 지양하고 모든 것이 인터넷 프로토콜을 통해 하나로 통합되는 하나의 디지털 채널, 즉 디

〈그림 7-1〉 디지털 뱅크 개념도

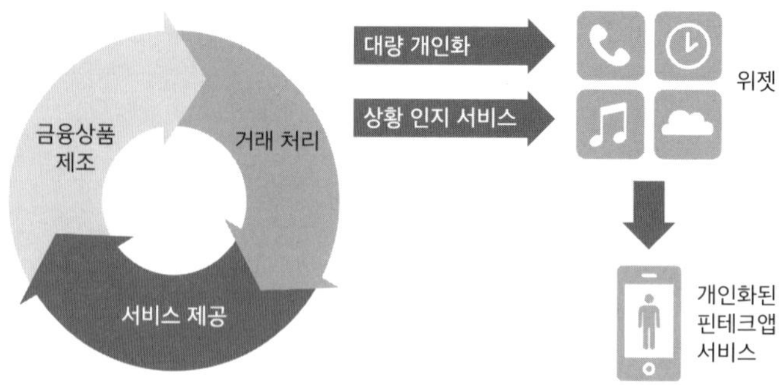

지털 은행만이 있을 뿐이라고 주장한다.[1] 여기에서 디지털 은행의 개념은 금융상품 제조사, 거래 처리사, 그리고 서비스 제공자라는 3가지 역할이 하나로 통합한 것을 말한다.

그리고 은행의 모든 기능들을 최소공통분모 단위로 분해한 후 새로운 상품이나 서비스로 재구성한 구성요소들이 위젯 형태로 소비자에게 제공되며, 이런 과정을 통해 은행 서비스는 더 이상 통합적인 상품 모음이 아니라 소비자들이 자신들의 필요에 맞게 스스로 구성한 애플리케이션들이 될 것이라고 말한다.

그리고 전통적인 면대면, 일대일 고객관리도 빅데이터 기반의 대량 개인화(mass personalization) 서비스와 사물인터넷 기반의 상황 인지 서비스(contextual service)를 통해 철저히 고객 개인에게 맞는 맞춤형 서비스의 형태로 진화할 것이다.

---

1 Skinner, C. (2014). pp. 21~24.

이처럼 은행들은 고객 프로세스의 모든 과정이 백화점식으로 제공되며 조직 자체가 금융상품과 유통채널 중심으로 구조화되어 있는 수직적 통합 비즈니스를 고객 필요에 맞춘 기능을 제공하고 고객 데이터 중심으로 조직화한 수평적 구조의 비즈니스로 바꿔야 하는 도전에 직면해 있다. 이러한 도전의 중심에 효율성과 경제성 그리고 혁신성을 바탕으로 고객들의 필요에 발 빠르게 대응하는 핀테크 기업들이 있다.

핀테크 역사의 대표주자 중 하나로 손꼽히고, 개인 간 대출(P2P Loan)이라는 새로운 서비스 분야를 개척한 렌딩클럽을 예로 들어 보자. 대출기관들의 신용위험 관리의 대표적 척도로는 연체율, 더 구체적으로 말하면 대손상각비율이 사용된다. 2008년 글로벌 금융위기가 금융시장을 강타했을 때, BOA(Bank of America)의 신용카드 연체율은 13.82%(2009년 기준), 주택담보대출 연체율은 24%(2010년 기준)까지 치솟았다. 2013년 기준으로 BOA의 주택담보대출 연체율은 6.7% 수준으로 떨어졌고, 연방준비제도이사회는 부동산담보대출과 신용카드 연체율을 각각 2.32%와 3.8%로 산정했다. 이렇게 자세하게 미국의 대출 관련 연체율을 설명하는 것은 렌딩클럽이 2013년 포트폴리오 기준으로 3%라는 매우 경쟁적인 연체율을 보였기 때문이다.[2]

영국의 대표적인 P2P 업체인 조파(Zopa)의 경우도 크게 다르지

2 King, B. (2014). pp. 5~7.

않다. 2008년에 이루어진 대출을 기준으로 보면 누적 연체율은 4.2%이며, 2016년에 이루어진 대출의 경우에는 3% 미만 수준으로, 영국 최고 수준의 은행들의 연체율보다 낮게 관리되고 있다.[3] 이처럼 전통적인 금융업계나 세간의 염려와는 달리 P2P 대출 시장은 기존 은행들의 여신 및 대출 방식보다 좋은 성과를 토대로 매우 빠른 성장세를 보여 준다.

렌딩클럽은 2012년 3월 5억 달러 대출에 이어 2013년 30억 달러, 2015년 12월 31일 자로 150억 달러를 넘어섰다. 또한 2016년 말 246억 달러를 넘어 2017년 300억 달러 달성을 눈앞에 두고 있을 정도로 가파른 상승세를 기록하고 있다. 렌딩클럽이 제공하는 대출의 평균 이자율은 13% 중반 수준을 유지하며, 투자에 대한 평균 수익률은 6% 수준이다.[4]

---

3 Shubber, K. (2017. 10. 18.).

4 Lendign Club Statistics. Retrieved from https://www.lendingclub.com/info/statistics.action

2. 핀테크산업의 진화

핀테크산업이 성숙함에 따라 새로운 변화의 특징들이 핀테크산업의 진화를 촉진하며 새 지평을 열어 가고 있다. 맥킨지는 변화의 특징을 7가지로 정리한다.[5]

첫째는 핀테크 비즈니스 영역의 확장이다. 전통적인 송금, 이체, 지불 영역을 뛰어넘어 자산관리, 중소기업 투자, 그리고 보험에 이르기까지 30개가 넘는 영역으로 확장하고 있다. 그리고 각각의 영역에서는 다양한 기술의 채택이 주를 이루는데, 예를 들어 투자자문의 경우, 사람이 거의 개입하지 않는 자동화 투자자문 시스템인 로보-어드바이저리 시스템(robo-advisory system)이 소비자들의 수요를 충족시키고 있다. 또한 인프라 비용을 줄이고 효율성을 높이기 위해 거래 정보를 추적하고 저장하는 블록체인(blockchain) 시스템을 활용하는 실험적 시도들도 활발하게 이루어지고 있다.

둘째는 핀테크산업이 다양한 비즈니스 모델과 함께 더욱 다원화되고 있다는 점이다. 그럼에도 불구하고 한 가지 공통점은 특정한 소비자 수요에 부응하기 위해 등장한 벤처 캐피털 자본이 투자된 스타트업이라는 점이다. 예를 들어, 온라인 지불 시스템을 개선하기 위해 2011년 설립된 미국의 스트라이프(Stripe)는 파운더스 펀드

5 Dietz, M. & Lee, G. (2016. 11.).

〈표 7-1〉 핀테크산업 변화의 특징

1	핀테크 비즈니스 영역의 확장
2	다양한 비즈니스 모델과 함께 더욱 다원화
3	협업 증진
4	인수합병을 통한 시장 공고화
5	기업가치의 정상화
6	규제환경의 변화
7	거대한 핀테크 생태계의 등장

(Founders Fund)를 포함한 여러 벤처 캐피털 펀드로부터 3억 달러를 투자받았다. 다른 예로는 테크놀로지 회사가 금융 서비스로 그 영역을 확장하는 경우가 있는데, 중국의 알리바바(Alibaba) 사례가 대표적이다. 전자상거래 회사인 알리바바는 금융서비스 자회사인 알리페이(AliPay)를 통해 2016년 8억 명 이상의 가입자를 확보했다.

셋째는 협업 증진이다. 핀테크 기업들은 규모의 확장을 꾀하고 전통적인 금융사들은 디지털 전문성을 추구함에 따라 협업적 파트너십이 더욱 중요해지고 있다. 예를 들어 뉴욕에 있는 무벤(Moven)과 호주의 웨스트팩(Westpac)은 협약을 통해 뉴질랜드에서 제공하는 웨스트팩의 인터넷 뱅킹 플랫폼에 무벤의 모바일 금융관리 툴을 통합한다. 이를 통해 웨스트팩은 금융시장의 최대주자가 되고, 무벤은 새로운 시장을 개척하는 효과를 기대하는 것이다.

넷째는 인수합병을 통한 시장공고화 단계로의 진입이다. 핀테크 역사를 개척한 페이팔(PayPal)의 경우, 2015년에 국제적 자본 이동 서비스를 제공하는 줌(Xoom)을 8억 9천만 달러에 인수했다. 이를 통해 온라인 지불 서비스를 메인으로 하는 페이팔은 디지털 송금과 관리 영역으로까지 그 서비스를 확장할 수 있게 됐다. 앞에서 살펴본 협업 트렌드를 보완하는 차원의 인수합병은 전통적인 은행들로 하여금 매력적인 인수합병 대상으로 옮겨갈 수 있게 하며, 스타트업들의 입장에서는 상장을 통한 기업공개에 대한 대안적 출구 전략으로 작동함으로써 시장 변화를 이끄는 주된 힘이 된다.

다섯째, 투자자들이 신중해지고 검증된 트랙 레코드를 선호하기 시작하면서 핀테크 기업가치가 정상화되고 있다. 맥킨지에서 10억 달러 이상의 기업가치를 가지는 44개 핀테크 분야의 유니콘 기업들을 조사한 결과, 기업가치의 성장 속도가 크게 떨어짐이 드러났다. 2014~2015년 사이에 이들 기업의 성장률은 77%에 달했으나 2015~2016년에는 9%로 낮아진 것이다. 특히 조사 대상의 절반이 있는 미국의 경우에는 변화가 더 극심했는데, 2014~2015년의 54%에서 2015~2016년에는 성장은 고사하고 -7%로 역성장을 기록했다.

여섯째, 규제환경의 변화가 친시장적으로 변하고 있음도 빼놓을 수 없다. 핀테크산업에 영향을 미치는 규제 체계도 신속하게 진화하면서 산업의 발전을 견인하는 적극적 역할을 하고 있음은 매우 고무적이다. 특히 전체 금융시장을 흔들지 않으면서도 핀테크 기업들에게 자유로운 실험을 가능하게 해주는 샌드박스(sandbox) 방식을 통해 테스트와 학습을 해나감으로써 산업 발전에 기여하고 있다.

마지막으로, 핀테크산업이 중요한 요소로 자리매김하는 거대한 생태계의 등장에 대해 살펴볼 필요가 있다. 이러한 생태계는 전통적인 산업체계를 따르기보다는 소비자의 필요에 따라 발전하며, 그 선두주자들은 엄청나게 쏟아지는 가용한 소비자 정보로부터 유용한 통찰력을 얻기 위해 강력한 데이터 분석 역량과 사이버 보안 능력을 갖추어야 한다.

예를 들어 중국의 핑안(PingAn)은 교차판매와 고객이동을 더욱 용이하게 하기 위한 데이터 분석 플랫폼을 2013년에 이미 구축했다. 이러한 플랫폼을 통해 2016년 기준으로 핑안은 1억 명이 넘는 기존 핵심 고객의 절반 이상을 온라인 서비스 고객으로 끌어들이는 데 성공했다. 또한 핑안은 자신들의 전체 플랫폼을 통해 2억 9,800만 인터넷 고객 기반을 구축함으로써 신규 고객 확보와 오프라인에서 온라인으로의 채널 이동에서의 강력한 기회들을 잘 보여 주었다.

비금융권에서의 좋은 예는 텐센트(Tencent)의 소셜네트워크서비스인 위챗(WeChat) 플랫폼 기반의 즉시대출 기능으로, 위챗의 적극적 사용자 8억 명의 정보와 중국 인민은행의 신용정보를 연결함으로써 담보 없이 3만 달러까지 대출을 제공한다. 핀테크 서비스가 텐센트 생태계의 필수 요소가 된 것이다.

3. 핀테크 Vs. 테크핀

과거 동질적이고 변화에 둔감했던 금융시장이 핀테크 혁신기업들에 의해 금융 상품이나 서비스의 기준과 기대치를 끊임없이 높여 가는 역동적 환경으로 변화하고 있다. 특히 소매업이나 여행, 가전과 통신산업의 개인화 서비스에 익숙한 소비자들의 기대를 충족하기 위해 금융 분야도 본격적인 경쟁체제로 전환하고 있다. 이들 소비자들은 한두 개의 금융회사에 의존하던 과거의 소비 패턴에서 벗어나 전통적 금융사뿐만 아니라 다양한 핀테크 기업들 중에서 자신들의 역동적 필요를 충족해 주는 상품과 서비스를 적극적으로 선택하고 자유롭게 이용한다.

물론 시장에 새로 진입하는 핀테크 기업들은 정부규제, 소비자 신뢰, 규모의 경제와 같은 쉽지 않은 주요 장벽들을 뛰어넘어야 하는 도전에 직면하면서 전통적인 금융사들과의 협업 또는 지지를 적극적으로 구하고 있다. 그럼에도 서로 간에 조직 문화와 지향 가치가 너무나도 상이하기 때문에 실질적이고 가시적인 성과를 낸 협업의 성공 사례를 찾기는 현실적으로 쉽지 않아 보인다.[6] 바로 이런 이유로 인해 파괴적 혁신기술과 풍부한 자원 그리고 민첩한 의사결정으로 무장한 글로벌 빅테크(BigTechs) 기업들의 가교 역할이 주

---

6 Bose, A., Price, P., & Bastid, V. (2018).

목받는다.

핀테크(Fintech)는 디지털 기술을 활용하여 비용을 낮추고 매출은 늘리며 기존의 걸림돌들을 제거하여 '더 나은 금융 서비스'를 제공하는 회사를 말한다. 예를 들면, 핀테크의 효시라 할 수 있는 페이팔이나 대표적인 개인 간 송금 서비스인 벤모(Venmo)와 젤(Zelle) 등이 여기에 해당된다.

반면에 테크핀(Techfin)은 광범위하게 제공되는 서비스의 일환으로서 금융상품이나 서비스를 제공하는 더 나은 방법을 제시하는 IT 회사들을 지칭한다. 대표적인 글로벌 IT 회사들인 미국의 GAPA(구글, 아마존, 페이스북, 애플)나 중국의 BAT(바이두, 알리바바, 텐센트) 등이 여기에 해당한다.7

핀테크와 테크핀, 양 진영 모두 시장에서 살아남기 위해서는 무엇보다 대용량의 데이터셋을 불러들이고 분석할 수 있어야 하며, 소비자들이 실시간으로 관여하는 디지털 환경에서의 개인화 추세를 꿰뚫어 볼 수 있는 통찰력을 갖추고, 소비자의 필요에 따라 서비스들을 확장적으로 제공할 수 있어야 한다. 이때 '확장적'이라 함은 기본적인 지불결제 기능은 물론이고 이용자의 여윳돈을 굴려 주는 머니마켓펀드나 자유롭고 간편하며 수수료가 매우 저렴한 해외송금, 그리고 믿을 수 있고 만족할 만한 수준의 자산관리로까지 이어지는 다양하고 혁신적인 서비스들로 그 영역을 지속적으로 확장해 감을

---

7 Mirous, M. (2018. 8. 27.).

〈그림 7-2〉 은행의 미래: 플랫폼 경쟁

레거시 연합 핀테크 모델 특화 중심 테크핀 모델

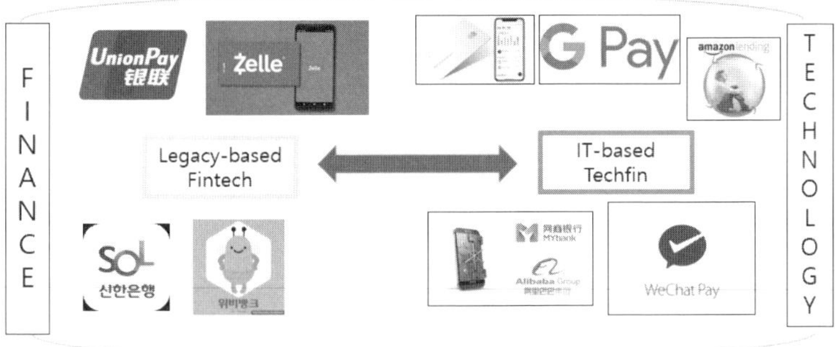

금융사 개별 통합 핀테크 모델 완전 종합 테크핀 모델

의미한다.

그렇다면 향후 시장은 어느 쪽에 유리하게 전개될 것인가? 《디지털뱅크》의 저자인 크리스 스키너(Chris Skinner)는 핀테크가 빠르게 달리는 말을 만들어 내는 작업이라면, 테크핀은 비행기에 타고 날아가면서 작업함에 비유한다.[8] 테크핀은 이미 검증된 디지털 기술과 엄청난 이용자 기반으로 무장되어 있고 소비자 경험을 지속적으로 증진시키는 뛰어난 역량과 탄탄한 소비자 신뢰를 이미 갖추고 있기 때문이다. 뿐만 아니라 자신들의 브랜드 파워를 금융 분야로 확장할 수 있는 규제적 자유로움도 상대적 경쟁우위의 중요한 요인이 된다.

〈그림 7-2〉에서 보는 바와 같이 전통적인 금융기업들이 IT 기술

---

8 Gormley, S. (2019. 7. 18.).

을 접목시켜 발전을 모색하는 핀테크 진영은 기존의 전통적인 플레이어들이 연합하여 새로운 서비스를 제공하는 레거시 연합 핀테크 모델(Legacy-Unified Fintech Model; LUFM)과 기존 사업자들이 각자도생하는 금융사 개별 통합 핀테크 모델(Independent but Integrated Fintech Model; IIFM)로 나눠 볼 수 있다. 레거시 연합 핀테크 모델의 대표적 예는 유니온페이나 젤, 금융사 개별 통합 핀테크 모델은 현재 한국에서 가장 뜨거운 경쟁을 벌이는 신한은행의 쏠이나 우리은행의 위비뱅크 등이 해당된다.

반면에 기술 기반 IT 기업들이 자신들의 기술을 어떻게 상거래나 금융 분야에 적용할 것인가를 적극적으로 모색하는 테크핀 진영은 특화 중심 테크핀 모델(Specialty-Centered Techfin Model; SCTM)과 완전 종합 테크핀 모델(Fully-Equipped Techfin Model; FETM)로 나눠 볼 수 있다. 특화 중심 테크핀 모델은 B2B 아마존, B2C 애플카드 등이 해당된다. 완전 종합 테크핀 모델은 알리페이를 대표적인 예로 들 수 있다.

레거시 연합 핀테크 모델(LUFM)

우선 레거시 연합 핀테크 모델의 대표적인 예인 젤은 미국에서 개인 간 송금 서비스의 대표주자로 자리 잡은 벤모에 대한 전략적 경쟁 서비스의 성격이 강하다. 벤모는 펜실베이니아대 신입생 기숙사 룸메이트였던 대학생 2명의 아이디어에서 시작된다. 이들은 지역 재즈 축제에서 문자 메시지를 통해 MP3 음원을 구입하는 경험을 한 후, 이러한 서비스를 금융 분야로 확대 적용하는 꿈을 꾸게 된다. 이렇게 2009년에 창업한 벤모는 4년 뒤 핀테크의 효시라 해도 과언이 아닌 페이팔에 의해 8억 달러에 인수된 후 미국인들의 일상생활에 가장 많이 쓰이는 개인 간 송금 서비스로 자리매김한다.

금융 서비스 혁신을 도모하면서 벤모의 급성장에 위기감을 느낀 대형은행들의 생존전략은 연합전선을 구축하여 공동 대응하는 것이었다. 흥미로운 사실은 대체로 느슨한 형태로 이루어져 시장실패로 이어지는 대다수 경우와 달리 BOA(Bank of America), JP 모건 체이스(JP Morgan Chase), 웰스 파고(Welse Fargo)의 연합으로 시작된 이 모델은 이후 캐피털 원(Capital One), US뱅크(US Bank) 등이 합류하여 명실상부한 미국의 전국 네트워크를 가진 대형은행들이 실질적인 지분을 소유한 합작법인 EWS(Early Warning Services)를 만들었다는 점이다. 이 법인이 출시한 레거시 연합 핀테크 모델의 서비스가 바로 젤이다.

2017년에 출시된 젤은 대형은행들의 네트워킹과 탄탄한 이용자 기반, 거의 실시간의 무료 송금 서비스에 힘입어 거래금액 기준으로 벤모를 앞지르는 성과를 보인다. 대형은행들이 각자도생의 길을 접고 공동으로 출자한 단일 법인을 통해 대응에 나선 것은 온라인 기반의 ICT 회사들이 얼마나 빠르고 강력하게 오프라인 시장을 점령해 들어와 기존의 시장지배자들을 파멸시키는지 충분히 학습한 결과로 보인다.

비디오 대여 서비스의 국민적 브랜드였던 블록버스터가 넷플릭스에 자리를 내주고 사진의 고유명사인 코닥이 신생 온라인 사진 공유 서비스인 인스타그램으로 인해 파산으로 직행한 과정은 거대한 오프라인 공룡들에게 상당한 공포심을 심어 주기에 충분했다고 본다.

젤의 성공은 레거시 연합 핀테크 모델이 전통적인 금융회사들이 미래대응 전략으로 취할 수 있는 유효한 대안 중 하나임을 입증해 보였다는 점에서 그 의의가 크다 하겠다. 그런데 금융 서비스에만 온전히 초점이 맞춰져 있어 소비자들에게 편리함과 신뢰를 줄 수 있다는 레거시 연합 핀테크 모델의 가장 큰 장점은 동시에 가장 치명적인 약점이 될 수도 있다. 향후에도 이용자들이 지금처럼 금융 서비스를 독립적인 애플리케이션으로 분리하여 이용할 것이라고 보기 어려운 상황들이 속속 나타나고 있기 때문이다. 이미 우리들의 전반적인 삶에 막강한 영향력을 행사하는 글로벌 ICT 기업들의 플랫폼 비즈니스에 금융을 더하는 테크핀 모델에 주목해야 하는 이유가 바로 여기에 있다.

금융사 개별 통합 핀테크 모델 (IIFM)

핀테크와 테크핀 양 진영을 중심으로 하는 네 축 중에서 금융사 개별 통합 핀테크 모델은 기존 은행들이 디지털 전환 차원에서 진행하는 진화의 과정으로 특징지을 수 있다. 거대 금융권에 맞서거나, 이들이 미처 커버하지 못한 틈새시장을 찾아 진입을 시도했던 여러 핀테크 스타트업들의 기술과 아이디어들이 이 모델의 진화 과정에서 기득권에 흡수 통합되는 것이 아니냐는 논란도 존재한다.

특히 이 모델은 금융사들의 생존 차원의 마케팅 프로모션 전략과도 맞물려 진행된다는 또 다른 특징이 있다. 즉, 핀테크산업에 대한 본질적인 시각 교정이나 새로운 비전 설정보다는 큰 흐름에 뒤처지지 않기 위한 제스처 정도로 대응한다는 비판의 시각도 상존한다. 금융사 단독의 개별적 핀테크 통합 모델은 확장성이 본질적으로 제한되는 한계가 분명하며, 지속가능한 성장 엔진으로 만들기 위한 대대적인 투자와 내부적 구조조정 같은 본질적인 문제들을 어떻게 풀어 갈 것인지가 향후 이 모델의 생존 여부를 결정지을 것이다.

특화 중심 테크핀 모델(SCTM)

테크핀 모델 중에서 특화 서비스를 선보이는 대표 주자로는 아마존과 애플의 예를 살펴볼 필요가 있다.

우선 아마존은 아마존 플랫폼에서 비즈니스를 하는 중소기업들을 대상으로 대출 서비스를 본격화하고 있다. 그들의 제품이나 서비스에 대한 소비자들의 평가는 물론이고 판매에 기반한 매출 데이터까지 들여다보는 아마존은 대출에 따른 리스크 관리에 매우 유리한 위치에 있다. 이러한 강점을 이용하여 대출을 통한 이자 수익은 물론이고 제때 자금이 필요한 기업을 도와 그들의 비즈니스를 활성화시키고 안정시킴으로써 매출이 늘어남에 따른 수익도 벌어들이는 양

수겸장의 수익 모델이 작동되는 것이다.

반면에 애플은 충성고객들의 지갑은 확실히 지켜보겠다는 의도가 분명해 보인다. 매출 대비 현금을 돌려주는 데일리 캐시 프로그램은 물론이고 지금까지 여타의 신용카드들이 부과해 왔던 거의 모든 비용을 부과하지 않는 점 등은 모두 고객들을 위한 최대의 만족과 기쁨을 통해 향후 전개될 테크핀 플랫폼 경쟁에서 소비자 중심의 새로운 금융 서비스라는 패러다임을 선도하겠다는 의지로 보인다.

완전 종합 테크핀 모델 (FETM)

현재까지 완전 종합 테크핀 모델에 가장 근접한 대표주자인 알리페이의 모회사인 앤트 파이낸셜(Ant Financial)은 가장 기본인 온라인 결제에서부터 머니마켓펀드(MMF), 무료송금, 세금환급에 이르는 금융 서비스뿐만 아니라 자체 신용도 검증 시스템을 이용한 해외비자 발급에 이르기까지 다양한 금융 및 금융 관련 생활밀착 서비스를 제공한다.

우선 앤트 파이낸셜은 1초에 12만 건의 거래를 인공지능 기반으로 처리하면서 사기나 불법 거래를 걸러낸다. 이 처리 속도와 안전성은 이미 세계적인 금융 네트워크인 비자나 마스터카드를 능가하는 수준이다.

또한 머니마켓펀드인 위어바오의 경우 1위안(약 162원)부터 투자가 가능하고 알리페이 계정에서 수수료 없이 즉각 이동이 가능하며,

중국의 기존 예금 금리가 약 1%인 데 반해 2003년에는 7%의 금리를 제공하여 선풍적인 인기를 끌었다. 2017년 말 기준으로 위어바오의 순이익은 524억 위안에 가입자 수는 약 4억 7천만 명을 넘어섰으며, 그중 99.94%가 개인투자자로 나타났다. 위어바오 출시 이전에 중국의 머니마켓펀드가 기관투자자와 거액의 자산가 등을 중심으로 운영된 점에 비추어 볼 때 시장의 판도를 완전히 바꾼 것으로 평가된다. 현재는 중국의 금리정책 변화로 3~4%로 떨어지기는 했지만 위어바오의 금리는 여전히 높은 수준을 자랑한다.

또 다른 인기 서비스인 무료 송금 서비스는 3등급으로 차등하여 제공되는데, 1등급(1개의 신용카드 연동)은 1천 위안(약 16만 원), 2등급(신분증 등록과 2개 이상 신용카드 연동)은 10만 위안(약 1,600만 원) 그리고 3등급(2등급 소비자 중 알리페이 2개 서비스 이상 이용자)은 20만 위안(약 3,500만 원)까지 가능하다. 물품에 부과된 부가세 및 특별소비세를 외국인 관광객에게 환급해 주는 서비스인 세금환급의 경우 7일 이내에 알리페이 계정으로 입금되는데, 이는 신용카드 반환 방식보다도 빠르다고 한다.

현재 전 세계 20여 개국의 80여 개 공항에서 알리페이 서비스를 제공한다. 2018년 9월 말 기준으로 알리페이 사용자 수는 9억 명을 돌파했으며, 그중 70% 이상의 사용자들은 3개 이상의 알리페이 서비스를 사용한다.

그리고 앞서 언급한 바와 같이 알리페이의 강점은 금융 서비스에만 머물러 있지 않다. 알리페이의 생활밀착 서비스를 보면 QR코드를 이용한 도서 대여나 교통위반 행위 신고와 보상, 알리페이 이용과 연계된 비자 신청자격 부여뿐만 아니라 알리페이 사용 내역이 모여 가상의 나무가 자라면 실제로 황무지 등에 나무를 심는 캠페인까지 진행한다.

이 중 비자 신청과 관련해서 흥미로운 점은 빅데이터 분석을 통해 이용자의 신용도 검증 시스템 역할을 하는 '즈마신용'(芝麻信用, 참깨크레딧)이다. 이 참깨크레딧은 인터넷 거래 및 행동 데이터를 분석하여 사용자의 신용평가를 수행하는 것으로, 정부 및 금융 시스템의 데이터를 수집한 이후 타오바오와 알리페이에서의 사용자 행동 기록을 완벽하게 분석하는 신용보고 시스템이다.

참깨크레딧 점수는 350에서 950 사이이며, 점수가 높을수록 신용도가 높아진다. 참깨크레딧이 700점 이상이면 싱가포르 비자 신청이 가능하며, 750점 이상은 룩셈부르크 비자 신청을 통해 셍겐조약에 가입되어 있는 유럽 26개국을 자유롭게 여행할 수 있다. 물론 이렇게 참깨크레딧이 높은 경우에는 자산인증서, 고용증명서 등 비자 신청 구비서류들을 제출할 필요가 없다.

완전 종합 테크핀 모델의 또 다른 예는 앞에서 살펴본 알리페이의 최대 라이벌 위챗페이(WechatPay)이다. 위챗페이는 중국 최대의 SNS인 텐센트의 위챗(Wechat) 이용자 간 송금 수요에서 시작됐다. 이용자는 위챗 클라이언트에 통합된 기능으로 모바일을 통해 빠르고 손쉽게 결제 절차를 마칠 수 있다. 여기에 은행카드를 등록해 이용자에게 안전하고 효율적인 결제 서비스를 제공할 수 있게 되었으며, 카드 결제, 스탬프 결제, 공식 계정 결제, 앱 결제를 비롯해 선물과 비슷한 돈봉투(홍바오) 기능, 상품권, 할인쿠폰 등 추가적인 기능까지 선보이면서 이용자와 소매상인 간의 다양한 결제 수요를 충족해 준다. SNS 기반의 손쉽고 빠르며 편리한 결제 방식으로 위챗페이의 이용이 급증하면서 2017년 말 기준으로 모바일 결제시장 점유율은 38%까지 높아졌고, 반면에 2014년 70%에 달했던 알리페이의 점유율은 54% 수준으로 떨어진다.

현재 알리페이와 위챗페이는 중국 중앙은행의 허가를 통해 각각 인터넷 전문은행인 MyBank(2015년 6월)와 WeBank(2014년 12월)를 설립하여 유통업과 금융업의 결합, 모바일 정보통신과 금융업의 결합을 이루어 냈다는 평가를 받는다.[9] 그리고 향후 본격화될 것으로 기대되는 ICT 플랫폼 기반의 금융 서비스 확장이 그 실체를 명확하게 드러냈다는 점에서도 그 의의가 크다 하겠다.

9 서봉교(2015).

4. 테크핀의 글로벌 확장

전통적으로 은행은 기업 대상의 B2B 비즈니스 모델과 일반 소비자들을 대상으로 하는 B2C 모델로 나눠 볼 수 있다. 우리가 이 장에서 집중적으로 살펴보고 있는 일반 이용자 대상의 B2C 모델을 소매 금융(retail banking)이라 부르는 이유는 일반 이용자들을 대상으로 하는 금융상품과 서비스를 판매하는 형태가 소매업의 범주에 포함될 수 있을 정도로 매우 유사한 측면이 많기 때문이다. 물론 표준산업분류로는 '도매 및 소매업'(대분류 G)을 '금융 및 보험업'(대분류 K)과 분명히 구분하고 있기는 하지만, '일반 대중을 대상으로 직접 판매할 수 있는 매장을 개설하고 특정 상품을 전문적으로 소매하는 산업활동'으로 정의되는 '전문소매업'과 매우 유사한 비즈니스임에는 분명하다. 취급 상품도 예·적금, 송금, 대출(일반 및 주택담보), 신용카드, 머니마켓펀드 등으로 그 종류가 제한적이어서 거대한 기술과 자본 기반의 테크핀이 진입하기가 그리 어려워 보이지 않는다.

바로 이 점이 미국 소매금융의 지배적 사업자들이 연합하는 이유이기도 하다. 그들은 아마존이 미국의 소매업을 어떻게 천하통일하는지 똑똑히 지켜봤다. 지역 상권이 붕괴되고 전국구인 아마존으로 몰려가는 소비자들이 바로 자신들이 매일같이 상대하는 고객들이기 때문에 지역 소매상의 몰락에서 어쩌면 자신들의 미래를 보았을 것이다. 바로 이런 공포가 젤 서비스 출시의 주된 동력이 된 것이다.

한편 중국 테크핀의 급성장에는 정부 정책의 역할이 중요하게 자리하고 있음에 주목해야 한다. 무엇보다 중국은 사후규제 방식을 도입했으며, 네거티브 방식의 열린 규제를 채택하고 있고, 업종별 칸막이 규제를 없애 시범적인 사업을 허용하였다. 또한 산업자본의 은행 지분 보유 제한을 허무는 등 규제와 관련해서는 매우 혁신적이고 선진적인 움직임을 보이고 있다.

특히 IT 부문과 관련한 중국의 정책 노선은 가장 친시장적인 미국의 정책과 매우 닮아 있다. 현재 중국 정부는 IT 기반 산업들의 새로운 혁신 상품과 서비스에 대해 별다른 제재를 가하지 않으며, 어느 정도 산업이 성장할 때까지는 이러한 태도를 유지할 것으로 보인다. 미국의 IT 관련 정책의 기본 철학이자 주요 원칙인 '혁신성장을 위한 규제유보'를 중국도 그대로 준용하고 있음은 놀라울 정도이다.

국내 시장의 탄탄한 기반과 경험을 바탕으로 결국 테크핀 기업들이 해외로 영역을 확장하는 것은 당연한 진화의 방향일 수밖에 없다. 무엇보다 자국 내 경쟁이 점점 치열해지면서 막대한 마케팅 비용에 대한 부담이 증가하고 비용 대비 수익률이 점차로 하락하는 상황에 직면하게 되기 때문이다. 또한 국가 간 무역 및 여행 등 다양한 형태의 양자 또는 다자 간 거래가 급증하기 때문에 이에 대한 금융 서비스의 수요 또한 빠르게 증가하고 있다. 그리고 무엇보다 핀테크 또는 테크핀이라는 새로운 성장동력을 통해 양질의 일자리를 창출하고 국가경제를 활성화하려는 각국 정부의 이해관계도 빼놓을 수 없다.

예를 들어 중국의 경우 2019년 기준으로 스마트폰 이용자의 81% 이상이 모바일 결제 서비스를 이용하고 있으며 전 세계 55여 개국 이상에서 사용이 가능해졌다. 2020년 3월 기준으로 알리페이 단일 서비스만 13억 이용자들이 사용하고 있으며, 코로나-19 펜더믹에도 오히려 모바일 결제 건수와 금액은 대폭 증가한 것으로 나타났다. 주목해야 할 점은 해외 소매점에서 스마트폰으로 결제하는 정도의 초기 서비스 단계를 넘어서 아예 현지에 모바일 결제 시스템을 구축하여 현지 결제시장에 직접 진출하는 사례도 나타나고 있다는 점이다.

우리나라 시장을 살펴보면, 2019년은 네이버페이와 카카오페이 그리고 페이코와 같은 핀테크 서비스들이 해외진출을 시작한 원년으로 기록될 것이다. 그런데 여러 가지 규제로 인해 속도가 더딘 우리 상황과 달리 네이버의 일본 자회사인 라인은 이미 일본을 거점으로 글로벌 테크핀 비즈니스 모델을 적극 추진해 왔다.

라인은 2014년 12월 라인 메신저 내 모바일 송금과 결제를 이용할 수 있는 '라인페이'를 출시해 약 4천만 명의 이용자를 유치한 데 이어 2018년 1월에는 라인 파이낸셜 주식회사를 설립해 메신저를 통해 보험에 가입하는 '라인보험'을 출시했다. 또한 인공지능 기반 투자 서비스인 '라인 스마트투자'와 개인 자산관리 서비스 '라인가계부' 등도 서비스에 포함되어 있다. 일본을 기반으로 하는 라인의 테크핀 모델은 대만, 태국, 인도네시아 등 기존 서비스 지역은 물론 1억 6,500만 명에 이르는 라인 유저를 바탕으로 국경을 초월하는 경

제·금융 생태계로 지속적인 확장을 꾀하고 있다.[10]

이처럼 글로벌 테크핀 기업들의 강력한 플랫폼을 기반으로 하는 혁신적인 금융 서비스의 등장과 확장은 기존 국제금융 질서의 재편을 촉진할 수 있을 정도의 충분한 잠재력을 지니고 있음은 이미 시장에 의해 충분히 확인되었다고 본다. 테크핀 중심의 새로운 금융체제로의 본격적인 이동은 이제 시간문제로 보인다.

---

10 김미희(2019. 5. 12.).

5. 비트코인과 블록체인

비트코인은 전 세계적으로 통용되는 암호화된 화폐(cryptocurrency)이자 동시에 전자 지불 시스템을 말한다. 또한 중앙은행이나 단일 감독기구가 없는 세계 최초의 분산화된 디지털 화폐로 불리기도 한다. '비트코인'이라는 이름의 통화 단위는 비트코인 네트워크상에 있는 참가자 사이에서 가치를 보관하고 전송하는 데 사용되며, 사용자들은 물건 구매, 송금과 대출 같이 전통적인 화폐로 할 수 있는 모든 일들을 비트코인을 통해서 할 수 있다.

그런데 비트코인이 전 세계의 주목을 받는 이유가 가상화폐로서의 안전성이나 안전자산으로서의 투자 매력 때문만은 아니다. 안토노풀러스는 비트코인을 디지털 화폐 생태계의 근간을 이루는 개념 및 기술들의 모음으로 정의한다. 또한 비트코인을 암호 기법과 분산 시스템 분야에서 이루어져 온 수십 년 연구의 정점으로 평가하고, 비트코인을 구성하는 4가지 혁신 요소를 다음과 같이 정의한다.[11]

① 분산화된 P2P 네트워크(비트코인 프로토콜)

② 공개 거래 장부(블록체인)

③ 분산화된 수학적이고 결정론적인 통화 발생(분산 채굴)

---

11 Antonopoulos, A. M. (2010). pp. 1~3.

④ 분산화된 거래 검증 시스템(거래 스크립트)

비트코인은 2008년 사토시 나카모토라는 익명의 프로그래머(또는 프로그래머 그룹)에 의해 개발되었고, 2009년에 오픈소스 소프트웨어가 공개되면서 비트코인 네트워크는 시작되었다. 이들은 디지털 서명 방식이 중복 사용(double-spending) 문제에 노출되어 있는 불완전성을 해결하기 위해 거래 내역을 공개하고 기록하는 '작업증명'(proof-of-work)을 활용한 P2P 네트워크를 제안한 것이다.12 이때 네트워크는 다음과 같은 절차를 따라 작동한다.

① 새로운 거래가 모든 노드에 발송된다.
② 각 노드는 새로운 거래를 블록으로 모아들인다.
③ 각 노드는 자신의 블록을 위한 어려운 작업증명에 나선다.
④ 작업증명 솔루션을 찾았을 때, 노드는 그 블록을 모든 노드들에게 발송한다.
⑤ 노드들은 그 블록 안에 있는 모든 거래가 유효하고 이미 사용되지 않았을 때 그 블록을 승인한다.
⑥ 노드들은 블록체인에서 다음 블록을 만드는 작업에 승인된 블록의 해시를 이전 해시로 사용함으로써 그 블록을 승인했음을 표시한다.

12 Nakamoto, S. (2008).

네트워크로 전송된 거래는 전 세계적으로 분산되어 있는 공개 장부인 블록체인에 올라가기 전에는 검증되지 않은 것으로 본다. 비트코인 네트워크상에 있는 노드들 중 몇몇은 '채굴자'라고 불리는 특화된 노드들이다. 이들 특화된 노드들도 다른 노드처럼 기본적으로 미승인 거래들을 받아서 전파하기도 하고, 또는 미승인 거래들을 모아서 새로운 블록에 추가하기도 한다.

채굴은 새로운 비트코인이 통화 공급량에 추가되는 과정인 동시에 사기성 거래나 이중지불로부터 비트코인 시스템을 안전하게 보호하는 데 기여하며, 마지막으로 채굴자들에게 보상으로 비트코인을 제공함으로써 비트코인 네트워크에 컴퓨팅 파워를 제공한다. 보상금을 받기 위해 채굴자들은 암호화 해시 알고리즘에 기반한 어려운 수학문제를 풀기 위해 서로 경쟁하며, 이 수학문제에 대한 해답을 '작업증명'이라고 한다. 이렇게 보상을 받기 위해 작업증명 알고리즘을 푸는 경쟁과 블록체인에 거래를 기록하는 권리는 비트코인 보안 모델의 근간이 된다.

채굴자들은 평균적으로 10분마다 직전의 마지막 블록 이후의 모든 거래를 포함하는 새 블록을 형성한다. 사용자 지갑과 여러 애플리케이션으로부터 새로운 거래들이 끊임없이 네트워크로 들어온다. 네트워크 노드들은 이들 미검증된 거래들을 자신들이 유지하고 있는 임시 풀(Pool)에 추가하고 검증된 파일은 메모리 풀 또는 거래풀에 추가한다.

채굴자들은 새 블록을 만들면서 이들 미승인 거래들을 새 블록에 추가하고, 그 유효성을 입증하기 위해 매우 어려운 문제(작업증명) 풀기를 시도한다. '작업증명'이라는 이 솔루션을 찾기 위해서는 전체 비트코인 네트워크에서 1초당 수천조 건의 해싱(hashing) 작업이 필요하다. 작업증명 알고리즘은 미리 설정된 유형에 일치하는 솔루션이 나올 때까지 SHA256이라는 암호화 알고리즘을 이용해 블록의 헤더와 임의의 숫자를 반복적으로 해싱한다.

솔루션을 찾아낸 첫 번째 채굴자가 승리자가 되고 채굴된 블록은 블록체인으로 올라간다. 다른 채굴자들은 네트워크로부터 새로운 블록을 받게 되면 이전 경쟁 라운드에서 채굴에 실패했다는 사실을 알게 되고 바로 새 블록 채굴 과정을 시작한다. 이처럼 새로운 블록은 이전 경주가 끝났음을 알리는 깃발이자 동시에 새로운 경주를 알리는 신호용 총이기도 한 것이다.13

2017년 8월 말 기준으로 상위 5개의 비트코인 채굴사들은 모두 중국계 회사로, BTC탑(BTC-Top), 앤트풀(AntPool), BTC닷컴(BTC.com), 바이어BTC(ViaBTC), F2풀(F2Pool) 등이다. 이 중에서 앤트풀과 BTC닷컴은 비트코인 채굴기 제조회사로 자리매김한 비트메인(Bitmain)사 소속이다.

흥미로운 사실은 비트메인과 같은 중국의 대형 채굴업자들이 기존의 비트코인 개발자 세력에 반발해 독자노선을 선언했다는 점이다. 그 결과로 2017년 8월 1일 바이어BTC와 비트메인 등이 주도해

13 Nakamoto, S. (2008). pp. 26~29.

서 비트코인 캐시(Bitcoin Cash; BCH)라는 알트코인(Altcoin), 즉 대안 가상화폐가 탄생하게 된다.14

현재까지 비트코인과 비트코인 캐시의 가장 큰 차이점은 블록 사이즈, 즉 1개 블록에 담길 수 있는 데이터의 크기이다. 기존 비트코인은 1메가바이트(MB)로 하루 최대 25만 개 거래를 허용할 수 있다. 문제는 1메가바이트의 한계로 거래 내역 처리가 늦어지고 노드에 등록되지 못해 대기 중인 코인이 다수 존재하게 되면서, 그 한계를 극복하기 위한 대안 마련 과정에서 기존 세력과 중국의 대형 채굴업자들이 충돌한 것이다. 현재 새롭게 탄생한 비트코인 캐시의 블록 크기는 8메가바이트이다.15

---

14 Wirdum, A. V. (2017. 8. 2.).

15 Bitcoin. com(2017. 8. 5.).

6. 비트코인의 경제학

비트코인의 경제학은 정확한 수학적 모델에 근거한다. 평균적으로 10분마다 생성되는 각각의 블록은 완전히 새로운 비트코인을 담게 된다.

매 10분 1블록 × 6 × 24시간 = 144블록(1일 기준)

144 × 365일 = 52, 560 × 4년 = 21만 240블록

그리고 매 21만 블록마다 비트코인 발행률은 절반인 50%로 줄어들게 된다. 그런데 4년을 기준으로 보면 21만 240블록이 생성되기 때문에 절반값으로 떨어지는 기준이 되는 21만 블록에서 하루 반나절 분량의 차이가 난다. 그래서 대략 4년이라는 표현을 쓰며, 정확히는 블록 기준으로 21만 블록이 기준이 된다.

비트코인 네트워크가 작동한 첫 4년 동안 각 블록에는 50비트코인이 담긴다. 2012년 11월에는 블록당 25비트코인으로 줄어들고, 다시 42만 블록이 되는 2016년에는 12.5비트코인이 된다. 이러한 방식을 통해 비트코인 채굴에 대한 보상은 1, 323만 개의 블록(2137년경 채굴)이 될 때까지 64회에 걸쳐 '절반' 값이 되면서 새로운 비트코인 발행금액은 기하급수적으로 줄어든다. 그때가 되면 새로운 비트코인 발행량은 최소 통화 단위인 1사토시(Satoshi)가 된다. 1, 344

만 개의 블록이 되는 2140년경에는 2,099,999,997,690,000사토시, 약 2,100만 비트코인 전부가 발행된다. 그 이후에는 새로 발행되는 비트코인은 없으며 거래수수료로만 보상이 이루어진다.16

바로 이런 비트코인의 발행방식은 전통적 화폐의 발행방식과 근본적인 차이점들을 지닌다. 비트코인은 우선, 전통적 화폐 발행에 늘 관여해 왔던 권력집단의 의사나 시장 상황에 대한 대응전략이 전혀 반영될 수 없는 투명하고 공개된 그리고 이미 고정된 발행구조를 가지고 있다. 둘째로, 발행될 수 있는 화폐량이 이미 정해져 있기 때문에 중앙은행이 무제한 발행할 수 있는 신용화폐(fiat currency)에서 흔히 발생할 수 있는 인플레이션은 절대 발생할 수 없다. 오히려 디플레이션, 즉 화폐가치 상승이 문제가 될 수 있다. 특히 사이버 랜섬(ransom)과 같은 비정상적인 금전적 필요가 비트코인으로 연결되고, 여러 나라의 불안한 금융시장 상황으로 인해 상대적 안전자산으로 인식되는 비트코인과 같은 암호화폐에 대한 수요는 폭발적으로 늘어날 수도 있다.

2015년 초 1비트코인 기준 200달러 수준이던 비트코인 가격이 2017년 12월에는 2만 달러에 육박한 단기적 투기 과열은 비트코인이 가진 예상 가능한 공급의 제한성에 투기 수요가 맞물린 결과라 볼 수 있다. 이후 비트코인 가격은 투기 과열 방지를 위한 여러 국가들의 우려 표명과 대응책 마련에 따라 2018년 2월 초에 7천 달러 이

16 Antonopoulos, A. M. (2010). pp. 177~179.

하로 급락하게 된다. 이는 많은 투자자들을 희생양으로 만들었다는 점에서 17세기 네덜란드에서 발생했던 튤립 버블 현상과 비견되기도 한다.

7. 핀테크와 규제 논쟁

한국 정부는 비트코인 거래가가 5천 달러를 넘어 시총이 820억 달러에 달하는 과열현상과 국내 이용자만 최소 120만 명을 넘어서는 시장 상황을 고려해서 2017년 9월 3일 금융위원회를 통해 처음으로 가상화폐 시장에 대한 '규제의 칼'을 빼 들었다. 다만 가상화폐에 대한 법적 정의가 불분명하고 자칫 규제대상으로 정의하는 것 자체가 가상화폐에 대한 정부의 공식 인정으로 인식될 소지를 고려하여, 사업자에 대한 직접 규제보다는 가상화폐 거래소와 거래하는 은행들에 실명인증 의무를 부여해 가상화폐가 불법거래나 자금세탁에 악용되는 일을 막는 우회규제 방식을 취했다.[17]

실제로 시장은 끝도 없는 과열 양상인 데 반해 소비자 보호는 누구도 책임지지 않는 사각지대가 되면서 피해자들이 속출하는 상황이 이어진다. 2017년 4월 가상화폐 거래소 야피존은 해킹으로 고객 예치금 55억 원을 도난당해 투자자들이 손실을 분담해야 했고, 국내 최대 가상화폐 거래소인 빗썸에서도 3만여 투자자들의 개인정보 유출과 이에 따른 보이스피싱 등 2차 피해가 잇따른다. 뿐만 아니라 비트코인 열풍을 악용한 사기극들도 줄을 잇고 있는데, 2017년 8월에는 '헷지 비트코인'이라는 가짜 비트코인을 통해 3만 5천 명에게

17 고란(2017. 9. 3.).

1,500억 원을 편취한 사건과 '코알 코인'이라는 가짜 가상화폐를 만들어서 5천 명에게 200억 원을 가로챈 사건도 적발됐다.

이에 정부는 이용자 보호는 사업자들 간의 자율규제를 강화하는 방향으로 풀어 가고, 다단계・방문판매법상 거래방식은 금지하고, 마진거래 등 지나치게 투기를 조장하는 행위는 유사수신규제법의 적용범위를 확대하여 금지・처벌키로 했다. 또한 앞서 말한 것처럼 가상화폐거래소와 거래하는 은행에 실명인증 의무를 부여해 자금세탁, 불법송금, 보이스피싱・대포통장 등 범죄 악용을 방지하는 효과를 기대하고 있다.

이더리움의 창시자인 비탈릭 부테린(Vitalik Buterin)은 암호화폐 및 블록체인 기술개발에 있어 3년 이내에 관련 기술의 대폭적인 진전이 이루어질 것이라는 예측과 함께 특히 암호화폐의 변동성 완화와 가격 안정, ICO(Initial Coin Offering: 암호화폐 발행을 통해 자금을 끌어모으는 방법)에 따른 모럴헤저드 등을 방지하기 위한 조치들이 필요함을 강조한다.[18] 이와 관련해 자신이 진행 중인 새로운 방식의 ICO인 '다이코'(DAICO) 프로젝트는 사용자들이 스마트 계약에 함께 참여하도록 함으로써 기존에 기업자금 확보에 있어 일시에 돈이 몰리면서 발생하는 모럴해저드를 방지하는 데 초점을 두고 있다고 밝혀 기술혁신을 통한 문제해결에도 많은 진전이 있을 수 있음을 시

---

18 비탈릭 부테린(Vitalik Buterin) 초청 정책 간담회(2018. 4. 2.). "암호화폐와 블록체인, 그리고 분산경제의 미래". 국회의원 송희경 주최.

사했다.

정부의 규제정책 방향과 관련하여 부테린은 기존 규제 틀에 의한 직접적 규제보다는 청사진을 통해 보다 투명하게 접근할 수 있도록 길을 열어 주는 것이 정책당국의 역할이라는 점도 분명히 했다. 그는 또한 참여자들이 신뢰를 나눌 수 있는 생태계 조성의 중요성을 강조하고, 이를 위해 기술개발 지원과 함께 정부 스스로가 생태계 활성화를 위해 다양한 분야에서 블록체인을 활용한 앱서비스 제공에 나설 것을 권고하기도 했다.

8. 블록체인의 진화

신기술에 대한 관심 정도를 통해 기술의 진화 단계를 설명하는 가트너의 2018년 8월 하이프 사이클(Hype Cycle)에 따르면, 현재 블록체인은 '관심의 최고조기'를 거쳐 '환멸의 골짜기'에 진입하는 단계에 있다. 즉, '혁신 태동기'에서 '관심 최고조기'에 이르며 부풀려졌던 환상이 깨지는 '환멸의 골짜기'로 추락하는 과정에 있다는 것이다.[19] 글로벌 시장조사기관 딜로이트 컨설팅의 분석에 따르면, 비트코인 핵심 코드가 발표된 2009년 4월 이후 오픈소스 개발자 사이트인 깃허브(GitHuB)에 올라와 있는 8만 6천 개의 프로젝트(10년간 연평균 6,800개 정도로 증가했으며, 2016년에 2만 6,800여 개로 최고 기록)를 분석해 본 결과, 8% 정도가 제대로 관리 중에 있고, 5%만이 살아남으며, 평균 생존기간은 1년을 조금 넘는 1.2년에 불과하다는 것이다.[20]

그럼에도 불구하고 우리가 여전히 블록체인과 암호화폐에 주목해야 하는 이유는 크게 2가지로 정리해 볼 수 있다.

첫째는 거대 글로벌 ICT 기업들의 관심과 투자가 지속적으로 이어지고 있다는 점이다. 특히 2019년 7월 페이스북이 백서를 통해 발

19 KT경제경영연구소(2018).

20 Trujillo, J. L., Fromhart, S., & Srinivas, V. (2017.11.6.).

표한 새로운 암호화폐 리브라(Libra)는 침체된 시장을 되살리기기 시작했다. 페이스북은 페이스북뿐만 아니라 마스터카드, 페이팔, 비자, 이베이, 리프트, 우버 등이 참여하는 리브라 재단을 통해 암호화폐의 발행과 관리를 보다 분명히 하고, 단기국채와 은행예금 등 기존 자산에 의해 가치가 유지되는 안정적이고 믿을 수 있는 스테이블 코인(stable coin: 금이나 달러 같은 안전자산과 연동된 암호화폐를 의미함)을 출시하겠다는 것이다.[21]

물론 이러한 페이스북의 계획이 현실화되기 위해서는 현실의 규제와 규제당국의 인식 변화 등 적지 않은 장애물들을 극복해야 하지만, 리브라는 기존 금융체계를 뒤흔드는 거대한 도전들이 계속 이어질 것이라는 분명한 신호임에는 틀림없다.

둘째는 단순히 '화폐'를 넘어선 확장성 때문이다. 전통적인 지불시스템들은 중앙 통제기구를 두고 클리어링하우스(Clearinghouse) 서비스를 제공하면서 모든 거래를 검증하고 승인하는 신뢰 모델에 기반한다. 반면에 중앙 통제기구를 두지 않은 비트코인과 같은 암호화폐는 모든 노드가 권위 있는 기록이라고 신뢰할 수 있는 공개 장부 원본인 블록체인을 보유함으로써 이를 가능케 한다.

어떻게 이것이 가능한가? 사토시 나카모토가 고안한 '창발적 합의'(emergent consensus)를 위한 분산화 메커니즘으로 인한 것이다. 조그만 것들이 모여 완전히 새로운 것을 일구어 내는 창발적 진화처

---

21 Holmes, F. (2019. 6. 19.).

럼, 독립적인 수천 개의 노드가 모두 간단한 규칙을 따르면서 만들어 낸 비동기적 상호작용의 창발적 결과물이 창발적 합의인 것이다. 비트코인의 모든 특성은 이 합의에서 시작된다.

이처럼 블록체인에 기반한 비트코인의 분산되고(distributed) 탈중앙화된(de-centralized) 신뢰 시스템은 비트코인이라는 화폐의 세계를 뛰어넘어 여러 분야로 그 적용범위를 넓혀 나갈 것이다.

스완(Melanie Swan)은 블록체인이 메인프레임 컴퓨터, PC, 인터넷, 그리고 모바일/소셜 네트워킹에 이어 5번째 파괴적 컴퓨팅 패러다임이 될 것으로 전망한다.22 비트코인이라는 화폐를 블록체인 1.0으로 규정하고, 이체와 송금 그리고 지불과 같은 암호화폐의 효율적 사용이 여기에 해당된다.

블록체인 2.0은 단순한 화폐 기능을 넘어서 블록체인을 사용하는 경제적, 금융적, 그리고 시장적 애플리케이션들, 즉 주식, 채권, 대출, 부동산, 스마트 자산에 이르기까지를 포함한다. 스마트 자산(smart property)은 블록체인 모델로 모든 자산을 거래할 수 있다는 의미로 사용된다. 물리적 자산인 집, 자동차에서부터 무형의 자산인 저작권에 이르기까지 모든 자산의 거래를 가능하게 한다. 이러한 블록체인 2.0도 이미 2014년을 기점으로 매우 활발한 움직임을 보이고 있다.

마지막으로 블록체인 3.0은 화폐, 금융, 그리고 시장을 넘어서는

---

22 Swan, M. (2015).

애플리케이션들, 특히 정부, 헬스케어, 과학, 문화, 예술 등을 포함한다. 블록체인은 참여하는 모든 주체들 간의 신뢰를 창출해 내는 글로벌 견제·균형 체계로 작동하기 때문에 인간의 모든 행위영역에 적용 가능하다.

예를 들어, 인터넷 검열을 방지하기 위한 네임코인(Namecoin), 표현의 자유를 증진시킬 목적의 알렉산드리아(Alexandria) 프로젝트나 인터넷 접근권과 이용자 경험을 향상시키면서 익명성과 보안은 보장되는 디지털 신원확인 서비스인 원네임(OneName)과 비트아이디(BitID) 등도 블록체인 기반 비금융 서비스의 좋은 예이다. 내용을 공개하지 않고 문서의 주인이 누구인지를 증명하거나(예: Proof of Existence), 디지털 예술작품의 저작권을 보호하고(예: Monegraph), 가상 공증서비스까지 제공하는(예: Virtual Notary) 등의 다양한 블록체인 증명 서비스도 많은 가능성을 가지고 있는 분야이다.

이처럼 블록체인은 기본적인 화폐 기능뿐 아니라 투표, 헬스 데이터, 아이디어에 이르는 무형의 자산까지를 포함하는 모든 자산의 등록과 현황 그리고 이전에 대한 전 세계적이고 분산화된 기록으로서의 장점을 지속적으로 확장할 것이라고 강조한다. 또한 인간 행위의 모든 영역에서 갈등은 줄이고 효율은 높이는 방향으로 신뢰 기반의 상호작용과 협업을 통해 사회 현안을 해결하는 다양한 시도들도 블록체인 기반으로 이루어질 것이다.

가상현실의 현실화 8장

1. 가상현실이란 무엇인가?

"그런데 무엇이 현실인가?"(But what is reality?)

요절한 천재 SF 작가 스탠리 와인바움(Stanley Weinbaum)의 1935년 단편소설 〈피그말리온의 안경〉(*Pygmalion's Spectacles*)의 첫 문장이다. 이 소설에서 파라코스마(Paracosma), 즉 '이 세상 너머의 땅'이라는 뜻을 가진 공간에서 주인공은 피그말리온 신화의 여주인공인 갈라테아(Galatea)와 시간을 함께 보낸다.[1]

가상현실의 역사를 논함에 있어 그 출발점이 무엇인지에 대해서는 논란이 있다. 현실과 다르지만 현실 같은 현실의 대안적 존재에

1 Weinbaum, S. G. (1935).

대한 정의가 어렵기 때문이다. 젤처(David Zeltzer)는 '가상적 환경'(virtual environment)을 만드는 3가지 핵심 요인을 자율성, 상호작용성, 그리고 실재감로 규정한다. '자율성'은 가상세계의 사건과 자극에 얼마나 적극적으로 반응하는가에 대한 질적 측면을 반영한다. '상호작용성'은 얼마나 충분하고 실시간의 접근과 조작이 가능한가, '실재감'은 몰입을 통해 가상세계를 느끼거나 또는 그 세계에 들어가 있다고 느끼는 정도를 말한다.[2] 그 결과로서 만들어진 'AIP 큐브'는 가상환경을 제공하는 다양한 애플리케이션을 제공하기 위한 모델이나 인터페이스 설계에 매우 유용한 도구로 평가받는다.

반면에 웰스(Wells)는 가상환경의 경험을 몰입적, 상호작용적, 그리고 직관적인 것으로 규정한다. 이때 '몰입적'이라 함은 참여자가 컴퓨터 시뮬레이션에 완전히 둘러싸인 경험을 말한다. '상호작용적'은 참여자의 행위가 시뮬레이션에 영향을 미치거나 또는 반대로 영향을 받음을 의미한다. 마지막으로 '직관적'은 참여자가 친숙하고 자연적인 행위를 이용하여 시뮬레이션과 소통하는 것을 뜻한다. 젤처는 웰스의 이 직관적 경험은 특정 임무를 수행하는 수준의 상호작용에 속하는 것으로 본다.[3]

한편 밀그램(Paul Migram)과 키시노(Fumio Kishino)는 실제 현실에서 가상현실을 하나의 연결과정, 즉 '가상 연속체'(virtuality con-

---

2 Zeltzer, D. (1992).

3 Barfield, W., Zeltzer, D., Sheridan, T., & Slater, M. (1995).

〈그림 8-1〉 혼합현실의 가상연속체

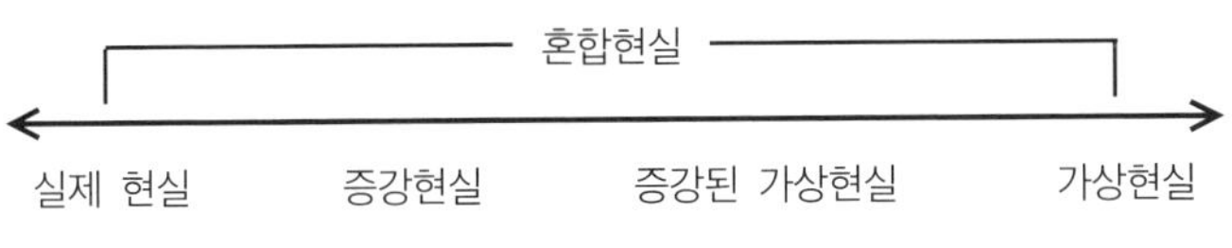

자료: Milgram & Kishino (1994).

tinuum)로 보는 '혼합현실'(Mixed Reality; MR) 개념에 주목한다. 이 가상연속체의 양 끝에는 실제 현실(예: 실사 촬영된 영상)과 가상현실(완전히 컴퓨터 그래픽으로 만들어진 시뮬레이션)이 위치하고, 그 중간에 증강현실(Augmented Reality; AR)과 증강된 가상현실(Augmented Virtuality)이 위치한다. 증강현실이 HMD(Head-Mounted Display)나 고글을 통해 컴퓨터가 만든 그래픽이 실제 현실에 겹쳐지는 상황을 말한다면, 증강된 가상현실은 완전히 컴퓨터 그래픽 환경하의 몰입 환경 속에서 실제 영상이 더해지는 경우를 의미한다.[4]

이처럼 가상현실 그 자체가 매우 추상적이고 또 기술적으로도 여러 변인들이 다르게 작동하면서 혼재된 상황을 만들기 때문에 명쾌한 정의를 내리기는 더욱 어려운 것이 사실이다. 이런 이유로 현대적 개념의 가상현실이 구체화되는 최초의 작업들은 대개 소설이나 희곡들을 통해 이루어지는데, 스탠리 와인바움의 〈피그말리온의 안경〉에서는 고글 형태의 스펙터클즈를 통해 홀로그램과 같은 영상세계로 들어가는 체험을 하는 상황이 흥미롭게 묘사된다.

4 Milgram, P. & Kishino, F. (1994).

2. 가상현실의 진화

가상현실의 개념은 1950년대 모턴 헤이리그(Morton Heilig)가 효과적인 방법을 통해 오감을 자극하고 이를 통해 관객을 화면 속으로 끌어들이는 '체험극장'(experience theatre)이라는 개념을 통해 한층 더 구체화한다. 헤이리그는 자신의 개념을 실질적으로 구현한 '센소라마'(Sensorama)를 1962년에 특허 출원하고 5편의 단편영화도 함께 선보인다.

현재 사용하는 가상현실 체험 기기인 HMD의 개념은 1968년 이반 서덜랜드(Ivan Sutherland)가 최초로 고안했다. 물론 이 기기를 통해 보인 유저 인터페이스나 사실감은 매우 초보적인 수준이고 무게 또한 너무 무거워서 천정에 매달아 사용하는 모습으로 '다모클레스의 칼'(Sword of Damocles)이라는 별칭을 얻기도 했다.

1980년대 들어 가상현실이라는 개념이 본격적인 대중성을 얻기 시작하는 데 단초를 제공한 회사는 세계 최초의 비디오 게임회사 아타리(Atari)이다. 1982년 아타리는 가상현실 연구를 위한 연구소를 설립하는데, 이 연구소 출신 래니어(Jaron Lanier)와 짐머만(Thomas Zimmerman) 등이 1985년 'VPL 리서치' 사를 설립하고 최초의 가상현실 고글과 장갑을 판매하기 시작한 것이다.

1991년 세가(Sega)의 아케이드 게임용 VR 헤드셋 출시 발표를 시작으로 1995년 닌텐도(Nintendo)의 VR 게임기인 버추얼 보이

(Virtual Boy), 그리고 포르테(Forte)의 VFX1에 이르는 다양한 VR 기기들이 시장에 출시되면서 대중화의 물꼬를 트기 시작한다.

그러나 이러한 헤드셋들은 디스플레이 영상에 반영되는 데 걸리는 시간 지연인 레이턴시(Latency)는 높은 반면에 영상 수준은 매우 낮아 몰입감 있는 체험을 제공하는 데는 한계가 분명했다. VR 헤드셋에 3D 영상을 제공하는 컴퓨터의 낮은 성능도 문제였다. 이런 기술적 한계들로 인해 1990년대에 형성된 1차 VR 붐은 극소수 매니아들만의 문화로 전락한 채 대중의 관심으로부터 멀어진다.

본격적인 VR 상용화로 들어서는 제2의 VR 붐을 일으킨 장본인은 팔머 럭키(Palmer Luckey)로, 그의 나이 18살인 2011년에 신개념 VR 헤드셋인 VR 리프트(Lift) 초기 모델이 완성된다. 2012년 크라우드펀딩 전문업체 킥스타터(Kickstarter)에서 '오큘러스'(Oculus)라는 이름으로 250만 달러의 '리프트' 개발 자금이 성공적으로 모이면서 업계의 관심을 끌어 모은 후 2014년 페이스북에 2조 달러에 전격 인수된다. 페이스북 CEO인 마크 저커버그(Mark Zuckerberg)는 오큘러스를 인수한 후 가상현실은 '진정으로 새로운 커뮤니케이션 플랫폼'임을 강조한다.

> 가상현실은 진정으로 새로운 커뮤니케이션 플랫폼이다. 실제로 존재함을 느끼면서 여러분은 여러분 삶 속의 사람들과 무한한 공간과 경험들을 공유할 수 있다. 친구들과 온라인상에서 시간만 공유하는 것이 아니라 전체 경험들과 모험들을 함께할 수 있다고 상상해 보라. 이것

들은 잠재적 이용 가능성 중 일부일 뿐이다. … 어느 날 우리는 이런 종류의 몰입적이고 증강된 현실들이 수십억 명의 사람들의 일상생활 중 일부가 될 것이라고 믿는다.5

특히 최근 가상현실 붐을 다시 일으킨 헤드셋 기술의 발전은 IT 기술의 발전과 정확하게 궤를 같이한다. 하드웨어 측면을 살펴보면 모바일용 고해상도 디스플레이 기술, 정밀하고 저렴한 모바일용 센서, 3D 그래픽을 위한 고성능 GPU(Graphic Processing Unit) 등이 중요한 기술 기반을 이룬다.6

우선 모바일용 고(高)해상도 디스플레이의 진화를 보면 화소(畵素), 즉 픽셀(Pixel) 수의 증가가 확연하다. 예를 들어 1995년 출시된 포르테의 VFX1의 경우, 헤드셋에 장착된 디스플레이의 화소 수는 양쪽 눈에 각각 263×230 정도의 낮은 해상도를 보였지만, 2016년 기준으로 기본 화소 수는 1200×1080으로 최소 20배 이상 선명해졌다. 시야각도 고작 30도 정도에서 100도 이상으로 넓어졌다.

또한 모바일용 센서를 보면, 일반적인 스마트폰에도 방향이나 움직임을 감지하는 가속도 센서, 기기의 회전을 감지하는 자이로 센서 등이 내장되어 있을 정도로 많은 진화들이 이루어졌다. 바로 이 점이 스마트폰 기반의 VR 헤드셋이 대중의 접근성을 높이고 상용화를

---

5 Zuckerberg, M. (2014. 3. 25.).

6 김성완(2016).

촉진시키는 데 큰 기여를 한다.

마지막으로 고성능 GPU는 양쪽 눈의 시차를 만들기 위한 두 개의 화면 처리와 높은 수준의 화면 갱신율, 그리고 배럴 왜곡과 역 색수차 처리를 가능하게 함으로써 놀라운 몰입감을 제공해 준다.

3. 가상현실 생태계와 산업적 발전

산업적 측면에서 페이스북의 오큘러스 인수는 가상현실 분야 성장을 위해 확실한 기폭제 역할을 했다. 구글, 소니, 마이크로소프트, 삼성 등도 가상현실을 미래 성장동력으로 인식하고, R&D를 통한 신제품 개발과 과감한 투자를 통해 초기 가상현실 생태계 선점을 위한 경쟁에 돌입했다. 특히 글로벌 ICT 기업들이 가상현실에 더욱 공을 들이는 이유는 스마트폰 성장이 정체된 상황에서 새로운 돌파구가 필요하며, 가상현실은 그런 필요를 충족시킬 수 있는 충분한 확장성과 성장 잠재력을 지닌 것으로 판단되기 때문이다. 또한 전통적인 엔터테인먼트 산업인 방송, 게임, 테마파크 등에 활용되어 다양한 부가가치를 창출할 수 있는 가능성이 매우 높기 때문에 방송사, 영화사, 게임사, 테마파크 기업들도 가상현실 생태계에 발 빠르게 진입하고 있다.

방송의 경우, VR 솔루션 업체인 넥스트VR(NextVR)은 CNN과 미국 대통령 후보 토론회를 제작하고, 폭스 스포츠(Fox Sports)와 아이스하키, US오픈 경기 등을 중계하기도 했다. 영화의 경우에도 디즈니와 할리우드 영화사들이 역시 VR 솔루션 스타트업인 잰트(Jaunt)에 6,500만 달러를 투자했고, 구글은 360도 영화인 〈헬프〉(*Help*)를 공개했다.

1990년대의 1차 VR 붐 때와 마찬가지로 게임업계의 움직임이 가장 활발해 보인다. 게임회사들은 자사의 게임을 오큘러스 스토어에 등록하고 있으며, 소니는 PSVR 전용 게임을 확보해 차별화에 나섰다. 또한 대만의 HTC는 전 세계 6,500만 게임 플레이어들에게 직접 게임을 유통하는 밸브(Valve Corp.)와 협력해 HMD와 함께 2개의 무선 컨트롤러 및 360도 룸스케일 모션 추적을 지원하는 2개의 베이스 스테이션 등으로 구성된 바이브(Vive) 시스템을 공개하면서 경쟁 대열에 합류했다. 동시에 밸브의 세계 최대 게임유통 시스템인 스팀(Steam)은 스팀VR 플랫폼을 출시하여 오큘러스, 소니와 본격적인 플랫폼 경쟁에 나섰다.

테마파크의 VR 끌어안기도 본격화되고 있다. 에버랜드는 2016년 4월 '기어VR'을 활용한 어드벤처관을 오픈했으며, 뒤이어 롯데월드도 VR전용관을 선보였다. 2017년 3월 미국의 식스 플래그스(Six Flags)는 삼성전자와 손잡고 기어VR을 착용한 VR 롤러코스트 서비스를 제공한다고 발표한다. 롤러코스트를 타면서 360도의 가상현실을 체험하게 되는 것이다. 반면에 디즈니는 디즈니랜드나 디즈니월드가 생생하게 제공하는 실제 환경을 더욱 빛내 줄 수 있는 증강현실에 더 많은 관심을 가지고 움직이고 있다.[7]

VR 체험장 서비스를 제공하는 보이드(Void)는 개인맞춤형 VR 헤드셋과 백팩형 VR PC, 트랙킹 기술 등으로 구성된 장치를 통해 기존의 룸 세팅을 훨씬 뛰어넘는 경험, 즉 '하이퍼 현실'(hyper-reality)

7 Fuscaldo, D. (2017. 3. 24.).

경험을 제공한다고 강조한다. 2017년 8월 보이드는 디즈니, 루카스 필름과 손잡고 '스타워즈: 제국의 비밀'로 명명된 하이퍼 현실을 선보인다고 발표했다.[8] 호주의 제로 레이턴시(Zero Latency)와 일본의 반다이남코 등도 VR 체험관 서비스를 선보이는 등, 전 세계적으로 VR 전용 체험관은 새로운 비즈니스 모델로 떠오르고 있다.

교육·훈련도 가상현실이 적용됐을 때 파급력이 큰 대표적 분야라 할 수 있다. 가상현실은 물론 실사에 가상객체를 결합하는 증강현실이 현재 빠르게 초중고 체험형 학습에 활용되고 있으며, 향후 산업적 파급효과는 기하급수적으로 커질 것으로 전망된다. 다양한 AR/VR 교육 콘텐츠를 온라인으로 제공하는 이온 리얼리티(Eon Reality)는 선생들과 학생들이 가상현실에서 언제든지 만나 협업할 수 있는 이온 콜로세움 플랫폼도 제공한다. 구글은 '탐험개척자(Expeditions Pioneer) 프로그램'을 통해 학생들이 현실적으로 가기 어려운 곳을 탐험할 수 있도록 도와주는 가상현실 교육 서비스를 제공하며, 다큐멘터리 채널 디스커버리(Discovery)도 자신들의 영상 콘텐츠를 VR 콘텐츠로 제공함으로써 VR 교육 콘텐츠 확장에 기여하고 있다.[9] 또한 미국 육·해군이 도입하고 있는 가상훈련 시스템이나 보잉 사가 도입한 항공기 배선조립 및 도색공정 훈련 프로그램처럼 직업훈련이나 재교육 분야에서의 VR 활용도 주목할 만하다.

---

8 Lang, B. (2017. 8. 3.).

9 Burch, A. (2016. 6. 2.).

4. 증강현실

가상현실(VR)을 얘기함에 있어 빼놓을 수 없는 동전의 앞뒷면 같은 관계가 바로 증강현실(AR)이다. 증강현실은 우리 눈으로 보는 현실 세계에 컴퓨터로 만든 가상의 3D 물체를 겹쳐서 보여 주는 기술을 의미하며, 더 확장적인 의미로는 그러한 기술에 의해 만들어진 또 다른 세상을 포괄하는 개념으로 쓰인다.

이 분야의 대표적인 디바이스로는 마이크로소프트의 홀로렌즈(Hololens)와 매직리프의 매직리프원(Magic Leap One)을 들 수 있다. 마이크로소프트는 페이스북이 2014년 오큘러스 VR(Oculus VR)을 23억 달러에 인수하고 2016년에 첫 소비자용 오큘러스 리프트를 판매하면서 가상현실에 대한 기대감이 시장에 극에 달한 상황에서 증강현실이라는 새로운 시장에 깃발을 꼽는 전략을 택한다. 2016년 3월 홀로렌즈 개발자 버전이 공개된 이래 다양한 비디오 게임은 물론이고, 미국의 대표적 병원 중 하나인 클리블랜드 클리닉과 공동으로 개발한 상호작용적 생체 해부학 프로그램 홀로아나토미(Holo-Anatomy), 미 항공우주국(NASA)과 협업한 우주탐험 프로그램 사이드킥(Sidekick), 은하계 교육 프로그램 갤럭시 익스플로러(Galaxy Explorer)가 진행 중이며, 이 외에도 건축공학, 3D 모델링, 외과의사 훈련, 물리·생물·화학 교육, 부동산, 관광 등 거의 모든 분야에서 수많은 협업 프로젝트를 활발히 진행하고 있다.10

〈포트나이트〉(*Fortnite*)로 2억 5천만 명의 게임 유저를 확보한 에픽 게임즈(Epic Games)의 팀 스위니(Tim Sweeney) 대표는 결국 텔레비전이나 영화와 같은 모든 스크린을 고화질의 AR 글래스가 대체할 것이며, 이러한 변화에는 앞에서 언급한 마이크로소프트 홀로렌즈의 개방 정책이 큰 기여를 하고 있다고 높게 평가한다.[11] 현재 에픽 게임즈의 언리얼 엔진(Unreal Engine)은 실제 현실과 구분이 어려울 정도로 정교하게 표현하는 초사실적 영상 구현까지 가능한 단계로 놀라운 발전을 이루었으며, 이를 통해 게임 속 세상이 우리가 사는 세상과 하나로 연결된다는 설명이다.

한편, 매직리프는 2010년 창업한 증강현실 스타트업으로 구글, 알리바바와 같은 굴지의 글로벌 IT 기업 등으로부터 14억 달러를 투자받아 2016년 기준으로 회사 가치가 45억 달러에 달하는 증강현실 대표주자로 급성장했다.[12] 창업 이래 베일에 싸여 있던 매직리프의 증강현실 기술은 그 진위에 대한 여러 차례의 진실공방을 거친 끝에 마침내 2018년 7월 1일 엔비디아의 초고성능 AI칩 TX2를 사용하여 실제 시연에 성공한다. 바로 열흘 뒤인 2018년 7월 11일 AT&T의 투자로 양사는 배타적 파트너 관계를 수립하고, 8월부터 미국 전역의 AT&T 매장을 통해 매직리프원 개발자 에디션을 독점 판매하기 시작한다.

---

10 Dean, M. (2018. 11. 8.).
11 Takahashi, D. (2019. 3. 20.).
12 Ewalt, D. M. (2016. 11. 3.).

이듬해인 2019년 4월 매직리프와 AT&T는 HBO 인기 미니시리즈 〈왕좌의 게임〉(*Games of Thrones*) 콘텐츠를 매직리프원을 통해 증강현실로 체험하는 서비스를 제공함으로써 이용자들에게 한층 더 가깝게 다가선다. 4월 1일 보스턴을 시작으로 시카고, 샌프란시스코에 위치한 AT&T 플래그십 스토어에서 첫선을 보인 후 다른 도시로 확장해 나간다는 계획이다. 이용자들은 4월 14일 첫 방영되는 〈왕좌의 게임〉 시즌 8 속 공포의 '화이트 워커'(White Walker)와 마주하는 생생한 체험을 해볼 수 있게 된 것이다.[13]

증강현실이 시장 규모나 성장 속도 모두 가상현실을 앞지를 것이라는 점에서는 시장의 합의가 어느 정도 이루어질 정도로 증강현실의 성장에 대한 기대는 매우 높다. 현재 양 시장 모두 성장 초기 단계이고 가상현실과 증강현실의 구분점이 모호한 혼합현실(Mixed Reality) 프로젝트들이 빠르게 선보이는 여러 상황들을 고려해 보면 정확한 시장 규모를 추정하기란 쉽지 않은 일이다. 세계 유수의 시장조사기관들이 서로 다른 예측치를 내보이는 이유이기도 하다.

그럼에도 그중 대표적인 회사들의 추정치를 살펴보면서 큰 방향성을 가늠해 보도록 하자. 일단 ICT 시장 전문조사기관인 IDC는 건설, 의료, 교육, 미디어, 도소매업, 통신, 보안 등 20개 산업에서 AR과 VR이 어떻게 채택되고 이용되는지를 하드웨어와 소프트웨어, 그리고 서비스를 포함하여 추정한 결과 2017년부터 2022년까지

---

13 Vincent, B. (2019. 3. 27.).

5년간 연평균 71.6% 성장할 것으로 전망했다. 참고로 2018년 시장 규모는 전년 대비 92% 증가한 270억 달러로 추정했으며, 2022년에는 대략 2천억 달러가 넘는 시장이 형성될 것이라는 전망이다.

스태티스타(Statista)도 2022년에 2,090억 달러의 시장 전망을 내놓고 있다. 테크 크런치(Tech Crunch)는 2021년에 1,080억 시장을 전망하고 이 중 77%가 AR 시장이 될 것이라고 전망했다. IDC의 2021년 추정치가 1,200억을 약간 상회하는 수준임을 감안할 때, 이들 회사들의 추정치는 큰 틀에서 매우 긍정적이라 할 수 있다.

반면 또 다른 글로벌 시장조사기관인 리서치 앤드 마켓(Research and Markets)은 2021년까지 현재까지 나온 모든 추정치 중 가장 최저치인 550억 달러의 시장을 예상했다. 또 다른 유력 기관인 골드만삭스의 추정치도 2025년까지 800억 달러 수준으로, 매우 보수적으로 접근했다. 그럼에도 전체적으로 볼 때 대략 40~80%의 연평균 성장이 예상된다는 점, 그리고 대략 4 대 1 정도로 AR 시장이 VR 시장에 비해 그 규모가 클 것이라는 점에는 큰 이견이 없다는 사실은 매우 흥미롭다.14

---

14 Reality and Virtual Reality market size predictions. *Medium.com*. https://medium.com/vr-first/a-summary-of-augmented-reality-and-virtual-reality-market-size-predictions-4b51ea5e2509

5. 가상현실의 선제적 해결 과제: 휴먼 팩터

휴먼 팩터(human factor)는 넓게는 한 시스템에서 작용하는 인간요소에 관한 문제를 말하며, 특히 인간 신체의 능력, 특징 그리고 그에 따른 한계 등을 의미한다. 따라서 새로운 시스템 구축에 있어 휴먼 팩터 요소에 대한 이해와 휴먼 팩터 관련 부작용을 줄이기 위한 노력은 시스템 상용화에 있어 매우 중요한 의미를 지닌다.

휴먼 팩터 문제의 심각성이 대중에 알려진 결정적 계기는 1997년 일본에서 유행하던 애니메이션 프로그램인 〈포켓몬〉을 시청하던 수백 명의 아이들이 간질발작과 유사한 증상을 보여 병원으로 이송된 사건이다. 이들은 짧은 시간 내에 빠르게 명멸하는 빛 자극에 지속적으로 노출되어 발작을 일으킨 것으로 밝혀졌는데, 이러한 현상은 일본뿐만 아니라 영국에서도 관찰되었다. 또한 아이들뿐만 아니라 어른들도 유사한 증세를 겪는 것으로 드러났다.

이러한 문제의 심각성에 대해 국제표준화기구(ISO)는 영상을 본 후 일어날 수 있는 광(光)과민성 발작, 시각적으로 유도된 멀미증(visually induced motion sickness)과 시각피로를 유발하지 않도록 권고하기에 이른다.

가상현실 콘텐츠를 이용하는 데 고려해야 할 휴먼 팩터와 그로 인한 신체적 부작용은 다양하게 나타난다. 데이비스 등(Davis et al., 2015)이 오큘러스 리프트를 통해 롤러코스터 콘텐츠를 이용한 이용자들을 대상으로 한 연구에서 보고된 시각적 증상에는 눈의 피로감, 눈 떨림, 시야의 흐려짐, 시야의 불편감, 초점이 맞지 않음, 눈이 쓰리거나 가려움 등이 포함된다. 비시각적 증상으로는 피로감, 졸림, 불편함, 두통, 집중의 어려움, 어지럼, 멍함 등의 증상이 포함된다.

가상현실과 관련된 휴먼 팩터 연구는 다행히 3DTV라는 예방주사 효과로 인해 기초는 잘 다져져 있는 상황이다. 가장 먼저 생각해 볼 수 있는 시각피로 문제와 관련해서, 3DTV와 VR로 인해 유발되는 시각피로의 원인은 큰 차이가 없다. 두 콘텐츠를 볼 때 모두 양안(兩眼) 시차가 발생하며, 이로 인해 시각적 긴장이 일어나고 눈의 기능에 영향을 줄 수밖에 없기 때문이다. VR 콘텐츠로 유발되는 시각피로에는 VR 환경에서 대상을 응시하는 각도와 일반적인 시선의 각도가 차이가 나기 때문에 나타나는 사시 유발 문제를 비롯해서 동공의 빛 반사가 커짐에 따라 나타나는 시각피로 등이 포함된다.

그런데 가상현실과 관련해서 시각피로보다 더 활발하게 논의되고 있으며, VR 상용화를 위해서 가장 핵심적으로 해결해야 하는 문제는 바로 '멀미'이다. 이 멀미 증상은 귓속에 위치한 평형기관이 느끼는 평형감각과 눈을 통해 들어오는 시각적 정보 사이의 괴리 때문에 일어난다. 예를 들어 시각적으로는 주변이 흔들리지만, 실제로 평형기관에는 아무 자극이 없거나, 반대로 엄청나게 흔들리는 상황에서 시각적으로 평온하기 그지없을 경우에 두 감각기관이 보내는 다른 신호 사이에서 뇌가 오류를 일으키고 멀미 증상이 나타나는 것이다. 따라서 평형기관과 시각기관의 정보를 일치시킬 수만 있다면 이론적으로 멀미는 근본적으로 해결될 수도 있다.

그러나 가상현실 콘텐츠를 이용해 본 이용자라면 쉽게 알 수 있듯이 이용자 스스로가 평형기관과 시각기관의 정보를 일치시키는 것은 근본적으로 불가능하다. 그렇기에 멀미를 줄이기 위해서 현재 VR 관련 분야에서는 VR 헤드셋 기기에 멀미를 줄일 수 있도록 일정 기술을 적용하는 하드웨어적 접근방식과 VR 콘텐츠 개발 단계에서 멀미를 유발하는 요소들을 최소화하는 소프트웨어적 접근방식 모두를 활용하고 있다.

VR 멀미는 크게 모션 멀미, 시뮬레이터 멀미 그리고 사이버 멀미로 나눠서 살펴볼 필요가 있다. 모션 멀미는 보통 차멀미, 배멀미라고도 불리며, 움직이거나 회전하는 운송수단 탑승자에게서 관찰된다. 항공기와 같은 운송수단 시뮬레이션 시에 발견되는 시뮬레이터 멀미는 시뮬레이터로 인한 탑승자의 물리적 움직임과 운송수단의 가상 움직임 사이의 불일치가 원인으로 지적된다. 또한 VR 멀미를 일반적으로 지칭하는 사이버 멀미는 이용자들은 정지해 있지만 시각으로는 몸의 움직임에 대한 정보가 입력되는 가상환경 경험 시에 발생한다.

인지과학적 차원의 멀미 유발 원인 설명에는 '감각불일치 이론'과 '자세 불안정성 이론'이 우선 적용된다. 감각불일치 이론에 따르면 앞서 살펴본 바와 같이 3DTV를 볼 때나 VR 콘텐츠를 볼 때 생성되는 시각적 정보와 우리 몸의 전정기관의 정보가 일치하지 않아 멀미가 유발된다. 반면에 자세 불안정성 이론은 3DTV나 VR 콘텐츠를 볼 때 유발되는 자극에 맞는 자세를 취하기가 힘들고, 설령 그러한 자세를 취할 수 있다고 하더라도 그 시간이 오래되면 자세가 불안정하기 때문에 멀미가 유발된다고 설명한다.

따라서 VR 콘텐츠를 볼 때 자세가 얼마나 불안정한지, 얼마나 몸을 움직일 수 있는지, 또 몸을 움직이는 정도에 따라 멀미가 어느 정도로 유발되는지 등을 판별하는 것이 VR 이용 시 경험하는 멀미를 줄이는 가장 적합한 방법일 것으로 평가된다.

최근에는 '정지좌표계 이론'이라는 새로운 이론을 통해 멀미가 유발되는 요인에 대해 이론적으로 더 깊이 살펴보고 이를 VR 콘텐츠 제작에 이용하려는 움직임도 활발하다. 정지좌표계 이론은 VR 콘텐츠를 볼 때 특정 공간에서 위치, 방향, 움직임을 인지하기 위해 사용하는 고정된 참조 틀이 있어야 다른 상대적 움직임을 신속하게 계산하고 멀미가 유발되지 않는다는 내용이 기본을 이룬다.

재미있는 사실은 이러한 인지과학적 차원의 멀미 유발 요인 이외에도 나이, 인종, 성별, 실제 생활 속 관련 경험, 유사한 시뮬레이터 기기 이용 경험, 집중 정도, 점멸 융합 주파수(flicker fusion frequency) 한계치, 병력 및 개인적 특성, 심적 회전(mental rotation) 능력, 지각 양식(perceptual style), 주시(eye dominance), 자세 불안정 등의 휴먼 팩터들이 멀미 경험 및 정도에 관련된 것으로 나타난다는 점이다.

예를 들어 나이 요인을 보면, 2세에서 12세 사이의 아직 미성숙한 시각 시스템을 가지고 있는 아이들은 성인에 비해 양안(兩眼) 보기 기능이 떨어지기 때문에 HMD를 착용하고 VR 콘텐츠를 보고 난 뒤 시각적으로 불편함을 더 느낀다고 한다.15

성별 요인으로는 여성들이 남성보다 넓은 시야각(Field of View; FOV)을 가지고 있기에 멀미를 더욱 심하게 느끼는 것으로 나타난다는 보고가 있다. 반면 일부 연구들은 VR 체험 이후의 멀미나 어지럼증에 대해 자기보고(self-report) 방식으로 측정하였기 때문에 남성들이 어지럼증을 덜 느낀다는 연구결과가 나왔을 수 있다고 평가하기도 한다. 즉, 남성들은 남보다 약해 보이고 싶지 않아 여성들과 비슷한 정도로 멀미를 느꼈다고 할지라도 더 약하게 느꼈다고 보고했을 가능성이 있다는 것이다.16

또한 입체적 인지 지각능력 요인은 실제 세계에서 공간 간 거리를 입체적으로 가늠할 수 있는 능력에 대한 것으로, 만약 이 능력이 약하다면 가상환경에서 입체감을 느끼기 위해 눈 움직임을 더 많이 할 것이고 이는 멀미로 이어진다. 특히 인지 지각능력이 낮은 사람들은 VR 경험을 한 뒤, 수평적 방면보다 공간의 깊이감과 연관이 큰 수직적 방면에서 거리 인지 정확성이 떨어지는 것으로 나타났다.17

이러한 개인적 요인들 외에, 시간 차이에 따른 지연과 같은 하드웨어적 요인들과 통제 정도나 지속시간과 같은 수행과업 관련 요인

---

15 Rebenitsch, L. & Owen, C. (2016).

16 Jaeger, B. K., & Mourant, R. R. (2001. 10.).

17 Rebenitsch, L. & Owen, C. (2016). pp. 101~125.

들도 주목받고 있다. 예를 들어, 최근 급속도로 진화하는 HMD 장비들은 기존에 내장된 헤드 트래커(head tracker)에 추가로 물리적 공간상에서 헤드셋의 위치를 추적할 수 있는 별개의 위치 추적기인 포지셔널 트래커(positional tracker)를 부착하여 이용자가 경험하는 멀미를 완화하려고 노력 중이다. 또한 시야각(FOV)의 정적성에 대한 논의도 진행 중이다. 시야각이 100도 이상이 되면 실재감이 높아지지만 개인이 시각적으로 인지하는 영역이 넓어짐에 따라 멀미의 정도가 심해진다는 점을 고려하여 VR 콘텐츠 내에서 움직임의 인지가 적어지는 기준선인 50도를 약간 상회하는 60도 정도의 시야각이 멀미 약화에 도움이 된다는 연구도 있다.18

적당한 정도의 해상도와 프레임률 연구도 더 필요해 보인다. 낮은 해상도의 이미지를 보면 이용자들은 선명하게 대상을 볼 수 없어 긍정적인 VR 경험을 하지 못할 수 있으나, 반대로 너무 높은 해상도와 프레임률을 적용한 영상 또한 VR 경험에 있어 멀미를 유발할 수 있기 때문이다.

이 외에도 디스플레이상의 플리커(flicker)에 대한 감지 역시 눈 피로감 등을 동반하는 멀미를 유발한다. 따라서 플리커 융합은 기기의 성능을 결정하는 중요한 요소이며, 주변부 시야각이 플리커에 더 민감하다는 점에서 더 넓은 시야각을 가진 기기에 대한 연구가 더욱 중요해질 것으로 보인다.

---

18 Syed, Y. F. & Engineer, C. D. (2016).

6. 지능형 연결을 통한 도약

시장조사기관인 마켓 앤드 마켓(Markets & Markets)에 따르면, 가상현실산업의 글로벌 시장규모는 2018년 79억 달러에서 2024년 447억 달러로, 연평균 33.5%의 성장을 이룰 것으로 보인다.[19] 또 다른 시장조사기관인 스태티스타는 가상현실과 증강현실을 합친 시장규모가 2019년 168억 달러에서 2023년에는 1,600억 달러로 성장할 것으로 전망한다.[20] IDC도 2022년까지 5년간 연평균 성장률이 71.6%에 달할 것으로 전망했다. 이 외에도 여러 기관들이 다른 전망치를 내놓고 있지만, 앞서 정리한 바와 같이 큰 틀에서 보면 연평균 성장률이 대략 40~80% 정도로 매우 역동적일 것이라는 점과 증강현실의 시장 규모가 가상현실 대비 3~4배 정도 클 것으로 추정하고 있다는 점은 공통적이다. 특히 성장 예측치에 대한 높은 전망에는 가상현실이나 증강현실을 구현하는 네트워크, 즉 5G 이동통신 네트워크에 대한 기대가 함께 반영되어 있다.

2019년 2월에 열린 세계 최대 모바일 전시회인 '모바일 월드 콩그레스'(MWC)는 5G와 인공지능에 기반을 둔 '지능형 연결'(intelligent connectivity)을 강조하면서 그 대중적 접점으로서 AR·VR의 다양

19 Markets and Markets(2019. 1.).
20 Liu, S. (2019. 8. 9.).

한 가능성을 보여 준다.[21]

예를 들어 AEC(Architecture, Engineering and Construction: 건축·엔지니어링·시공) 분야의 대표주자 중 하나인 벤틀리 시스템즈는 마이크로소프트의 홀로렌즈 2를 적용한 싱크로 XR을 통해 사용자가 직관적인 제스처로 시공과정을 계획하고 시각화 및 생생한 경험이 가능하도록 한다. 이를 통해 시공 관리자, 프로젝트 일정 관리자, 기타 프로젝트 관계자는 계획된 작업, 시공 진행상황, 잠재적 현장위험 및 안전 요구사항에 대한 정보를 제공받을 수 있게 된다. 현재 네덜란드 로테르담시의 대형 박물관 프로젝트 시공현장에서 싱크로 XR을 사용하고 있다고 한다.

우리나라의 양대 통신사인 KT와 SKT도 5세대 이동통신(5G)이 접목된 다양한 서비스들을 선보이고 있다. KT는 5G가 접목된 360도 비디오 솔루션을 통해 '360° 스마트 서베일런스', '360° 라이브 시큐리티', '리얼360 × 피트360' 등 각각 안전·관제·개인미디어에 특화되어 있는 기술을 선보였다. 뿐만 아니라 개인형 실감 미디어 서비스인 '기가 라이브 TV'를 통해 5G 기반 멀티플레이 게임 'VR 스포츠'를 선보이기도 했다.

SKT는 현실과 가상공간을 넘나드는 '5G 하이퍼 스페이스 플랫폼'을 공개했는데, 이 플랫폼은 현실을 정밀하게 복제한 가상공간을 만든 후, 가상공간에서 한 활동을 그대로 현실세계에 반영하는 것이

21 한국가상증강현실협회(2019). 내부동향 자료.

특징이다. 예를 들어, VR 기기를 착용한 체험자가 호텔이나 쇼핑몰을 그대로 복제한 가상공간에서 룸과 레스토랑을 살펴보고 실제 예약까지 할 수 있고, 가상의 사무실에서 동료와 회의하며 만든 데이터를 현실세계의 회의실로 옮겨올 수도 있다.

이처럼 가상현실은 이제 실제 현실과 불가분의 공간으로 발전하는 '확장현실(Extended Reality; XR)'로 진화하고 있다. 앞서 살펴본 밀그램의 '가상 연속체'의 양 극단, 즉 완전한 실제 현실(complete real)과 완전한 가상현실(complete virtual) 사이에서 다양한 형태의 혼합 또는 융합 기술들에 의해 구현되는 다양한 공간들을 자유자재로 만들어 내고 있다. 이를 통해 교육, 군사, 제조, 헬스케어, 상거래, 마케팅, 건축, 탐사, 엔터테인먼트 등 거의 모든 산업 분야에서 확장 기술을 활용한 다양한 서비스와 콘텐츠를 제공하여 기존 산업의 경쟁력을 높임은 물론, 그 자체가 또 다른 가능성의 신산업으로 빠르게 성장해 갈 것으로 전망된다.

스마트 팩토리의 교훈 9장

1. 스마트 팩토리란 무엇인가?

스마트 팩토리는 기획·설계에서 생산·유통·판매에 이르는 제품 수명 전 주기에 ICT를 융합하여 최소 비용과 시간으로 고객맞춤형 제품을 생산하는 공장을 말한다. 협의의 의미로는 생산 시스템의 자동화와 비즈니스 프로세스의 정보화를 뜻하기도 하지만 보다 광의의 의미로는 유연성과 상호운용성을 갖춘 지능형 설비와 생산·운영이 통합되어 가치사슬 전반에 최적화가 가능하고, 개방을 통해 고객과 소통하는 공장을 지칭하기도 한다. 또한 제조공장의 리소스를 최적화해 사람에 의한 변동 요인을 최소화하고, 데이터에 기반한 의사결정이 실시간으로 이행되는 제조·운영 환경의 공장으로 정의하기도 한다.[1]

스마트 팩토리는 다양한 하드웨어와 소프트웨어 요소가 통합된 융합기술들을 필요로 하며, 크게 산업용 설비와 네트워크, ICT 플랫폼 그리고 제조 애플리케이션으로 구분해 볼 수 있다. 우선 산업용 설비와 네트워크 부문은 스마트 장비나 설비, 로봇, 센서, 컨트롤러 등 물리적 요소로부터 데이터를 수집·전달받고, 그 계산 및 분석 결과를 다시 현장으로 피드백하는 기능을 한다.

ICT 플랫폼은 사물인터넷, 빅데이터, 클라우드 등이 통합적으로 작동하는 플랫폼을 말하며, 생산 현장의 물리적 요소들과 애플리케이션 사이에서 데이터 채널 및 분석 도구를 제공한다. 지멘스의 IoT 기반 통합 솔루션이나 GE의 빅데이터 기반 프리딕스 플랫폼 등이 여기에 해당된다.

마지막으로 애플리케이션 부문은 생산·운영관리 및 데이터 분석 관리와 관련된 다양한 응용 서비스들을 말하며, 통합 생산관리 시스템인 MES(Manufacturing Execution System), 기업 자산관리 솔루션인 ERP(Enterprise Resource Planning), 감시제어 데이터 수집 시스템인 SCADA(Supervisory Control and Data Acquisition), 제품 수명주기 관리 솔루션인 PLM(Product Lifecycle Management), 그리고 공급망 관리 솔루션인 SCM(Supply Chain Management) 등이 여기에 해당된다.

예를 들어 MES는 원자재 투입부터 제품 생산에 이르는 모든 프

---

1 딜로이트(2015).

로세스를 추적하고 기록하여 생산의 효율을 높일 수 있는 최적화된 정보를 제공하는 통합 생산관리 시스템으로, 개념적으로 ERP와 SCADA를 매개하는 단계로 이해할 수도 있다. 개별제품관리, 공정관리, 생산분석, 품질분석, 작업계획관리, 설비관리 등 제품 생산과 관련된 모든 정보를 통합 관리하는 MES는 축적된 데이터를 토대로 생산이력을 추적하여 불량요인을 제거하고 불필요한 공정도 개선함으로써 생산성 향상과 생산비용 절감을 가능케 하며, 관리자와 작업자 간에 신속한 커뮤니케이션이 가능하도록 하고 자동화 설비들의 운영 효율성도 크게 높여 전반적으로 최적의 생산조건을 통한 품질향상을 가능케 한다.

최근 글로벌 시장에 불고 있는 제조업 혁신에서 주목해야 할 부분은 바로 정부의 역할이다. 제조업 침체가 국가 경제성장 및 고용에 미치는 영향이 매우 가시적이기 때문에 주요 선진국들은 정부가 전면에 나서 제조업을 다시 살리려는 여러 정책들을 적극적으로 추진하고 있다. 대표적인 예가 독일 정부가 2010년 발표한 '첨단기술전략 2020'(High-Tech Strategy; HTS 2020)의 핵심 과제인 '인더스트리 4.0'(Industry 4.0)이다. 제조업의 자동화를 뛰어넘는 가상 물리 시스템(Cyber-Physical System; CPS) 기반의 '스마트 팩토리'를 창출함을 그 목적으로 한다.

미국 정부도 2014년 〈미국 제조업 재활성화 법안〉(The Revitalize American Manufacturing and Innovation Act)을 통해 제조업 부흥에 나선다. 이 법안은 미국 제조업의 경쟁력 강화와 국내 생산 증진,

선진 제조업 R&D 혁신으로 미국의 리더십 강화, 마지막으로 선진화된 제조업 종사자의 역량 강화와 개발 등을 주 내용으로 한다.[2] 일본 정부 역시 2013년 발표한 산업재흥플랜(Japan Revitalization Plan)을 바탕으로 범부처적 전략적 혁신 강화사업(Cross-ministerial Strategic Innovation Promotion Program; SIP)을 추진하여 설계·생산기술의 R&D를 강화한다.[3] 중국 정부도 2015년 '메이드 인 차이나 2025'(Made in China 2025) 정책을 통해 생산장비 고도화 및 정보통신산업 진흥을 위한 R&D 투자를 본격화한다.

---

2 U.S. Congress(2014).

3 The Government of Japan(2013).

2. 인더스트리 4.0

지금까지의 산업혁명이 기계화, 전기, 그리고 IT를 동력으로 삼아 발전했다면, 이제는 제조업 환경에 사물인터넷이 도입되는 4차 산업혁명의 시대가 도래하고 있음은 주지의 사실이다. '인더스트리 4.0'은 제조업의 자동화를 뛰어넘는 가상 물리 시스템(CPS)을 기반으로 사물인터넷, 클라우드 컴퓨팅 그리고 인지 컴퓨팅을 포괄하는 개념이다.

CPS란 컴퓨터 기반의 알고리즘에 의해 통제되고 관찰되는 메커니즘으로, 로봇이나 생산기기 등 물리적인 실제 시스템과 사이버 공간의 소프트웨어 및 주변 환경을 실시간으로 통합하는 시스템을 말한다. CPS는 제조 과정과 엔지니어링, 원료 사용과 공급체인 관리, 그리고 제품 전 주기 관리에 이르기까지 근본적으로 모든 프로세스를 개선하고 새로운 비즈니스 기회를 창출해 낸다.

독일은 2011년부터 '인더스트리 4.0'을 통해 독일 제조업 분야의 글로벌 경쟁력을 유지하고 동시에 스마트 팩토리 분야의 새로운 기술 제공자로서 리더십을 공고히 하겠다는 의지를 분명히 했다. 독일 정부는 인더스트리 4.0이 엄청난 잠재력을 지니고 있으며 많은 변화를 이끌어 낼 것으로 전망한다. 인더스트리 4.0이 가져올 긍정적 변화를 정리하면 다음과 같다.

우선 스마트 팩토리는 개별 소비자들의 필요를 충족시킬 것으로 본다. 심지어는 개별 소비자를 위한 단일 제품 생산도 수익성을 담보할 수 있게 될 것이다. 또한 역동적인 비즈니스와 엔지니어링 프로세스는 생산자를 위해 작업 중단이나 실패에 유연하게 대응할 수 있게 하며, 마지막 순간의 변경도 허용함으로써 최적의 결정을 가능하게 한다.

인더스트리 4.0은 또한 가치를 창출하는 새로운 방법과 비즈니스 모델들을 가능케 한다. 특히 스타트업이나 작은 규모의 기업들이 직접 소비자들과의 접점을 넓힐 수 있는 다운스트림(downstream) 서비스를 개발하고 제공할 수 있는 기회를 허용한다.

다른 한편으로, 4차 산업혁명이 일자리 축소를 가져올 것이라는 염려와는 달리 독일은 인더스트리 4.0을 통해 자원과 에너지 효율이나 인구변화와 같이 현재 세계가 직면한 도전들을 해결할 수 있다고 본다. 근로자들은 반복적인 일에서 벗어나 더욱 창의적이고 부가가치가 높은 활동에 집중할 것이다. 숙련된 근로자의 부족 문제는 장년 근로자의 근무 연한을 연장시킬 것이며, 이들은 오랜 기간 생산현장을 지킬 것이다. 또한 유연한 근무조직은 근로자들의 직장과 개인적 삶을 잘 연결함으로써 직업적 능력 개발을 더욱 효과적으로 함은 물론 일과 가정 간 균형도 더 잘 유지할 수 있게 할 것이다.

독일은 인더스트리 4.0을 통해 제조업 분야에서 세계적 리더십을 지속하려는 의도를 분명히 하고, 이를 위해 다음과 같은 양면 전략을 취한다.

첫째는 선도 공급자 전략(Leading Supplier Strategy)으로, 독일 제

조장비산업 특유의 고도기술 전략에 ICT를 지속적으로 통합시킴으로써 글로벌 시장 지배력을 유지하고 이를 통해 스마트 제조기술 분야에서도 선두주자가 되려고 한다.

다른 한편의 전략인 선두 시장 전략(Leading Market Strategy)은 인더스트리 4.0의 대표적 시장이 바로 독일 국내 제조산업임을 최대한 활용하는 전략으로, CPS 기술과 제품의 새로운 선도시장을 창출하고 이끌 필요가 있다는 것이다. 이러한 양면 전략은 다음과 같은 인더스트리 4.0의 3가지 특징을 잘 포함한다.

① 수평적 통합을 통한 여러 회사들 간의 가치 네트워크의 발전
② 전체 가치사슬의 양쪽 끝에서 끝까지를 총괄하는 디지털 통합 엔지니어링
③ 회사 내 유연하고 조정 가능한 생산 시스템의 개발과 실행 그리고 수직적 통합

3. 인더스트리 4.0의 성공적 정착을 위한 노력

독일 정부와 전문가 그룹은 인더스트리 4.0의 성공적 정착을 위한 노력이 다음과 같은 8개 분야에서 동시에 이루어져야 한다고 강조한다.[4]

① 표준화와 준거 아키텍처

인더스트리 4.0은 가치 네트워크상의 여러 다른 회사들 간의 네트워킹과 통합을 요구한다. 이러한 협업적 동반자 관계는 일련의 단일 표준들이 마련됐을 때만 가능하다. 이러한 표준들에 대한 기술적 설명을 제공하고 기술 채택을 용이하게 하기 위한 준거 아키텍처가 필요하다.

② 복합 시스템 관리

제품과 생산 시스템은 점점 더 복잡해져 간다. 적절한 기획과 설명 모델들이 이렇게 커져 가는 복잡성을 관리하는 기초를 제공한다. 따라서 엔지니어들은 이러한 모델들을 개발하기 위해 필요한 방법론과 도구들로 무장해야 한다.

---

4 Kagermann, H., Wahlster, W., & Helbig, J. (2013).

③ 포괄적인 광대역 인프라

신뢰할 수 있고 포괄적인 고품질의 커뮤니케이션 네트워크는 인더스트리 4.0의 핵심 요구조건이다. 따라서 광대역의 인터넷 인프라는 독일 내뿐만 아니라 독일과 파트너 국가 간에도 거대 규모로 확장될 필요가 있다.

④ 안전과 보안

안전과 보안은 둘 다 스마트 공장 시스템의 성공에 필수적이다. 공장 설비와 제품 그 자체가 사람이나 환경에 위협이 돼서는 안 된다. 동시에 설비나 제품 그리고 그들에 내포된 데이터나 정보가 잘못 사용되거나 허가되지 않은 접근으로부터 보호될 수 있어야 한다.

⑤ 근무조직과 근무환경 디자인

스마트 공장에서 근로자의 역할은 근본적으로 바뀔 것이다. 점차 증가하는 실시간 기반의 통제는 근무 내용이나 프로세스 그리고 근무환경을 변화시킬 것이다. 근무조직에 대한 사회-기술적 접근은 근로자에게 더 큰 책임감을 즐기고 더 많은 개인적 발전을 누릴 수 있는 기회를 제공한다. 이렇게 되기 위해서는 참여적 근무환경 디자인과 평생학습 수단들을 잘 활용할 수 있도록 배치하고, 모델이 되는 준거 프로젝트를 시작할 필요가 있다.

⑥ 훈련과 전문성의 지속 개발

인더스트리 4.0은 근로자의 일과 필요 역량을 급격히 바꿀 것이다. 따라서 적절한 훈련(교육) 전략을 실행에 옮기고 평생학습과 근무지를 기반으로 한 전문성 지속 개발(Continuing Professional Development; CPD)이 가능하도록 학습을 장려하는 방향으로 근무를 재구성할 필요가 있다.

⑦ 규제 프레임워크

인더스트리 4.0에서 나타나는 새로운 생산 프로세스와 수평적 비즈니스 네트워크도 물론 법 테두리 내에서 이루어져야 하지만, 새로운 혁신을 고려한 법 개정 또한 필요하다. 새로운 도전에는 회사 데이터의 보호, 책임 소재 이슈들, 개인정보, 그리고 무역 규제 등이 포함된다. 법 제·개정 외에도 가이드라인이나 표준 계약서 또는 자율 규제와 같은 비즈니스를 위한 여러 대책들도 적극 고려해야 한다.

⑧ 자원 효율성

고비용 문제를 넘어서 엄청난 원자재와 에너지 소모는 환경 및 자원 공급의 안정성에 큰 위협이 된다. 인더스트리 4.0은 자원의 생산성과 효율성에 큰 기여를 한다. 스마트 팩토리에 투자되는 추가 자원과 그로 인해 절약되는 잠재적 이익 간의 균형점을 잘 계산해 볼 필요가 있다.

4. 스마트 팩토리 혁신기업들

이미 많은 제조기업들이 생산현장에서 빠른 속도로 진화하는 ICT 기술을 접목하여 생산성을 높이고 비용을 줄이며 고객과의 소통 접점을 늘리고 새로운 비즈니스 모델을 개발하는 성공적인 혁신을 이어 간다.

인더스트리 4.0의 핵심인 스마트 팩토리 또는 스마트 제조업 분야의 전문잡지인 〈스마트 매뉴팩처링 매거진〉(*Smart Manufacturing Magazine*)이 선정한 가장 영향력 있는 이 분야 리더 30인 중에는 제프 이멜트(Jeff Immelt) 회장을 포함해 스테판 빌러(Stephan Biller), 캐런 커(Karen Kerr), 그렉 모리스(Greg Morris) 등 제너럴일렉트릭(GE)에 몸담고 있는 인사가 4명이나 포함되었다. 인더스트리 4.0, 스마트 팩토리로의 진화에 GE의 영향력이 얼마나 막강한지를 잘 보여 주는 사례이다. 또한 앞서 4장에서 살펴본 지멘스의 직원 수는 늘지 않은 채 이뤄 낸 생산량의 놀라운 증가와 거의 제로 수준으로의 불량률 감소와 같은 변화는 왜 제조업이 혁신에 주력해야 하는지를 잘 보여 준다.

이처럼 GE와 지멘스는 세계 최대의 제조기업이자 동시에 스마트 팩토리의 기반이 되는 빅데이터 분석 플랫폼 회사로서 세계 표준을 위해 치열하게 경쟁 중이다. GE는 2014년 10월 빅데이터 플랫폼인 '프리딕스'를 출시하여 제조공정에 활용하고 있으며, '브릴리언트

〈그림 9-1〉 GE의 빅데이터 플랫폼 '프리딕스' 개념도

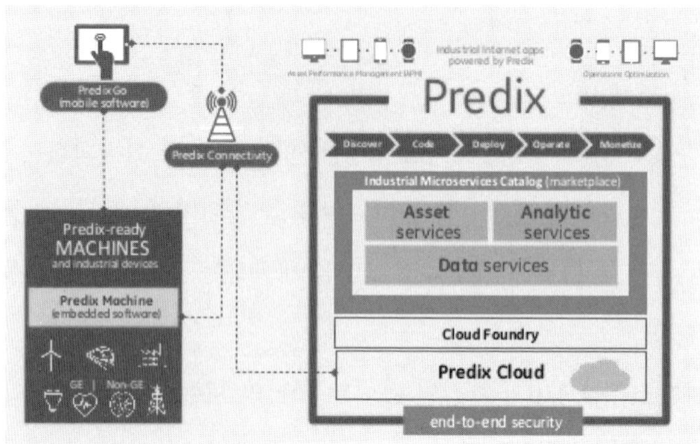

매뉴팩처링'(Brilliant Manufacturing) 소프트웨어를 통해 생산성 향상과 재고 감소, 에너지 비용 절감, 고객 요구에 맞는 제조 프로세스 최적화, 장비 유지·보수관리 개선, 전반적인 효율성 향상 등의 가시적 성과를 보여 주고 있다.5

지멘스도 2016년 3월 클라우드 기반의 오픈 IoT 플랫폼인 '마인드스피어'(MindSphere)를 출시, 장비 제조사들에게는 품질보증 비용을 낮춤으로써 서비스 효율성을 높이고 추가적 서비스를 제공케 하며, 피드백을 통해 제품을 개선시킬 수 있도록 도움을 준다. 또한 장비 사용 고객들 입장에서는 고장에 대한 정확한 예측을 통해 장비 운용시간을 늘리고 유지·보수의 효율성은 높이는 등 긍정적 효과

5 GE(2016).

가 가시화되고 있다.6

미국 전기자동차 제조사 테슬라의 프리몬트 공장은 로봇에 의해 최적화된 생산공장으로 주목받는다. 생산 중인 자동차들은 전통적인 컨베이어 벨트 대신 자기력을 사용하는 스마트 컷(smart cut)에 의해 각 공정을 이동한다. 각 라인에서는 15대 이상의 지능형 로봇이 용접, 조립 등의 작업을 동시에 수행한다.7

산업용 및 의료용 가스 분야의 세계적 기업인 에어 리퀴드(Air Liquide)는 2017년 1월에 프랑스 생프리스트(Saint Priest)에 원격가동센터를 오픈하고 프랑스 내에 있는 22개의 생산시설을 연결하는 디지털 전환에 돌입했다.8 이 센터를 통해 고객의 요구를 실시간으로 반영하여 모든 생산시설의 산소, 질소, 수소 및 헬륨 등의 생산량을 조절할 수 있으며, 배출되는 이산화탄소량을 최소화함으로써 에너지 효율도 증진할 수 있다. 각 생산시설에 있는 팀들은 커넥티드 글래스(Connected Glasses)를 통해 그날의 유지보수 과정과 작업 절차를 파악하고, 일체형 카메라를 통해 현장의 상황을 원격센터와 실시간으로 공유한다. 현장팀은 장비의 성능과 안전에만 신경 쓸 수 있게 됨으로써 시설의 안정적이고 지속적인 운영이 보장되는 효과도 누린다.

뿐만 아니라 이 회사는 전 세계적으로 400개 생산시설의 45만 개

---

6 Siemens(2017).

7 신재욱·전승우(2016).

8 Air Liquide(2017).

측정지점의 생산 데이터들을 모은 후, 이 빅데이터를 분석하여 에너지 소비를 최소화할 수 있는 가장 효율적인 설정과 장비를 제공하며, 동시에 생산설비의 예측적 관리도 가능하게 해준다.

홍미로운 점은 이러한 디지털 전환을 통해 기존 직원들이 대량 해고되기보다는 새로운 직종으로 재배치된다는 사실이다. 예를 들어 에어 리퀴드의 원격가동센터에는 새로운 2개의 직종이 만들어졌는데, 빅데이터 '분석가'와 생산시설이 있는 현장과 실시간으로 연결되어 고객의 요구에 맞춰 생산을 조정하는 '리얼타임 오퍼레이터'가 그것이다. 에어 리퀴드의 기존 직원들은 6개월 이상의 재교육 과정을 거쳐 이러한 새로운 직종에 재배치됨으로써 해고 없는 디지털 전환이 성공적으로 이루어지고 있다.

5. 아디다스 스피드 팩토리 실험의 교훈

스마트 팩토리의 혁신을 통해 23년 만에 본국으로 귀환한 아디다스의 '리쇼어링'(reshoring) 사례는 스마트 팩토리의 가능성과 현실 사이에 여러 가지 시사점을 제시한다. 아디다스는 2015년 말 본사 부근의 도시인 안스바흐(Ansbach)에 '아디다스 스피드 팩토리'를 설립하면서 아시아 공장에서 본국으로의 귀환을 알린다. 공장 유지보수와 관리 직원을 빼면 현장에는 10명만이 투입되는 스마트 팩토리 제조방식으로 2017년에는 50만 켤레의 운동화가 생산된다. 대부분 사람 손으로 제조되는 방식으로는 600명이 투입되어야 하는 분량이다. 이 스마트 팩토리에서 신발제조는 지능화된 기계의 몫이다. 생산직원은 신발 소재를 기계가 인식할 수 있는 위치에 가져다 놓는 역할만 할 뿐이다.

아디다스의 스피드 팩토리는 단순히 대기업 공장을 지능화한 것이 아니라 소재부터 부품 조달까지 모든 작업이 ICT와 결합한 결과이다. 실제로 이 프로젝트에는 아디다스 외에 소프트웨어, 센서, 프레임 제작업체 등 20여 개 회사들의 협업이 작동했다. 이를 통해 기존의 18개월 신상품 출시 기간을 10일로 단축함으로써 소비자의 수요에 신속하고 효과적으로 대응할 수 있다는 점은 스마트 팩토리의 장점을 잘 보여 주는 대목이다. 또한 값싼 인건비를 찾아 아시아로 공장을 옮기며 원가절감에 나섰던 '오프쇼어링'(offshoring)의 시대가 끝나고, 스마트 팩토리를 통해 노동 의존성을 낮추고 본국으로 다시 공장을 불러들이는 '리쇼어링'을 통해 소비자의 수요에 적극 대응하는 다품종 대량생산 체제를 구축함으로써 상품의 가치를 높이는 제조업의 새로운 비즈니스 모델을 구현하려고 했다는 점도 높게 평가할 부분이다.[9]

하지만 2020년 아디다스는 지난 4년여의 스마트 팩토리 실험을 통해 생산속도 개선에는 성공했지만 대량생산은 아직 시기상조임을 밝히면서 안스바흐와 미국 애틀랜타에 지은 제 2의 스피드 팩토리 가동을 중단하기로 결정했다. 가장 큰 이유는 아디다스 1년 생산물량 4억 켤레 중에서 이들 두 스피드 팩토리 생산물량이 100만 켤레에 머문다는 생산 기여의 한계 문제다. 특히 협력사 중에서 신발 밑창을 3D 프린팅으로 생산하는 오출러(Oechsler) 사의 기술 역량상의 한계가 전체 생산 물량을 현저히 높이는 데 주요 장애요인으로 작용한 것으로 지목된다.

그럼에도 아디다스는 현재의 기술들을 아시아의 두 생산업체에 이관하여 짧은 제품개발 시간과 다양한 모델 생산의 장점을 활용할 계획이며, 오츨러와도 지속적인 기술혁신과 협업을 통해 기술발전을 함께 도모하기로 했다. 글로벌 벨류체인(Global Value Chain; GVC)이 가져다주는 분업생산의 효율성과 가격경쟁력을 단기간에 뚫어 내지는 못했지만 스피드 팩토리를 통해 얻은 기술혁신과 방대

9 KT경제경영연구소(2017).

한 데이터는 아디다스의 귀중한 자산임과 동시에 새로운 도전의 반석이 될 것임은 분명해 보인다.

새로운 시장과 기회 10장

초연결경제에서 초지능 물결로 이르는 길목에서 미래사회의 단면을 엿볼 수 있는 '미리보기'와도 같은 새로운 제품과 서비스들이 속속 선보이고 있다. 놀라운 ICT 기술의 진화와 창의적 아이디어의 결합이 새로운 시장과 기회를 열어 가고 있는 것이다. 이 장에서는 시장에서의 상업적 성패 여부를 떠나 새로운 미래의 문을 열어 가는 몇 가지 의미 있는 시도들을 살펴볼 것이다.

1. 인공지능 스피커

인공지능과 사물인터넷, 빅데이터가 하나로 매시업(mashup) 되는 인공지능 스피커는 분명 우리에게 새로운 차원의 미래를 경험해 볼 수 있도록 해주는 좋은 예이다. 인공지능 스피커는 자연어 기반으로 우리가 원하는 음악과 TV 프로그램은 물론 인터넷에서 다양한 영상까지 쉽게 접할 수 있도록 도와준다. 그날의 날씨를 알려 주고 스케줄까지 챙겨 준다. 개인비서 역할을 하는 인공지능 버틀러(butler) 서비스의 일단을 잘 보여 준다.

초연결경제의 대표 플랫폼들인 아마존, 구글, 애플, 그리고 마이크로소프트에 이르기까지 이 시장의 주도권을 둘러싼 경쟁이 벌써부터 뜨겁다. 아마존은 알렉사(Alexa)라는 음성인식 시스템을 아마존 에코 등 자사의 스마트 스피커에 탑재한 서비스로 가장 먼저 시장 공략에 나섰다. 구글도 안드로이드 OS 등에 탑재되는 인공지능 비서 플랫폼 구글 어시스턴트(Google Assistant)와 이를 지원하는 인공지능 스피커 구글 홈(Google Home)을 출시했다. 인공지능 플랫폼 시리(Siri)로 이미 검증받은 애플은 홈팟(HomePod)을 통해 인공지능 스피커 시장 진출을 선언했다.[1]

국내에서는 SKT와 KT가 각각 누구(NUGU)와 기가지니(Giga-genie)로 소비자들에게 발 빠르게 다가서고 있으며, 삼성전자 빅스비(Bixby)나 네이버 클로바(Clova) 등과 같은 인공지능 플랫폼들도 카카오나 LG전자 등과 합종연횡의 기회를 엿보는 상황이다.

무엇보다 인공지능 스피커는 자연어 처리 기반의 인터페이스를 제공함으로써 이용자들에게는 이용 용이성을 높이고 타 분야로의

1 Gokey, M. (2017. 11. 23.).

적용 확장성이 높아진다는 점도 주목할 만하다. 출발은 콘텐츠 이용 시에 검색 및 연결 기능을 제공하는 수준이지만 점차 다양한 서비스의 이용이나 쇼핑을 포함한 상거래 쪽으로 확장하고 있다. 가장 먼저 시장에 진출했고 현재 최강자임을 자랑하는 아마존의 에코 계열 제품들(뉴 에코, 에코 닷, 에코 쇼 등)은 이미 1만 5천 개 이상의 기능을 수행하고 있다. 비즈니스·금융, 커뮤니케이션, 커넥티드 카, 교육, 음료, 게임, 건강, 어린이, 뉴스, 영화, 음악, 쇼핑, 여행, 스포츠, 날씨 등 우리 삶과 직결된 많은 기능들이 알렉사를 통해 손쉽게 연결된다.

예를 들어 아침에 날씨 정보는 물론이고 〈블룸버그〉를 통해 글로벌 증시 정보나 특정 종목의 시세 등을 확인할 수 있다. 스포티파이(Spotify)나 아마존 뮤직과 같은 음원 스트리밍 서비스도 입맛에 맞게 선택 가능하며, 요리 레시피나 오디오 뉴스를 찾아서 들려주기도 한다. 아마존 고유의 쇼핑이 간단히 몇 마디 말로 해결되는 것은 물론이다. 또한 스마트홈의 허브 기능을 수행하기 때문에 집안의 전등 및 온도 조절이 가능하고, 출입문이나 홈 시큐리티, 즉 보안까지 챙겨 볼 수 있도록 해준다. 세계적인 브랜드인 필립스 휴(Phillips Hue)를 포함한 다양한 스마트 전구 회사들이 에코와 연동되며, 네스트(Nest)와 같은 냉·온방 온도조절장치도 기본이다. 차고 문을 열거나 잔디에 물을 주는 스프링클러 작동도 알렉사에게 시키면 모두 해결된다.

인공지능 스피커가 시장에 큰 에너지원이 될 수 있음은 플랫폼 중심의 초연결경제를 잘 설명해 주는 보완재 경제학, 즉 보완적 관계에 있는 한 제품의 낮은 가격(또는 무료)이 다른 보완재의 수요를 증가시켜 주기 때문이다. 아마존 에코는 99달러이며 에코닷은 50달러 수준에 판매되고 있다. 이렇게 소비자들의 가격 대비 성능 만족감이 대단히 높을 수밖에 없는 가격으로 판매가 이루어지는 이유는 에코와 다른 아마존 상품군들의 판매 증가 간에 상관관계가 매우 높기 때문이다. SKT '누구'나 KT '기가지니'의 경우에도 15만 원에서 30만 원으로 책정된 단말의 별도 구입보다는 몇천 원 수준의 월정액 약정을 통해 빠른 보급이 이루어지고 있다.

이들은 방송 프로그램이나 음악 검색과 같은 고유 기능은 물론이고 햄버거나 피자 주문, 증권 시세 확인, 뉴스 브리핑, 날씨 등의 생활정보를 제공하는데, 이를 통해 고객 고착화 효과는 물론이고 콘텐츠 이용 활성화 등을 꾀할 수 있게 된다.

이처럼 인공지능 스피커는 플랫폼의 지배적 경쟁력을 더욱 공고히 하는 수단인 동시에 고객에게 즐거움과 만족을 주는 새로운 인터페이스로서 향후 확장성에 대한 기대가 매우 크다 하겠다.

2. 게임과 AI의 만남

게임과 인공지능의 결합이 왜 필연적인가 또는 효과적인가에 대해 야나카키스(Georgios Yannakakis)와 토겔리우스(Julian Togelius)는 다음과 같이 설명한다.[2] 무엇보다 인공지능이 플레이어가 돼서 게임을 직접 한다는 사실만으로도 게임의 상업적 가치는 높아진다. 또한 인공지능 플레이어의 게임 리뷰를 통해 게임의 질적 개선에도 도움이 된다. 인공지능이 게임을 하는 목적은 게임을 잘하거나 그럴듯하게 게임을 즐기는 것이다.

또한 인공지능은 게임에 등장하는 플레이어 캐릭터나 논플레이어 캐릭터(Non-Player Character; NPC)를 통제할 수 있다. 플레이어 캐릭터로서 게임을 잘하는 인공지능은 게임의 성과를 최적화하는 데 초점을 둔다. 이러한 인공지능은 게임을 자동으로 테스트하거나 또는 게임 디자인을 전체적으로 평가하는 데 매우 중요한 의미를 지닌다. 반면에 인공지능이 NPC로 역할을 할 때는 역동적인 난이도 조절이나 개인맞춤형으로 자동 조절되는 메커니즘을 강력하게 만들어 준다.

인공지능이 게임에 중요한 의미를 지니는 또 다른 이유는 이용자 경험에 대한 이해와 이를 기반으로 하는 게임 디자인에 큰 도움이

---

2 Yannakakis, G. & Togelius, J. (2018).

되기 때문이다. 인공지능에 의한 이용자들의 풍부한 경험에 대한 분석과 이해를 통해 질적인 개선은 물론 작업 속도도 빨라지는 효과를 거둘 수 있게 된다. 또한 인공지능에 의한 이용자 데이터 분석 결과는 게임 개발 과정뿐만 아니라 더 좋은 이용자 서비스를 위한 마케팅 결정에도 크게 기여한다. 인공지능과 빅데이터가 직접적으로 게임산업의 성장을 견인하는 시대가 활짝 열리고 있다.

우리나라의 게임업계 빅 3로 꼽히는 엔씨소프트와 넥슨, 넷마블도 AI 개발조직을 강화하고 고도화된 지능형 게임 개발에 적극 나서고 있다. 넷마블은 2018년 2월 6일 매년 열리는 정기 컨퍼런스 콜을 통해 AI 연구의 중요성을 강조하고 자사의 AI 서비스 엔진인 '콜럼버스'가 고도화 중이라고 밝혔다. 콜럼버스는 사용자의 퀘스트(임무) 이행 정도나 난이도에 따라 맞춤형 트레이닝이 가능하게 해준다. 현재 유저들의 게임 패턴을 정확하게 예측하는 수준까지 기술이 진화한 단계이며 실제 상용화를 앞두고 있다고 한다.3 이처럼 넷마블은 자사가 확보한 게이머들에 대한 빅데이터를 기반으로 게임 환경을 개선하고, AI 기반의 콘텐츠 개발에 박차를 가하는 모습이다.

또한 게임업계에서 가장 먼저 AI 분야에 관심을 가진 것으로 알려진 엔씨소프트도 'NCSOFT AI DAY 2018'을 통해 AI 분야의 연구 및 개발 성과를 공개했다. 실제로 〈블레이드 앤 소울〉의 신규 콘텐츠 '무한의 탑'에 AI를 도입한 사례도 발표됐는데, AI 기반의 NPC

---

3 고진영(2017. 12. 24.).

는 해당 게이머의 실력과 던전 난이도별로 맞춤형 대응이 가능토록 해 좋은 평가를 받았다. 이어서 2019년에는 GDC(Game Developers Conference)를 통해 더욱 향상된 AI 기술을 발표하는데, 엔씨소프트는 '비무' AI에 딥마인드의 알파 스타·알파고 등 게임 AI의 핵심 기술인 강화학습 기술을 적용해 상용 게임에서도 프로게이머 수준의 실력을 갖추도록 개발하였다고 밝혔다. '비무' AI는 〈블레이드 앤 소울〉의 1 대 1 PvP(이용자 간 대전) 콘텐츠인 '비무'를 플레이하는 AI를 말한다.

또한 '딥러닝 기반의 역운동학(Inverse Kinematics; IK)을 이용한 AI 기반 캐릭터 애니메이션 생성 기술'이라는 발표도 주목을 받았는데, IK 기술은 게임 컴퓨터 그래픽스 분야의 필수 기술 중 하나로, 이를 통해 수백 명의 캐릭터에 동시 적용이 가능하며 모션캡처 수준의 자연스러운 애니메이션 결과를 얻을 수 있는 기술을 말한다. 현재 엔씨소프트는 높은 품질의 애니메이션을 많은 수의 캐릭터에 적용할 수 있도록 다양한 AI 기반의 그래픽스 기술을 개발하고 있다고 한다.[4]

넥슨도 AI 연구를 담당했던 조직을 재정비하여 '넥슨 인텔리전스 랩스'로 정식 출범시키고 본격적인 AI 기술 경쟁에 뛰어들었다. 2021년 AI 조직의 연구 인력을 400명까지 확대한 넥슨은 이용자의 불편함을 줄이고 게임 비즈니스의 실패를 줄이기 위해 인공지능을

4 한국가상증강현실협회(2019). 내부동향 자료.

활용하고 있다. 이미 불법 프로그램을 잡아내거나 게임 내 이상현상을 찾아내고 이용자 간 매칭을 돕는 부분에도 인공지능이 적용되고 있다고 한다.5

이처럼 게임업계는 '게임의 미래는 AI에 달렸다'라고 이구동성으로 외칠 만큼 AI 기술을 따라잡지 못하면 도태된다는 위기감에 경쟁적으로 AI 조직을 키우고 관련 연구 및 게임 개발 투자를 늘리는 상황이다. 그럼에도 불구하고 본격적으로 인공지능에 기반한 새로운 게임의 패러다임을 선보이기까지는 상당한 시간과 노력이 필요해 보인다.

---

5 〈경향게임스〉(2020. 12. 8.). "AI 머신러닝, 게임사업 성패 판가름".

3. 유전자 빅데이터와 인공지능

개인 유전자 정보들이 모여 만들어지는 거대한 유전자 빅데이터가 인공지능과 만난다면 어떤 일이 가능해질까? 유전체 정보를 기본으로 의료·임상 정보, 생활습관 정보 등을 인공지능을 이용하여 통합 분석하면 개인별 맞춤형 처방과 치료가 가능해지며, 더 나아가 신약 개발 성공률도 획기적으로 개선될 것이다. 이처럼 현대과학의 발달은 질병치료와 건강관리에 있어 새롭고도 혁신적인 접근법을 제시한다.

그러나 이러한 긍정적 기대 뒤에는 여전히 현실적 장벽들이 다수 존재한다. 우선 비용의 문제를 빼놓을 수 없다. 현재 선진국들은 정책 수요자들의 기대에 부응해야 한다는 압력과 늘 부족하고 제한된 의료복지 재원의 도전을 받고 있다. OECD 국가들은 GDP 성장을 늘 앞서가는 연평균 2%의 헬스케어 예산 지출 증대에 직면해 있으며, 이런 추세가 지속될 경우 2050년까지 모든 국가들이 감당할 수 없는 수준이 된다.

이런 문제에 해결책으로 등장한 개념이 정밀의료(precision medicine)이다. 즉, 정확한 진단 테스트를 통해 환자들을 특정 치료에 대한 예상 반응에 따라 구분하여 맞춤형 치료를 한다는 것이다.[6] 영

6 Hackett, J. (2016. 12. 7.).

국은 정밀의료 기반의 신약개발을 촉진하기 위해 산업계와 학계가 긴밀하게 협업하는 정밀의료산학협력네트워크(Medicines Discovery Catapult)를 정부 혁신지원기관인 '이노베이트 UK'(Innovate UK) 산하에 두고 적극적인 지원정책을 펼치고 있다.

또한 빠르게 증가하는 광대한 헬스케어 데이터의 처리 문제도 심각하다. 2013년 153엑사바이트 규모이던 헬스케어 데이터는 2020년까지 연평균 48% 증가한 2.3제타바이트에 이르지만 이 중 80%는 적절하게 분류되고 관리되지 못해 제대로 된 가치를 추출할 수 있는 데이터셋으로 보기 어렵다.[7] 또한 신약개발에는 평균 10년 이상의 기간과 25억 달러가량의 비용이 들어간다.[8] 이런 문제들의 혁신적인 해결을 위해 정밀의료에 인공지능을 결합하는 시도들이 이어지고 있다.[9]

의사들이 뇌종양 진단에 필요한 2D나 3D 촬영 영상 데이터셋은 전체로 판독이 이루어져야 정확성이 높음에도 불구하고 큰 데이터 규모로 인해 분할 판독이 이루어졌는데, 딥러닝으로 훈련된 인공지능이 투입되어 며칠분의 작업을 몇 시간 내에 끝낼 수 있게 됐다. 시간, 비용 그리고 정확성 측면에 있어 개선효과가 큰 것으로 나타나고 있다. 뿐만 아니라 신약개발 과정에서도 시간과 비용을 획기적으로 줄이기 위해 인공지능의 활용은 이미 필수적 선택이 되고 있다.

---

7 EMC & IDC(2014).

8 Mullin, R.(2014.11.24.).

9 Chamraj, H. & Shah, P.(2018.3.6).

또한 인공지능은 부족한 의사 문제를 해결하는 솔루션으로도 활용되는데, 중국은 영상의학 전문의 부족 문제를 해결하기 위해 갑상선 초음파 검사 결과 판독에 인텔의 제온(Xeon) 프로세서가 탑재된 인공지능 솔루션을 이용하기 시작했다. 이미 5천 명의 환자에게서 비정상적인 혹을 찾아내는 성과를 거뒀으며, 그 정확도는 의사들의 75% 수준을 상회하는 85%에 육박하고 있다. 이처럼 질병 진단에서 인공지능 로봇에 의한 수술에 이르기까지 인공지능이 수행하는 의사의 역할은 점차 확대될 것으로 보인다.

4. 블록체인과 자율주행차

자율주행차의 기술발전에 블록체인 기술의 적용이 점차로 주목받고 있다. 포르쉐나 토요타와 같은 자동차 메이커들이 블록체인 기술을 활용하는 방식은 다음과 같이 6가지로 정리해 볼 수 있다.[10]

첫째, 자동차를 더욱 운전자 친화적으로 만들어 준다. 블록체인은 운전자가 앱을 이용하여 제 3자 서버를 통하지 않고 자동차와 직접 커뮤니케이션할 수 있도록 도와준다. 이 기술을 이용할 경우, 운전자가 서버를 이용해 차문을 여는 현재보다 6배 빠른 1.6초대에 운전자 앱을 이용해 차문을 열 수 있다. 예를 들어, 차에 빠트린 무언가를 가져다 달라고 누군가에게 부탁할 때 차키 없이도 블록체인 기반의 앱을 이용하여 쉽게 차문을 열어 줄 수 있다. 이러한 기능을 지금까지 제공했던 포르쉐와 같은 자동차 메이커들은 보안 시스템의 불안 문제도 함께 해결하는 일거양득의 이점이 생기게 된다.

둘째, 블록체인의 가장 기본적 기능인 금융거래에 적극 활용할 수 있다. 자동차 리스나 할부 등 일정 금액을 지속적으로 지불해야 하는 경우, 연료비나 주차요금 지불 그리고 자동차 보험에 이르기까지 자동차와 연계된 모든 금융거래에 블록체인의 스마트 계약 방식

---

10 Cars on the Blockchain? Six Ways Automakers Could Employ the New Technology. *Futurism.com*. https://futurism.com/cars-blockchain-six-ways/

을 활용할 수 있다.

셋째, 블록체인은 자율주행시스템을 훈련시킬 수 있다. 자율주행차의 운행기록을 포함한 모든 데이터, 즉 날씨나 도로상태, 일반적인 주행패턴 등을 블록체인에 기록하고 이들 데이터들이 서로 안전하게 공유될 수만 있다면 자율주행시스템의 인공지능은 더욱 스마트해지고 자율주행의 마지막 단계인 5단계에 더욱 빠르게 도달할 것이다. 토요타는 이러한 목적을 이루기 위해 2017년 5월 MIT 미디어랩과 협업을 시작했다.

넷째, 블록체인이 지니는 추적 기능을 활용하여 자동차 부품 조달에 윤리적으로 문제가 없는지 확인하게 해준다. 예를 들어 BMW는 런던에 있는 블록체인 스타트업인 서큘러(Circulor)와 협업하여 자신들의 전기 배터리에 들어가는 금속인 코발트의 생산에서 공급까지 어린이 노동력 착취를 포함한 불법적 요인이 개입하는지 철저하게 모니터링한다. 전 세계 코발트 생산량의 80%를 담당하는 콩고공화국의 경우, 생산량의 20%가 어린이 노동력 착취와 연관 있는 것으로 보이며, 대략 4만 명의 어린이들이 학교도 가지 않고 이 탄광에서 하루 종일 채굴에 투입되기 때문이다.

다섯째, 자연친화적 운전에도 블록체인은 큰 도움이 된다. 메르세데스 벤츠는 500명의 운전자들을 대상으로 동력을 사용하지 않고 자연스럽게 정지하거나, 에코 모드로 운전하거나, 또는 저속운전을 유지하는 등의 자연친화적 운전을 한 경우 블록체인 기반의 자체 암호화폐인 모비코인(mobiCOINS)을 지급했다. 그리고 모비코인이 충분히 쌓인 운전자들은 베를린에서 열리는 패션위크에 참석하거나 메르세데스컵 파이널에 참여할 수 있게 했다. 비슷한 방식의 인센티브 시스템에 여러 보험회사들도 관심이 많다. 안전운전을 격려하기 위해 암호화폐를 지급하는 방식들이 검토되고 있다.

마지막으로 블록체인은 자율 탑승공유(autonomous ride-sharing)를 촉진할 것이다. 리프트나 우버와 같은 차량호출 서비스는 이미 우리가 차를 이용하는 방식을 변화시키고 있다. 결국 우리는 어느 곳에서도 운전자가 없는 차량을 자유롭게 호출할 수 있고 우리가 정한 목적지로 우리를 안전하게 데려다 주는 자율주행차의 시대를 맞이할 것이다.

2017년 8월 컨설팅 회사 어네스트 앤 영(Ernst & Young)은 블록체인 기반의 카셰어링 시스템 테서랙트(Tesseract)를 출범시켰다. 이 시스템을 이용하면 어떤 그룹이든지 자동차의 소유권을 공유할 수 있다. 예를 들어 아파트 단지 거주민들이 여러 대의 차량을 블록체인 기반으로 공유하고 비용을 지불하고 차량을 관리하는 방식이다. 이때 차량을 소유한 사람도 이 블록체인에 자신의 차량을 추가로 등록함으로써 공유와 비용정산 및 소득분배까지 가능해진다.

이처럼 블록체인은 자율주행의 기술적 발전과 완전자율주행이라는 목표 달성에 중요한 축으로 기능하게 될 것이다. 물론 그 과정에서 크고 작은 사건들이 그 실현 가능성에 대한 회의적 시각과 우려를 불러일으키겠지만 결국 우리는 현재보다 훨씬 더 믿을 수 있고 안전하다고 확신하는 자율주행시스템을 의지하게 될 것이다.

제 4 부

변화와 도전

인공지능으로 열리는 풍요로움의 세상은 주어지는 것이 아니라 만들어 가는 것이다. 산업구조 변동에 따른 고용구조의 재조정은 불가피해 보이며 법제도의 개혁과 교육제도의 혁신은 필수적으로 요구된다. 이러한 도전들을 뚫어 낼 때 우리는 인공지능과 공존하며 새로운 기회의 주인공이 될 수 있을 것이다.

구조적 변화와 대응

11장

인공지능과 빅데이터, 사물인터넷과 클라우드, 그리고 5G로 업그레이드되는 무선통신의 눈부신 진화가 만들어 내는 세상은 어떤 모습일까?

자율주행차가 보편화되면서 자동차 사고는 줄어들고 인간이 직접 운전하는 행위는 레저활동처럼 여겨진다. 방대한 의료 데이터에 기반한 진단과 처방이 정확해지고 신약 개발이 촉진되면서 인간 수명이 늘어난다. 자산 분석이나 유망투자종목 추천 등 금융 분야에서 인공지능 기반의 로보 어드바이저(Robo Advisor)는 사람보다 더 신뢰할 수 있는 존재가 된다. 지능형 CCTV로 움직이는 물체를 분석해 위험사항을 판단하고 전달하기가 용이해지기 때문에 교통관제와 생활범죄 예방 등에 큰 변화가 있게 된다. 재난구조나 군사작전 등에 로봇이 투입되는 일이 보편화된다. 뿐만 아니라 씨앗을 뿌리고 과일을 수확하는 1차 산업 도우미 역할도 로봇이 하게 되면서 농어촌 일손부족 문제도 해결된다.

미래창조과학부(현재 과학기술정보통신부)가 맥킨지에 의뢰해 분석한 결과에 따르면 인공지능의 발달로 2030년까지 국내 근로자의 총근로시간이 최대 49.7%까지 자동화되고, 교통사고는 자율주행차의 보편화로 40% 정도 감소하며, 수명은 정밀의료 등의 도움으로 2013년의 73세에서 4년이 연장된 77세로 늘어날 것으로 예상된다. 자동화가 가능한 업무에 전체 근로시간의 20% 이상을 할애하는 인원이 총근로자 중 86%에 이르기 때문에 지능정보기술의 영향력은 매우 광범위하고 폭발적일 수 있다는 예상도 가능해진다. 그러나 근로시간 전체를 완전 자동화할 수 있는 일자리 비중은 약 0.3%에 불과하며, 오히려 소프트웨어 엔지니어나 데이터 과학자 등 지능정보 분야에 약 80만 개의 새로운 일자리가 만들어 질 것이라는 예측이 더 설득력 있게 다가온다. 이를 통해 2030년 신규매출과 비용절감 그리고 소비자 후생증대 효과를 다 합쳐 최대 460조 원의 경제효과가 창출될 것이라고 맥킨지는 전망했다.

우선 신규매출 증대는 데이터 활용 마케팅(최대 10조 원) 분야나 신규 로봇산업(최대 30조 원) 등을 포함해서 최소 42조에서 최대 85조 원 시장을 형성하게 된다. 비용절감과 관련한 경제효과는 정확한 의료진단(최대 55조 원)이나 제조공정 최적화(최대 15조 원) 등 최소 109조 원에서 최대 199조 원 규모에 이를 것으로 본다.

마지막으로 소비자 후생증대는 교통사고 감소(최대 10조 원), 대기질 향상(최대 7.6조 원), 가사노동 감소(최대 30조 원), 국민건강 향상(최대 10조 원) 등에서 최소 76조에서 최대 175조 원 규모에 달할 것으로 전망했다. 산업 분야별로 살펴보면 신규매출 증대와 비용 절감 등을 통해 의료(최대 109.6조 원), 제조(최대 95조 원), 금융(최대 47.7조 원) 순으로 효과가 발생함을 예상해 볼 수 있다.

1. 메달리온의 비극

메달리온은 뉴욕시에 의해 부여된 택시영업 라이선스로 2016년 6월 기준으로 13,587개의 메달리온이 영업 중이다. 제한된 공급으로 인해 2013년에는 메달리온의 거래 가격이 110만 달러까지 육박했으나 현재는 우버와 리프트 같은 차량공유 서비스의 영향으로 20만 달러 이하로 폭락하고 미래를 비관하는 택시운전사들이 연이어 자살하는 사건이 발생하고 있다. 크리스 헤지스(Chris Hedges)는 이들을 기업자본주의가 만들어 내는 신봉건주의적 농노제도의 희생양으로 정의한다.[1]

이러한 근로환경에서 절박하고 빈곤한 근로자들은 서로를 맹렬하게 물어뜯는 상황으로 내몰리게 된다고 질타한다. 근로시간은 늘어나도 소득은 오히려 줄어드는 저임금의 무한경쟁이 벌어지고 있다. 하루 150달러의 기본비용을 채우기 위해 뉴욕의 택시운전사들은 12시간에서 16시간 동안 운전대를 잡는다. 우버 운전사들의 상황도 그리 좋아 보이지는 않는다. 시간당 임금은 13달러 수준이며, 디트로이트의 경우에는 9달러 이하에 머무는 상황이다. 반면에 우버의 창업자인 트레비스 칼라닉(Travis Kalanick)은 자산가치가 48억 달러에 이르고 리프트의 CEO인 로건 그린(Logan Green)의 자산가치

---

1 Hedges, C. (2018. 3. 25.).

도 3억 달러에 달한다.

결국 단기계약의 독립형 경제활동이 주를 이루며 이것이 미래형 고용관계로 미화되는 이른바 '긱 이코노미'(Gig Economy)의 결과는 근로자들을 봉건시대의 농노(農奴)에 비견되는 상황으로 내몰고 있다는 것이다.

그렇다면 이러한 문제에 대한 대응은 어떻게 이루어져야 하는가? 우선 가장 쉽고 직접적인 방법으로 규제적 해법을 생각해 볼 수 있다. 우버와 같은 서비스를 불법화하고 현행 제도를 옹호하는 방법이다. 기득권을 보호하고 혁신은 저해한다는 비난에 직면하겠지만 기득권의 저항을 부담스럽게 느끼는 정치권이나 관료들에게는 가장 유혹적인 선택임에 틀림없다.

다음으로는 정반대의 지점에서 혁신우선주의, 즉 규제유보를 통해 신기술에 기반한 서비스를 전면적으로 허용하고 이후에 모니터링을 통해 정부의 개입 여부와 관여 정도를 결정해 가는 방법을 상정해 볼 수 있다. 기득권의 저항과 실질적 피해에 대한 효과적인 대응책을 요구하게 되지만 사회 전체적으로 이득이 손실에 비해 큼을 입증해 보임으로써 돌파구를 찾으려 할 것이다. 정치권이나 관료들의 치밀하고 선제적이며 일관된 대응이 필수적이다.

물론 2가지 해법의 중간쯤에 적당한 협상지대를 형성하고 지속적으로 타협을 모색하는 것도 한 가지 방법일 수는 있으나, 결국 신규 서비스 진입의 불확실성이 커지면서 혁신이 지체되거나 또는 반대로 기존 사업자들의 피해가 오히려 더 커지고 구제는 이루어지지 못하는 규제무능 상태에 빠질 수도 있다.

실제로 우버와 리프트는 미국 44개 주에서 370명의 로비스트를 고용하고 규제를 무력화하기 위해 총력을 기울이고 있다. 이 회사들이 고용한 합법적 로비스트의 숫자는 아마존, 마이크로소프트, 그리고 월마트의 로비스트를 합친 숫자보다도 크다. 뿐만 아니라 뉴욕시 교통위원회 위원장 출신을 우버의 이사회 멤버로 영입하는 등의 직접공략 전법도 불사하고 있다. 이를 통해 뉴욕시에서만 2018년 기준으로 우버와 리프트라는 이름으로 10만 대의 규제받지 않은 차량이 자유롭게 영업할 수 있게 된 것이다.

다른 시각으로 이 문제를 접근해 볼 필요도 있다. 과연 우버가 없었다면 메달리온은 영원할 것인가? 냉정한 시각으로 본다면 메달리온은 이미 시한부 판정을 받은 환자와도 같다. 자동차의 미래는 결국 운전자 없는 세상을 의미하기 때문이다. 결국 우버와 같은 모델은 산업사회의 제품 중심에서 초연결사회의 플랫폼 중심으로 패러다임이 전환되는 자연스런 현상의 결과로 보는 것이 더 타당하다. 즉, 우버의 진입을 막는 규제적 초강수보다는 플랫폼 환경에서 메달리온의 피해를 최소화하고 출구전략을 최적화해 주는 정책이 더 바람직해 보인다. 이를 위해서는 규제와 혁신의 적절한 균형을 통해 소비자 이익을 최대화하고 신산업 활성화를 통해 경제 활력을 제고할 수 있다는 사회적 인식의 공유와 확산이 우선되어야 할 것이다.

2. 산업구조의 변화

4차 산업혁명의 동력인 지능정보기술은 대규모 데이터에 대한 자가학습을 통해 지속적으로 알고리즘을 강화함으로써 스스로 경쟁력을 높여 나간다. 이미 세계 경제는 스스로 데이터를 확보할 수 있는 안정적 생태계를 구축하고 이를 활용할 수 있는 알고리즘을 보유한 기업들이 주도하고 있다. 앞서 살펴봤듯이, 2020년 기준으로 세계 10대 기업(시가총액 기준)에 포함된 마이크로소프트, 애플, 아마존, 알파벳(구글), 페이스북, 알리바바, 텐센트 등과 같은 ICT 글로벌 플랫폼 기업들이다.

플랫폼의 가장 큰 강점은 거대한 생태계의 구심점 역할을 한다는 점이다. 사람과 사람, 기계와 사람, 사람과 장소 등 초연결 관계를 통해 다양한 소통과 거래를 촉진함으로써 연관된 주체들을 플랫폼으로 끌어들여 안정적 고착화(lock-in)에 기여하고 이것이 또 다른 이용자들을 끌어들이는 네트워크 효과로 연결되면서 승자 독식의 시장 형태로 진화하게 된다.

특히 데이터를 기반으로 하는 플랫폼 비즈니스 중심으로 산업구조가 재편될 수밖에 없는 이유는 명확해 보인다. 우선 전통적인 파이프라인 기업들은 소수의 정보통제자(gatekeeper)나 수직적 의사결정구조에 대한 의존도가 높으며 직관과 경험에 의존하지만, 플랫폼 비즈니스는 데이터를 기반으로 하는 오픈 시스템에 의존한다.

가치창출과 공급체계에서의 변화도 분명하다. 플랫폼 기업들은 심지어 자신이 소유하지도 않는 자원들을 이용하여 글로벌 비즈니스를 펼쳐 나간다. 유휴자원을 활용하고 공유경제를 적극 활용한다. 또한 플랫폼 스스로가 신용과 신뢰의 아이콘이 되며, 평판 시스템을 통해 참여자 모두가 함께 신뢰 시스템을 구축해 나감으로써 거래비용을 낮춘다. 전통적인 파이프라인 기업들은 통제 메커니즘에 기대지만 플랫폼 비즈니스는 피드백 시스템을 적극 활용한다.

또한 플랫폼 비즈니스는 탄탄해진 플랫폼을 기반으로 기존 산업의 경계를 뛰어넘는 융합과 신시장 개척도 활발히 전개한다. 아이디어와 기술혁신으로 경쟁력을 갖춘 파괴적 혁신 스타트업들에게는 든든한 후원자이자 최고의 비즈니스 파트너가 되어 상생과 공진화의 발전을 함께 이루어 나간다. 이를 통해 더 경쟁적인 가격과 속도 그리고 품질을 그들의 새로운 가치로 제공하면서 지속가능한 성장의 기회를 계속 열어 나가는 것이다.

마지막으로, 플랫폼 비즈니스의 중심이 회사 내부가 아닌 외부에 의존함에 주목할 필요가 있다. 플랫폼의 가치가 이용자 커뮤니티에서 발생되는 경우가 대부분이며, 따라서 플랫폼 비즈니스는 기본적으로 회사 밖에서 사람, 자원, 특정 기능이나 서비스 등을 조달하거나 운영한다. 당연히 메시지의 전달방향이나 운영관리, 경영전략이나 회사 내 조직구조 등의 변화가 요구된다.

3. 고용구조의 변화

일찍이 케인스는 새로운 기술이 전례 없는 속도로 생산성을 높이고 가격을 낮추며, 생산과정에 필요한 인간의 노동량을 극적으로 감소시킬 것이라고 예견했다. 케인스는 1930년대의 경제적 대공황기에 사람들이 겪는 고통을 새로운 경제적 질병이라고 설명하면서 '기술혁신으로 인한 실업'(technological unemployment)이라는 용어를 사용하는데, 이는 노동력을 절감하는 기술의 발전이 노동의 새로운 용도를 발견하는 것보다 빠른 속도로 이루어지기 때문에 발생하는 실업을 의미한다.[2] 케인스가 설명하려고 했던 경제적 질병이 인공지능과 로봇의 시대에 다시 발병한 듯하다.

콜센터 상담원이나 증권사 투자자문역, 언론사 기자에 이르기까지 인공지능으로부터 자유로운 직업이 과연 얼마나 될까? 지능정보기술의 놀라운 발달로 인해 자동화가 보편화되면서 많은 일자리가 인공지능 로봇으로 대체되고, 전통적인 평생직장 개념이 약화되고 탄력적 고용이 확대되며, 창의적·감성적 직무 중심으로 업무가 재편성되는 등 근본적인 고용구조의 변화가 예상된다.

자동화로 대체되는 업무는 단순 반복되는 업무뿐만 아니라 중급 수준의 사무업무나 정밀한 육체노동까지 포함한다. 맥도날드는 '미

---

2 Keynes, J. M. (1930).

래의 경험'이라는 기치 아래 2,500개 스토어에서 디지털 주문 키오스크를 통해 직원을 대폭 줄이겠다고 발표해 주식이 사상 최고치를 기록했다. 뿐만 아니라 1만 4천 개 매장에 모바일 주문이 가능하도록 할 계획이다.[3] 콜센터가 인공지능에 의해 완벽하게 운영되며 장거리 트럭 운전은 자율주행차로 전면 대체된다고 상상해 보라. 이 시장을 두고 인간과 인공지능 로봇 간의 일자리 경쟁도 불가피해 보인다.

고급 두뇌들이 종사했던 영역은 과연 무사할까? 예를 들어 세계적인 금융회사 골드만삭스의 경우, 2000년 600명에 달했던 자산 거래 전문가(equity traders)는 현재 단 두 명만 고용하고 있을 뿐이다. 대신에 자동화된 거래를 지원하기 위해 200명의 컴퓨터 엔지니어를 고용했다.

당연히 근로자의 역할은 자동화되기 어려운 창의적·감성적 업무로 재편되고, 해당 인력에 대한 경제적·사회적 가치는 지속적으로 상승할 것이다. 인공지능과 로봇이 대체할 수 없는 인간적 감성과 열정 그리고 창의력과 통찰력도 빼놓을 수 없는 미래 경쟁력이다. 퓨리서치센터의 2017년 보고서 〈직업과 직업훈련의 미래〉에 응답한 다수의 전문가들은 미래의 근로자들이 창의성, 협업활동, 시스템적 사고, 복합 커뮤니케이션 수행능력, 다양한 환경하의 생존능력 등을 증진하고 개발해야 함을 강조한다. 이는 작가 대니얼 골먼

---

3 Forrester Research & Gownder, J. P. (2017. 7. 24.).

(Danial Goleman)이 사회적 그리고 감정적 지능('social' and 'emotional' intelligence)이라 명명한 내용들과 맥을 같이한다.4

다양한 산업들이 지능정보기술과 융합하면서 새로운 성장동력을 발굴하는 작업이 기업 생존의 성패를 가늠하기 때문에 관련 전문성을 지닌 인재 확보 경쟁이 더 치열해질 것이다. 결국 지능정보기술 기반의 고급 인재와 자동화 대상 직군에 종사하는 인재 간의 양극화가 더욱 심화될 것이다.

브린욜프슨과 맥아피 교수가 최근 10~15년간 고용과 기술의 관계를 연구한 결과를 보면, 미국에서 일자리가 사라지는 속도가 새로운 일자리가 늘어나는 속도보다 빨라 미국 중위권 소득정체와 불평등 확대의 주요 원인이 되고 있다. 이들에 따르면 특히 2015년 8월에 5.1%까지 떨어진 실업률의 주요 원인은 더 이상 일자리를 찾지 않고 포기한 사람들에 의한 것이다. 25세에서 54세에 이르는 주요 근로계층의 비율도 1980년 중반 이래로 가장 낮은 80.6%에 머물러 있다. 또한 실업률이 낮아짐에 따라 임금이 오를 것이라는 기대와는 달리 미국의 평균 임금은 제자리걸음을 하고 있는 것도 눈여겨볼 대목이다.

브린욜프슨 교수는 "로봇이 대체하는 직업들이 있는 것은 사실이나 동시에 로봇은 새로운 직업을 많이 만든다"고 강조한다. 즉, 테크놀로지가 직업을 없앤다고 말하기보다는 우리가 테크놀로지를 이

---

4 Rainie, L. & Anderson, J. (2017. 5. 3.).

용해 직업을 자동화하고 새 직업을 만들어 왔으며, 이 둘 간의 균형이 맞지 않기 때문에 오해가 생긴다는 것이다.[5] 인공지능과 로봇으로 인해 많은 일자리가 없어진다는 것은 사실이나 정확히 현상을 정리하자면 '일자리의 양극화와 중산층의 공동화'가 더 적절한 표현인 것이다. 앞서 언급한 케인스도 암울한 경제적 대위기 상황 속에서 '기술혁신으로 인한 실업'은 일시적 부조화 현상이며 100년이란 긴 흐름으로 보면 결국 인류는 이러한 경제적 문제를 해결할 것이고, 삶의 기준은 더 높아져 갈 것이며, 더 나은 발전을 지속할 것이라고 예견한다.[6]

독일은 '인더스트리 4.0' 프로젝트를 통해 자동화와 네트워크로 연결된 스마트 공장을 만들어 고령화에 따른 노동력 감소 문제를 해결함과 동시에 독일 엔지니어링으로 대변되는 국제 경쟁력을 제고하려 했다. 또한 국가적으로 직업 재교육에 적극 나섬으로써 일자리 감소 없는 4차 산업혁명을 강조하고 있다. 뿐만 아니라 2002년 노동시장의 유연성을 확보하기 위해 도입한 '하르츠 개혁'을 통해 기간제, 파견제, 미니잡(월급 400유로 이하)을 허용하고 혹독한 구조조정 등을 거쳤다. 이를 통해 2015년 독일 실업률은 통일 이후 최저 수준인 4.6%로 하락했다.

물론 질 낮은 일자리를 양산했다는 비판에도 불구하고 실업률을

---

5 Howard, J. (2016. 3. 28.).

6 Keynes, J. M. (1930).

획기적으로 개선했다는 평가를 받는 독일의 하르츠 개혁 과정은 순탄하지만은 않았다. 2002년 하르츠 개혁을 실행에 옮기고 구조조정을 거치면서 실업률은 오히려 더 악화되어, 2005년에는 11.2%(청년실업률은 15.1%)까지 치솟았다. 청년실업률의 경우 2001년 수준인 8%대로 낮아지기까지는 거의 10년 가까운 인고(忍苦)의 시간이 걸렸음은 시사하는 바가 크다. 정책의 일관된 집행이 얼마나 중요한지를 잘 보여 주는 사례다.

한국과 독일 공히 심각한 사회문제인 청년실업률만 따로 비교해 보면, 하르츠 개혁 이전인 1997년에는 한국은 5.7%인 데 반해 독일은 10.2%였다. 그런데 2011년을 기점으로 양 국가의 청년 실업률은 역전되었다. 이후로도 독일은 지속적으로 낮아져 2019년 4.9%에 이른 반면 한국은 2019년 8.9%에 이어 2020년 10%를 상회하기에 이른다.

미국과 중국 그리고 일본도 예외는 아니다. 미국은 '스타트업 아메리카 이니셔티브' 그리고 중국은 '인터넷 플러스' 전략을 통해 스타트업을 적극 육성하고 이를 통해 양질의 일자리를 창출하고자 국가가 전면에 나서는 상황이다. 일본도 호봉제는 유지하지만 파견근무 형식의 비정규직을 허용하고 해고기준을 완화함으로써 청년고용 문제에 접근하고 있다. 전체적으로 국가 차원의 고용안전망 체계 정비와 자동화 대상 직군의 재교육을 통한 사회적 재배치 등을 주요 목표로 선진국들이 발 빠르게 움직이고 있음에 주목해야 한다.

4. 새로운 디지털 격차

초지능의 시대에 노동착취는 더 이상 뜨거운 감자가 아니다. 경제의 핵심세력으로부터 배제된 다수의 무관한 대중들이 존재할 뿐이다. 자신의 노동력을 정치권력으로 전환하여 영향력 확대를 끊임없이 시도했던 근로자들은 이제 더 이상 착취의 대상이 아니라 유발 하라리(Yuval Harari)가 강조하는 무관함의 대상으로 밀려나는 것이다.[7] 20세기 산업사회의 경제·사회적 모델들이 더 이상 설명력을 지니기도 어렵다. 생산과정에서 배제된 대다수의 근로자들은 그나마 남은 소비자의 역할에서도 인공지능이나 로봇과 경쟁해야 하는 운명에 처하게 된다.

그런데 이러한 상황은 어느 한 국가에만 국한되지 않는다. 글로벌 차원에서 이 문제의 심각성은 새로운 디지털 격차(digital divide)라는 문제와 직결된다. 글로벌화는 한 국가 국민들의 다른 국가의 시장에 대한 의존도를 극도로 높이기도 한다. 특히 자연자원이 없는 개발도상국들은 글로벌화를 통해 자신들의 값싼 노동력을 선진국에 제공하여 경제적 발전을 이루어 왔다. 그런데 인공지능과 로봇으로 인한 자동화 영역의 빠른 확장은 이런 값싼 비숙련 노동력에 대한 수요를 급격히 감소시킨다. 이로 인해 과거 동남아시아로 흘러왔던

---

7 Harari, Y. N. (2018). pp. 33~36.

노동력 대가 수익의 상당 부분은 극소수의 캘리포니아 IT 기업으로 빨려 들어간다.

흥미로운 사실은 인공지능과 로봇으로 인한 자동화에도 미국은 최저 실업률을 계속해서 갱신 중이라는 점이다. 2019년 4월 미국의 실업률은 3.6%로, 1969년 이래 가장 낮은 실업률을 기록하였다. 특히 2008년 글로벌 금융위기로 인해 2009년 10%까지 치솟았던 실업률이 지난 10년간 한 해도 빠짐없이 지속적으로 낮아지고 있다. 심지어는 한 경제에 모든 자원이 활용되는 상태에서의 실업률을 의미하는 '완전 실업률'에 근접했다는 평가까지 나오는 상황이다.[8]

실업률과 함께 경제상황을 보여 주는 주요 지표인 경제성장률 역시 심각한 금융위기를 겪은 2009년 -2.78%을 기록한 이후 지금까지 10년간 2% 안팎의 견조한 흐름을 보이고 있다. 이처럼 큰 경기변동 없이 만족스러운 수준의 성장이 장기간 이어지는 상황을 의미하는 골디락스(Goldilocks) 국면이 지속될 경우 향후 미국의 실업률은 현재와 같은 수준에서 안정되거나 더 낮아질 가능성도 있다.

미국의 실업률에서 눈여겨볼 부분은 최근 취업자 증가의 상당수가 55세 이상 연령층에서 발생하고 있다는 점이다. 2017년 기준으로 전체 취업자 중 55세 이상 인구가 23.1%로, 2000년 13.4%에서 크게 증가하였다. 최근 10년간 1946~1964년 사이에 태어난 베이비붐 세대가 노동시장에 계속 참여하면서 실업률을 낮추는 데 크게

8 김평식(2019.3.).

기여했다고 해석할 수 있다. 55세 이상 인구 비중은 2027년 23.7%로 정점을 기록할 것으로 보여, 향후에도 상당 기간 낮은 실업률이 지속될 가능성에 힘을 보태고 있다.

문제는 미국이 아니라 그 주변국들이다. 인공지능과 로봇으로 인한 자동화의 여파가 주변국으로 전이되면서 결국 약한 고리가 터져나가고 대량실업과 구조조정의 고통은 주변국들의 몫이 될 수밖에 없다.

특히 거대 IT 플랫폼 기업들의 독주가 본격화하면서 부의 집중은 더욱 가속되고 있다. 시가총액 기준으로 보면 애플, 마이크로소프트, 알파벳(구글)의 '빅 3'에 이어서 2015년 4분기 미국 10대 기업에 첫선을 보인 아마존과 2016년 1분기에 진입한 페이스북을 포함한 '빅 5' 기업들은 최근 3년 사이 4~5배의 성장을 이룬 반면, 6위 이하의 전통적인 금융·제조 기업들은 2배 이상의 성장도 힘든 상황이다. 시간이 지나면서 그 격차는 점점 더 벌어지고 있다.

5. 선제적 대응과 해법

앞으로 초지능 상황에서 닥쳐올 실업의 문제는 앞서 살펴본 우버와 같은 플랫폼으로 인해 발생되는 고용구조의 변화와는 그 규모나 범위에 있어 비교가 무의미할 정도로 파괴적일 것이다. 이에 대한 철저한 정책적 대비와 사회적 합의에 기초한 공동체적 해법 마련이 매우 엄중할 수밖에 없는 이유이다. 우선 인공지능 자동화로 인한 실업에 대한 해법으로 정부가 보장하는 최저 수입인 GMI(Guaranteed Minimum Income)를 통해 문제를 풀어 나가야 한다는 제안에 대한 진지한 검토가 있어야 할 것이다. 이로 인해 추가되는 비용은 무상복지 지원이나 실업수당 등을 제한하여 생기는 재원으로 충당할 수 있다는 논리이다.

예를 들어 캐나다의 시범사업인 '민컴'(Mincome)은 가난을 종식시킬 뿐만 아니라 이들의 병원비는 줄어들고 고등학교 졸업은 늘어나는 효과가 나타났다. 아프리카 나미비아에서 실시한 실험에서도 빈곤은 76%에서 37%로 줄고, 교육과 보건은 개선됐으며, 범죄율은 떨어졌다.

GMI 실행방식은 가계자산조사를 통해 최저수입 이하에게만 지원하는 방식과 모든 국민에게 지급하는 방식으로 나눠 볼 수 있다. 물론 모든 국민을 대상으로 하는 방식은 거의 모든 나라에서 정치적으로 수용될 가능성이 매우 낮아 보인다.

예를 들어 미국의 경우 국민당 1년에 1만 달러를 지불할 경우 미국 연방 전체 예산과 맞먹는 비용이 소요되며, 이는 결국 세금을 2배 이상 올려야 하는 문제로 연결될 수밖에 없다. 이에 대해 버락 오바마 전 대통령은 기술발전과 일자리 창출이 연계되던 지금까지와는 다른 상황이 전개될 수밖에 없음을 정확히 인식하고 이에 따른 해법으로 기본소득제도(Universal Basic Income; UBI)에 대한 사회적 논의의 중요성을 강조한 바 있다.

같은 맥락에서 빌 게이츠도 로봇세를 징수해서 기술혁신으로 인한 불평등 문제를 해결하는 데 적극 활용할 것을 강조한 바 있다.[9] 또는 로봇세와 같이 자동화로 인한 잉여 이익의 일부를 UBI에 연계하여 활용하는 방안도 적극 검토할 만하다.

인공지능과 로봇으로 인해 발생할 수 있는 대규모 고용구조 변화에 대한 실질적 해법 마련은 이제 모든 국가의 중요한 정책적 어젠다가 되었다. 그 방식이 무엇이든 간에, 아주 작은 금전적 지불이 보조적으로 이루어지는 전통적인 실업급여 지급방식으로 문제 해결이 불가함은 분명해 보인다. 대신에 GMI나 UBI와 같이 사회적 합의를 토대로 일정 부분의 기본소득을 보장하는 제도의 도입을 통해 고용안정성을 제고하고 재교육을 통해 사회경제적 재배치가 이루어진다면 로봇과 인공지능으로 인한 변화의 충격은 최소화될 뿐만 아니라 새로운 일자리 기회가 확장되는 선순환도 기대해 볼 수 있다.

---

9 Gates, B. (2017. 2. 17.).

규제개혁의 과제

12장

필자가 2013년 7월 4일 국회에서 "창조경제와 국회의 역할"이라는 제목의 강연을 마쳤을 때 20대 후반의 청년이 강단으로 다가와 자신의 창업에 대한 고민을 얘기하던 기억이 아직도 생생하다. 청년은 음식물쓰레기를 활용한 비료 생산이 경제적, 환경적인 측면에서 여러 가지 이점이 있다고 판단하여 창업했다고 한다. 문제는 우리나라의 관련법에 비료의 원재료로 음식물쓰레기를 사용할 수 있다는 근거조항이 없어 사업에 진척이 없다면서, 규제혁신이 없다면 새로운 기회는 불가능하다고 너무 안타까워했다.

이 책을 집필하며 관련 규정을 찾아보니 2019년 3월에야 '음식물류 폐기물'과 '음식물류 폐기물 처리잔재물' 등을 혼합유기질 비료의 원료로 사용할 수 있다는 내용의 규정 개정이 이루어졌음을 확인할 수 있었다. 이 간단한 규정의 개정, 즉 관련규정 〈표 5〉에 '음식물

쓰레기' 한 줄을 추가하는 데 무려 6년의 시간이 걸린 것이다.[1]

혁신적이고 가속화되는 기술발전에 의한 새로운 제품과 서비스의 등장이 글로벌 시장을 이끄는 주요한 원동력임은 새삼스레 강조할 필요조차 없는 시대를 맞고 있다. 이러한 시대에 국가의 미래 경쟁력을 평가하는 가장 중요한 척도는 '규제혁신'이라 하지 않을 수 없다. 한 정부가 정말로 국민을 위하고 국가의 미래를 위해 애쓰는 정부인지 아닌지는 그 정부의 핵심 어젠다로 규제혁신을 얼마나 중요하게 여기고 또 이를 위해 얼마나 가시적인 성과를 냈는지를 보면 쉽게 알 수 있다.

---

1 비료 공정규격설정 및 지정〔시행 2019. 4. 28.〕〔농촌진흥청 고시 제2019-10호, 2019. 3. 28., 일부개정〕

1. 경제적 규제 Vs. 사회적 규제

규제를 둘러싼 논쟁에는 '규제는 필요악(惡)인가?', '규제를 줄이는 것이 과연 절대선(善)인가?' 또는 '진흥과 규제의 양립 가능성은 불가능한가?'와 같은 질문들이 늘 등장한다. 이런 질문에 답하기 위해서는 과연 그 질문에 사용되는 규제가 어떤 의미를 가지고 있는가를 명확히 할 필요가 있다. 규제로 지칭되는 단어의 의미는 사용자의 의도에 따라 상반된 의미를 지닐 수 있기 때문이다.

일반적으로 규제는 '행위나 과정에 대한 통제'를 의미하는데, 여기서의 규제란 공동체의 가치 있는 행위들에 대해 공공기관에 의해 행해지는 지속적이고 집중적인 통제(sustained and focused control)를 의미한다.[2] 이러한 통제의 목표는 집합적이며, 공익목표를 달성하고 시장의 결함을 시정하고자 함이다.[3] 같은 맥락에서 정부규제는 정부가 바람직하다고 생각하는 국가·사회 경제질서 구현을 위하여 정부가 민간(국민과 기업)의 경제·사회 활동에 대하여 일정한 제약을 가하는 것으로 정의할 수 있다.[4] 이러한 규제는 다시 경제적 규제와 사회적 규제로 나눠 보아야 한다. 대부분의 규제를 둘러싼 오해와 불필요한 갈등은 경제적 규제와 사회적 규제를 구분하지 않

2 Selznick, P. (1985).
3 Ogus, A. (1994). pp. 1~2.
4 최병선(1992). pp. 18~24.

고 '정부규제'로 통칭함에서 기인하기 때문이다.

경제적 규제는 시장실패를 보완하기 위한 규제로, 시장의 결함 또는 시장실패가 존재하기 때문에 정부가 시장에 개입해야 한다는 것이다. 이를 통해 사회 내 자원이 보다 효율적으로 배분될 수 있다는 전제하에 규제가 이루어진다. 따라서 경제적 규제는 '정부가 민간영역의 개인 또는 기업의 경제적 행동을 바꾸기 위해서, 지키지 않을 때 처벌이 따르는 규칙을 강제하는 것'[5]으로 정의할 수 있다. 이러한 경제적 규제는 산업과 동시에 소비자 보호를 목적으로 하는데, 우선 산업 보호에는 주로 공급 탄력성이 낮은 산업에서의 과당경쟁 방지나 특성산업 육성 등이 해당된다. 소비자 보호는 기업의 독과점적 횡포 방지나 교차보조를 통한 서비스 공급 확대 등에 관한 규제로, 자연독점산업으로 간주되는 전력, 상·하수도, 가스, 철도, 전화통신 등의 공익 서비스산업에 대한 진입 규제, 가격 규제, 서비스 공급 의무화 또는 서비스 질 유지를 위한 규제 등이 이에 해당된다.

사회적 규제는 기업의 사회적 행동에 대한 정부규제를 의미한다. 이때 기업의 사회적 활동이란 기업의 본원적 활동이 아니라 기업을 경영하면서 발생할 수 있는 부수적 활동들로부터 야기되는 문제들을 말한다. 예를 들어, 환경오염이나 노동자의 보건 및 안전에 대한 위협, 또는 노동자의 차별대우 등에 대한 규제가 여기에 해당된다.

---

5 Canadian Encyclopedia. Definition of economic regulation. Retrieved from http://www.thecanadianencyclopedia.ca/en/article/economic-regulation/

이처럼 사회적 규제는 사회 구성원인 인간의 삶의 질 향상 또는 기본적 권리의 신장, 경제적 약자로서의 소비자 보호 등을 목적으로 기업의 사회적 책임을 강제하기 위한 규제로 해석된다. 따라서 사회적 규제는 사회적으로 바람직하다고 여겨지는 가치의 실현을 추구하기 때문에 규제의 범위, 강도, 방법 등에 대한 철학적, 이념적, 도덕적 논란이 수반될 가능성이 매우 높다.

이 외에도 행정적 규제는 '국가 또는 지방자치단체가 특정한 행정목적을 실현하기 위하여 국민의 권리를 제한하거나 의무를 부과하는 것으로서 법령 등 또는 조례 · 규칙에 규정되는 사항'을 말한다.[6] 행정규제의 시각에서 규제는 개인과 기업의 의사결정과 행위를 제약하는 행위이고, '바람직한 사회 및 경제적 질서' 또는 '공익'의 구현을 목적으로 한다.

규제개혁을 둘러싼 혼란과 갈등은 규제의 이론적 근거가 무엇인지, 어떤 가정과 전제 위에서 규제의 필요성이 제기되는지 또는 규제의 당위성이 있는지 등에 대한 고민 없이 '탈규제', '규제완화' 또는 '규제혁신'의 용어를 혼용함에서 상당 부분 기인한다. 환경 규제, 산업재해 규제, 소비자 안전 규제, 사회적 차별 규제와 같은 사회적 규제는 진입 규제, 가격 규제, 질적 규제, 양적 규제와 같은 경제적 규제와는 이론적 근거나 기본 전제 및 해법 면에서 완전히 다를 수밖에 없다.

---

6 〈행정규제기본법〉 제2조 제1항 제1호, 행정규제의 정의.

2. 못 끝낸 숙제, 인터넷 규제혁신

맥킨지는 인터넷 경제를 웹 서비스, 통신, SW 및 IT 서비스, HW 등 4가지 관련 산업으로 정의하면서, 인터넷 경제가 글로벌 경제 성장에 20% 공헌하고 있다고 진단한 바 있다. 인터넷은 그 자체가 '개방형 생태계'이며 혁신의 롤 모델이다. 글로벌 금융위기 속에서도 인터넷 분야의 성장은 경제 여러 분야에서 성장을 도왔다. ICT 제조업보다 경기변동에 안정적이며, 특히 고용창출에 대한 기여도도 매우 높다. 뿐만 아니라 무선 인터넷의 빠른 보급과 앱 기반 콘텐츠·서비스 분야의 빠른 성장은 글로벌 경제의 핵심 축이 되었다.

그런데 국내 상황은 그렇게 빠르게 변화하고 있지 않다. 로그인, 제품 선택, 그리고 결제하기라는 세 단계만 거치면 쇼핑이 완료되는 아마존이나 이베이 등에 비해 국내의 인터넷 상거래 구매절차는 여전히 매우 복잡해 보인다. 로그인, 제품 선택, 결제하기, 액티브X 설치, 할인쿠폰 다운로드, 카드종류·할부기간 선택, 개인정보 공유 동의, 신용카드 결제방식 선택, 신용카드 정보 입력 같은 매우 복잡한 과정을 여전히 거치고 있기 때문이다. 이러다 보니 내국인의 해외 쇼핑몰 이용 규모가 외국인의 국내 쇼핑몰 이용 규모 대비 5배나 크다. 게다가 이 규모는 더 커질 수밖에 없는 구조적 문제점이 더 심각하다. 주민등록번호 대신 도입하기로 한 아이핀은 여전히 대부분 국민들의 무관심 속에 표류하고 있으며, 제한적 본인확인제 위헌

결정 이후에도 여전히 이용자 개인정보를 중심으로 생년월일을 포함한 본인확인 등 이용방식 규제를 진행하는 사례가 빈번하다.

불균형 규제는 더욱 심각하다. 국내 기업만 준수하는 등 통일된 이행이 어려운 규제들이 있다. 그리고 과도한 사회적 규제 문제도 언급하지 않을 수 없다. 온라인게임 셧다운제, 청소년유해매체물 규제와 같이 청소년 보호 등의 공익을 목적으로 하는 사회적 규제가 너무 과도하여 인터넷 경제의 역동적 발전에 걸림돌이 되고 있다는 지적도 업계 간담회의 단골 화두다. 이러한 글로벌 기준 및 기술발전과 동떨어진 사회적 규제와 이에 따른 경제적 규제는 글로벌 경쟁이 가속화되는 인터넷 경제 생태계에서 기업 및 국가 경쟁력 약화를 초래하기 쉽다. 따라서 다음과 같이 몇 가지 최소 원칙하에 인터넷 규제혁신을 지속적으로 추진할 필요가 있다.

첫째, 필요최소 규제의 원칙이다. 인터넷이 구현하는 정보사회를 위험사회라는 시각에서 파악하고 기존 산업사회에 적용하던 규제를 그대로 인터넷 경제에 유추 적용하거나, 더 강화된 규제를 부과하고 있으므로, 인터넷 기반 창의성 증진을 위해서는 인터넷 경제에 대해서 규제목적을 달성하는 수단 중 최소한의 필요 규제만을 적용해야 한다는 것이다.

둘째, 시장 창출 규제의 원칙이다. 인터넷 경제에 대한 규제는 기본적으로 금지 규제보다는 민간의 자유로운 선택에 따른 행위를 가능하게 하는 규제가 되어야 한다. 국내 인터넷기업들이 규제로 인해 혁신적 창의성이 아닌 수동적인 '방어적 창의성'을 구현함에 따라 서비스가 내수화되고 아이디어가 제한되는 문제가 발생하므로 규제 효과가 검증되지 않은 규제체제는 전면적인 재검토가 필요하다.

셋째, 사후규제 및 민관 협업 자율규제의 원칙이다. 사전규제는 특정 불법행위가 사회 전체에 엄청난 폐해를 끼칠 때, 즉 사회적 비용이 사적 비용을 훨씬 능가할 때, 사후처리 난이도가 클 때 정당화될 수 있으나, 사전적인 사회적 규제로 한정된 자원을 과도하게 사용하면 그 과정에서 규제당국의 자의성이 개입되고, 결국 비효율적 규제집행이 될 수 있으므로 인터넷 경제주체인 정부, 기업, 소비자 공동협력을 통한 사후규제 및 자율규제로 인터넷 경제에 대한 규제를 수행해야 한다.

마지막으로, 국제적 조화의 원칙이다. 인터넷은 개방형 네트워크에 기반을 두고 있으므로 국제적 추이에서 벗어난 규제는 규제회피를 야기할 수 있다. 따라서 특정 인터넷 서비스에 대한 규제가 불가피한 경우에는 글로벌 현황을 고려하여 '최소규형'을 위한 법집행, 설득, 정책공조 등 어느 규제로도 글로벌 사업자를 강제할 수 없다면 국내 사업자도 규제하지 않아야 한다.

3. 빅데이터, 장벽에 부딪치다

초지능 물결에 이르는 길목에는 크고 작은 장애물들이 도사리고 있다. 어떤 문제는 기술적 혁신을 통해 해결할 것이며, 다른 문제는 법제도의 개선을 통해 풀어 나갈 수 있다. 그런데 가장 어려운 부분으로서 사회적 합의를 요구하는 거대한 장벽 같은 문제가 존재함도 부인할 수 없다. 개인정보와 관련된 빅데이터 활용이나 앞서 살펴본 고용구조의 근본적 변화에 따른 실업과 부의 불평등 심화 등이 이에 해당될 것이다.

개인정보 보호 개선과 직결된 빅데이터 활용은 산업계와 시민들의 이해관계가 얽혀 있어 쉽사리 풀리지 않는 고르디우스의 매듭과도 같은 난제이다. 초연결경제의 핵심이 빅데이터 활용이며 이를 통해 기업의 이익과 국민들의 편익이 증가한다는 논리는 늘 개인정보 침해에 대한 우려와 충돌하기 때문이다. 그리고 여러 차례 국내에서 발생한 대량의 고객정보와 신용카드 정보 유출 사례로 인해 그 우려가 현실로 나타난 바 있어 문제는 더욱 꼬여 있는 상황이다. 국민들은 제대로 보호받지 못한다고 느끼는 반면에 사업자들은 각종 의무조항과 처벌조항에 발이 꽁꽁 묶여 제대로 사업을 펼치기도 어려운 상황이다. 이 문제를 제대로 풀지 않고는 초연결경제를 통한 성장은 물론이고 초지능사회로의 진입 자체가 불가능하다는 위기감이 점점 커져만 가고 있다. 그리고 그러한 위기감은 초라한 성적표로 그대로 나타나고 있다. 스위스 국제경영개발대학원(IMD)이 조사한 국가 간 빅데이터 활용역량 비교결과를 보면, 2018년 기준 한국은 63개국 중 31위에 그쳤다. 전체적인 글로벌 경쟁력 순위인 28위보다도 낮다. 국내총생산(GDP) 기준 세계 11위인 경제 규모와 대비하여 빅데이터 활용 부문의 경쟁력이 얼마나 뒤처져 있는지를 실감케 한다.

문제의 본질을 세밀하게 들여다보기 위해서는 우리나라 개인정보 관련법을 우선 검토해 볼 필요가 있다. 개인정보의 처리 및 보호에 관한 사항을 정함으로써 개인의 자유와 권리를 보호하고, 나아가 개인의 존엄과 가치를 구현함을 목적으로 제정된 〈개인정보보호법〉 제2조 제1호에 보면 개인정보란 "살아 있는 개인에 관한 정보로서 성명, 주민등록번호 및 영상 등을 통해 개인을 알아볼 수 있는 정보(해당 정보만으로는 특정 개인을 알아볼 수 없더라도 다른 정보와 쉽게 결합하여 알아볼 수 있는 것을 포함한다)를 말한다"라고 정의되어 있다. 그리고 제2호에서 개인정보를 처리한다는 의미는 "개인정보의 수집, 생성, 연계, 연동, 기록, 저장, 보유, 가공, 편집, 검색, 출력, 정정(訂正), 복구, 이용, 제공, 공개, 파기(破棄), 그 밖에 이와 유사한 행위"라고 정의하였다.

문제는 위에서 보는 바와 같이 개인정보의 정의에 '개인을 알아볼 수 있는 정보'와 '다른 정보와 쉽게 결합하여 알아볼 수 있는 정보'를 모두 포함하여 개인정보의 범위가 지나치게 확장될 수 있다는 데 있다. 또한 '다른 정보와 쉽게 결합'이라는 부분은 그 의미가 모호할

뿐 아니라 과도하게 확대 해석될 여지가 크다는 점도 문제로 지적된다. 예를 들어 결합에 많은 시간과 비용이 들고 기술적으로도 매우 어려운 경우에 이를 '쉽게 결합'하는 것으로 해석할 수 있는지, 반대로 '어려운 결합'으로 인정할 경우에는 개인정보를 이용하는 것이 합법적인지가 매우 불명확하다는 것이다. 따라서 '다른 정보와 쉽게 결합하여'라는 단순한 정의 대신에, 결합 대상이 될 다른 정보의 입수 가능성이 있고, 비용이나 기술, 시간의 의미에 있어 결합 가능성도 높아야 하는 것으로 명확하게 재정리할 필요가 있는 것이다.

또한 개인정보를 개인을 알아볼 수 없도록 비식별 조치하는 경우, 그 법적 의미와 효과에 대한 해석도 불분명하다는 문제가 지속적으로 제기된 바 있다. 비식별 조치란 개인을 식별할 수 있는 요소 등이 일정한 규칙에 따라 구성되어 있는 정보의 집합체에서 개인 식별요소의 전부 또는 일부를 삭제해서 개인을 알아볼 수 없도록 처리함을 뜻한다. 즉, 적정하게 비식별 조치된 비식별 정보는 개인정보가 아닌 것으로 추정함을 원칙으로 하고, 이를 법적으로도 명확하게 할 필요가 있다는 것이다. 개인정보가 아닌 것으로 추정한다는 의미는 개인정보에 해당한다는 반증이 없는 한 개인정보가 아니며, 개인정보라는 반증이 나오는 경우 개인정보로 본다는 의미이다.

그런데 기술발전에 따라 비식별 정보가 다시 개인정보로 '재식별'될 가능성에도 대비해야 한다는 반론도 만만치 않다. 새로운 결합기술 및 결합 가능한 정보 출현으로 언제든지 개인정보로 재식별될 가능성이 존재하기 때문에 이에 대한 방지책이 필요하다는 것이다.

이에 대해 이미 우리나라는 상당한 제재수단을 마련해 놓은 상태이다. 비식별 정보를 재식별하여 이용하거나 제3자에게 제공한 경우 개인정보의 목적 외 이용·제공에 해당하기 때문에 5년 이하 징역 또는 5천만 원 이하 벌금형에 처해질 수 있다. 또한 비식별 정보가 재식별된 경우에도 파기하지 않고 보관하고 있는 경우, 정보주체의 동의 없는 개인정보 수입에 해당하여 5천만 원 이하의 과태료가 부과될 수 있다.

이러한 문제들에 대한 일차적 해법으로 방송통신위원회가 주축이 되어 관계부처 합동으로 마련한 '개인정보 비식별 조치 가이드라인'을 보면 개인정보의 범위에 대해 보다 명확한 정의를 마련하고, 비식별 조치에 대한 적정성 평가 절차를 마련했으며, 비식별 정보의 안전한 활용과 오남용 예방을 위한 사후관리 조치도 제시하였다.7

우선 앞서 지적한 개인정보의 무한정 확장 가능성을 제한하기 위해 무엇이 개인정보에 해당하는지를 분명히 했다. 즉, 살아 있는 자에 대한 정보여야 하며, 집단이 아닌 개인에 대한 정보여야 한다는 것이다. 반대로 개인을 알아보는 정보여야 하기 때문에 특정 개인을 알아보기 어려운 정보는 개인정보가 아님도 분명히 했다. 즉, '알아볼 수 있는'의 주체는 해당 정보를 처리하는 자(정보의 제공관계에서 있어서는 제공받는 자를 포함)이며, 정보를 처리하는 자의 입장에서 개인을 알아볼 수 없다면 그 정보는 개인정보에 해당되지 않는다는

7 방송통신위원회(2016. 6. 30).

것이다. 또한 논란이 됐던 '다른 정보와 쉽게 결합하여'에 대해서는 결합 대상이 될 다른 정보의 입수 가능성이 있어야 하고 또 다른 정보와의 결합 가능성이 높아야 함을 의미하는 것으로 보다 구체화했다. 예를 들어, 합법적으로 정보를 수입할 수 없거나 결합을 위해 불합리할 정도의 시간, 비용이 필요한 경우라면 '쉽게 결합'할 수 있는 상태라고 볼 수 없다는 것이다.

또한 개인을 식별할 수 있는 데이터를 보다 명확하게 정의하고, 비식별 조치의 구체적인 방법별 예시를 제시했다. 예를 들어, 비식별 조치 기법으로는 가명처리, 총계처리, 데이터 삭제, 데이터 범주화, 데이터 마스킹 등 여러 기법들을 단독 또는 복합적으로 처리토록 했다. 그리고 비식별화가 적정하게 되었는지는 외부 전문가가 참여하는 '비식별 조치 적정성 평가단'의 평가를 받도록 했으며, 적정하다고 평가된 경우에도 빅데이터 분석 등에 활용은 가능하지만 불특정 다수에게 공개하는 것은 금지토록 했다. 마지막으로 사후관리 방안에서는 재식별 가능성에 대한 지속적인 모니터링을 강조하고 재식별된 경우 정보처리 중단 및 파기 조치토록 했다.

이처럼 '개인정보 비식별 조치 가이드라인'은 개인정보 보호의 강력한 규제로부터 빅데이터 활용의 적절한 기회의 문을 열어 주고 관련 산업을 활성화할 수 있는 단초를 마련했다는 점에서 긍정적 평가를 받았지만, 법적 조치가 아닌 가이드라인이라는 한계로 인해 미봉책에 불과하다는 비판에 직면하게 된다. 실제로 이 가이드라인에 따라 서비스를 하던 한국인터넷진흥원과 한국정보화진흥원 같은 공공

기관과 이동통신 3사, 현대차, 삼성화재와 같은 기업들이 한 시민 단체에 의해 고발되는 상황도 발생한다.

글로벌 스탠더드 GDPR

글로벌 비즈니스 환경에서도 개인정보 보호와 관련된 논의는 결코 풀기 쉬운 문제는 아니다. 큰 축이라 할 수 있는 미국과 유럽연합의 시각에 상당한 거리감이 있기 때문이다. 개인정보 관련 규제를 최소화하는 입장인 미국에 비해 유럽은 데이터 보호지침(Data Protection Directive)을 통해 개인정보 보호가 인간의 기본권이라는 입장을 오랫동안 견지해 왔다. 특히 2018년 5월 25일 효력을 발생한 유럽 개인정보보호규정(General Data Protection Regulation; GDPR)은 정보 수집과 공유를 둘러싼 투명성과 신뢰를 더 강화하였으며,**8** 이 규정을 위반할 경우 전 세계 매출액의 4% 또는 2천만 유로 중 더 큰 금액의 과징금을 부과할 수 있도록 하였다. 또한 이 규정은 EU 국가 국민들의 개인정보를 처리하는 경우에는 사업장이 EU 밖에 있어도 적용토록 하고 있기에 전 세계 비즈니스에 큰 영향을 끼칠 것으로 보인다.

그러나 GDPR의 강화된 규정을 개인정보 보호의 강력한 규제 측

---

8 EU GDPR. *GDPR Key Changes*. Retrieved from https://www.eugdpr.org/key-changes.html

면으로만 이해해서는 안 된다. 오히려 GDPR의 명료해진 규정으로 인해 투명성과 예측 가능성이 높아져 혁신을 촉진하고 활용을 통한 가치 증진에 도움이 될 수 있다는 시각도 만만치 않다. 무엇보다 EU 자체가 디지털 경제에 있어서 개인정보가 성장을 촉발하고 지속케 한다는 입장을 견지하고 있기 때문이다. 개인 소비자들은 이 성장의 열매를 더 공정하게 나눠 가져야 함을 강조하며, 동시에 시장경쟁 활성화와 정보 보호를 담당하는 관계기관들도 디지털 경제 전반에 걸쳐 신뢰와 책임을 형성하는 핵심적 도전으로 이 문제를 인식해야 함을 강조한다.9

우리도 문제해결을 위해서는 법제도 정비는 물론이고 개인정보를 포함한 빅데이터에 대한 시각에 일정 부분 교정이 필요해 보인다. 우선 개인정보 보호의 중요성은 강조하지만 정작 실질적 보호가 제대로 이루어져 왔는지에 대한 반성이 필요하다. 강제규제 일변도로 강화되어 온 규제의 방향이 지금 상황에 과연 가장 적합한 것인지에 대한 재검토도 필요한 시점이다. 글로벌 경쟁 환경에서의 규제의 역차별 상황도 되짚어 봐야 한다. 무엇보다 빅데이터 규제와 관련하여 결국 우리나라만 고립되어 가는 갈라파고스의 고립과 낙오에 대한 우려도 심각하게 들여다봐야 할 것이다.

문제해결을 위해 혁신벤처업계와 과학기술단체가 2018년 1월 '데이터 족쇄풀기 서명운동'에 직접 나섰다. "하늘이 준 마지막 기회 4

9 European Data Protection Supervisor(2014. 3.).

차 산업혁명의 시한은 초고령화 진입시기인 2025년"으로 시작하는 서명운동 발기문에는 데이터 규제로 인해 전 세계 스타트업의 70%는 한국에서 불법이며, 드론이나 자율주행차, 핀테크 등 신산업은 이미 중국에 뒤처져 있고, 무엇보다 인공지능은 빅데이터 부족으로 굶주리고 있다는 업계의 절박한 목소리가 담겨 있다.

빅데이터 규제혁신의 방향성 모색

현행 〈개인정보보호법〉 개정을 통해 빅데이터의 산업적 활용성을 높이고자 하는 논의는 법조문의 모호함과 법조문이 적용되는 현상의 복잡성 그리고 관련 기술의 난해함으로 인해 난제 중에 난제로 인식되고 있어 해법 모색이 더 어려운 것이 사실이다. 그럼에도 난공불락과 같은 우리의 〈개인정보보호법〉 체계를 개선하려는 노력들을 몇 가지 흐름으로 정리해 보면 다음과 같다.

무엇보다 먼저 개인정보의 불명확한 개념을 명확하게 재정의함으로써 현행의 문제점들을 풀어 가려는 움직임들을 살펴볼 필요가 있다. 여기에는 개인정보 비식별 조치 또는 익명화 조치에 관한 방법을 개선함으로써 빅데이터의 산업적 활용성을 높이고자 하는 시도들이 포함된다. 예를 들어 GDPR의 경우, 개인정보를 비식별화하는 수단으로서 익명정보 및 가명정보의 개념을 도입하였다. 익명정보는 개인정보가 아닌 것으로 취급하여 개인정보 보호규범 적용에서 배제하는 대신 가명정보는 일정한 한도에서 활용하도록 허용하는 방식이다.

이러한 유럽의 해법과 달리 미국의 접근법, 즉 개인정보 침해 위험도에 따라 규제를 달리함으로써 빅데이터의 산업적 활용 가능성을 높이는 방법도 현 시점에서 우리가 취할 수 있는 매우 현실적인 대안이 될 수 있다. 예를 들어, 미국의 〈의료정보보호법〉(HIPAA)은 식별 가능성 내지 침해 위험성에 따라 개인정보를 분류하여 보호 및 규제의 정도에 차등을 두고, 식별 가능성 내지 침해 위험성이 합리적인 방법으로 낮아진 정보들은 산업적으로 활용할 수 있도록 허용한다. HIPAA를 좀더 구체화하는 법규명령인 "프라이버시 규칙"(HIPAA Privacy Rule)은 식별 가능성이 없거나 매우 약한 의료정보가 연구나 조사 목적에 매우 유용하다는 점을 인정하여, 규칙이 정하는 일정한 식별자들(identifier)을 제거한 2가지 유형의 의료정보, 즉 '비식별화된 의료정보'와 '제한적인 데이터 집합'을 설정하고, 전자에 대해서는 전면적인 규율면제(즉, 규율대상에서 제외)를, 후자에 대해서는 조건적인 규율면제를 인정한다.10

일본도 2015년 개인 식별이 불가능하도록 가공된 '익명가공정보'는 개인정보에 해당하지 않는 것으로 규정하고 이를 정보주체 본인의 동의 없이 제3자에게 제공할 수 있도록 〈개인정보보호법〉을 개정했다.

일본의 개정 〈개인정보보호법〉 제2조 제9항에서는 '익명가공정

10 이인호(2015).

보'에 대하여 "특정한 개인을 식별할 수 없도록 개인정보를 가공하여 얻어진 개인에 관한 정보로서 해당 개인정보를 복원할 수 없도록 한 것을 말한다"라고 정의한다. 또한 동법 제 36조 제 1항에서는 '익명 가공정보'를 작성하는 때에는 개인정보를 복원할 수 없도록 개인정보보호위원회 규칙에서 정한 기준에 따라서 개인정보를 가공하는 것을 의무로 규정하였다.[11]

이른바 '정당한 이익' 규정의 확대 도입도 법 개정 시 고려해야 할 주요 의제 중 하나이다. 정보주체의 실질적 자기정보 자기결정권은 보장하면서 동시에 정보 활용 기반을 합리적으로 제시할 대안으로 등장하는 것이 정당한 이익의 확대 방안이다.[12] 직접 마케팅과 빅데이터 분석을 통한 인공지능 기술의 활용 등을 위해 개인정보의 제 3자 제공 및 목적 외 이용・제공이 절실한 민간부문에서는 '정당한 이익'의 사유를 GDPR처럼 개인정보 처리 전반에서 가능한 것으로 확대하자는 의견이 나오고 있으며, 최근의 국내 〈개인정보보호법〉 개정과 관련해서도 이와 관련된 움직임들이 전개되고 있다.

그리고 이른바 '옵트아웃'(opt-out), 즉 사후배제 제도의 도입도 검토해 볼 필요가 있다. 완벽에 가까운 암호화 기술을 기반으로 더 이상 개인을 식별 또는 재식별할 위험성이 없는 상태의 '익명화된 정보'를 구현해 내고 이를 기반으로 하여 부분적으로 사후배제 제도를

---

11 차상욱(2016).

12 김현숙(2018).

도입할 수 있다는 방안이 바로 그것이다. 예를 들어, 미국의 HIPAA에서와 같이 고유식별정보나 이름, 휴대폰 번호 등 개인에 대한 직접 식별 가능성이 높은 정보나 민감정보들을 구체적으로 특정하여 이러한 개인정보의 처리에 대해서는 현재와 같은 '옵트인'(opt-in), 즉 사전동의 제도를 유지하는 반면, 그 외의 나머지 개인정보들은 모두 사후배제 제도로 변경할 것을 제안함으로써 개인정보 관리체계를 이원화하는 방향으로 법 개정을 검토해 볼 수 있다.[13]

드디어 출발선에 서다!

만시지탄(晩時之歎)이기는 하나 업계와 학계의 절박한 호소와 전방위적인 노력의 결과, 2020년 1월 일명 '데이터 3법'(〈개인정보보호법〉·〈신용정보법〉·〈정보통신망법〉)이 국회에서 통과된다. 이제 겨우 출발선에 제대로 설 수 있는 기반이 마련된 것이다. 총성 없는 글로벌 전쟁 속에서 끝도 없이 낙오하고 있다는 자포자기의 상황까지 몰려 얻은 귀중한 성과가 아닐 수 없다.

〈개인정보보호법〉 개정을 통해 정보주체를 알아볼 수 없게 비식별 처리한 개인정보를 의미하는 가명정보 개념을 도입하여 빅데이터 활용의 길을 열었다. 또한 〈신용정보법〉 개정을 통해 정보주체의 동의 없이 금융 및 통계 작성·연구 목적으로 활용이 가능하도록

13 최경진(2015).

했다. 그리고 〈정보통신망법〉 개정을 통해 산재해 있는 개인정보들을 〈개인정보보호법〉으로 이관하여 온라인상의 개인정보 관리를 일원화하도록 했다. 이러한 법 개정을 통해 이제 다양한 분야에서 빅데이터를 활용한 많은 기회의 창출이 가능해짐으로써 빅데이터 산업의 활성화는 물론이고 빅데이터 연관산업 활성화를 통한 엄청난 시너지 효과를 기대할 수 있다.

특히 빅데이터를 자양분 삼아 성장하는 인공지능 분야와의 연계를 통해 지금까지 갈급했던 새로운 성장동력에 대한 목마름도 어느 정도 해결할 수 있을 것으로 기대된다. 예를 들어, 빅데이터는 금융이나 의료 분야뿐만 아니라 전통적인 제조업이나 서비스 분야 전반에도 신 유전과 같은 무한한 에너지원이 되며, 이들 산업의 빅데이터 활용에는 인공지능과 클라우드산업이 인프라가 되어 전반적인 경제 활성화에도 상당한 기여를 할 것으로 전망된다.

문제는 이제부터다. '데이터 3법' 통과에 따라 타 산업과의 융합 과정에 걸림돌이 되는 여러 규제들을 효율적으로 혁파해 가는 노력들이 지속적으로 병행되어야 할 것이다. 규제개혁은 '× 0'의 법칙, 즉 연관된 여러 법·규정들이 함께 풀리지 않고 어느 하나라도 규제로 남아 있으면 결국 모든 노력이 수포로 돌아가는 속성이 있기 때문에 비즈니스의 관점에서 연관 규제들을 살펴보고 걸림돌을 제거하는 일관된 노력이 매우 중요하다. 타 산업과의 융합이나 지자체의 관리·감독이 개입될 경우에는 더욱 그러하다.

최종적으로는 국제적 기준에 부합하면서 동시에 실질적으로 소비자를 보호하는 사후 규제체제로 전환하는 방안에 이르기까지 관련 해법 마련에 흔들림 없는 노력을 경주해야 할 것이다.

4. ICT 융합 환경의 새로운 규제 프레임워크 필요

스마트 미디어 환경의 놀라운 진화와 ICT 융합이 모든 산업에서 전방위적으로 진행되는 상황에서 현행 규제영역 안에서 정의되지 않는 산업과 서비스들이 속속 등장하고 있다. 예를 들어, 미래 성장산업으로 각광받았던 디지털 사이니지(digital signage) 산업은 명확한 정의조차 부재한 상황에서 이미 오래된 규제인 〈옥외광고물 등 관리법〉, 〈방송법〉, 〈전기통신사업법〉, 〈건축법〉, 〈도로교통법〉 그리고 〈빛 공해 방지법〉 등 10여 개의 개별 규제를 적용받아야 했다. 당연히 2010년대 초반부터 이 시장에 조기 참여했던 여러 주체들은 수천억 원의 손실을 감수하면서도 결국 산업을 제대로 키워 내지 못하는 시장실패를 경험한 것이다.

이렇듯 새로운 형태의 융합산업은 현행 체계에서는 규제의 대상을 명확히 하기 어렵고, 관리감독 등 규제비용이 상승할 수밖에 없기 때문에 관련 규제는 산업의 조기 안착에 큰 걸림돌이 되기 쉽다. 이런 이유로 규제 선진국인 미국은 물론이고 후발주자인 중국에서조차 신산업에 대해서는 '선(先) 허용, 후(後) 규제' 원칙을 준용하고 있다.

그런데 우리의 현실은 어떠한가? 규제는 계속 늘어나고, 규제 강도는 강화되는 반면 경제적 규제의 품질은 저하되는 문제에 대한 지적이 그치지 않고 있다. 이런 문제를 제대로 해결하지 않고서는 현재 진행되는 4차 산업혁명은 물론이고 앞으로 당면하게 될 초지능 물결에서 우리는 결국 실패할 수밖에 없다. 그렇다면 우리는 지금까지 규제혁신을 위해 어떤 노력을 해왔는지를 살펴봄으로써 향후 방향성을 모색해 볼 필요가 있다.

무엇보다 등록규제 수가 지속적으로 증가하는 문제에는 특단의 대책이 필요해 보인다. 1998년 말 기준으로 1만 개 정도였던 등록규제 수가 2013년 중반에는 1만 5천 개를 넘어섰고, 특히 이명박 정부 시절에는 정부 출범 초기 1만 1천 개 수준에서 정부 말에는 1만 4천 개 수준으로 대폭 증가한다. 이러한 규제의 양적 증가 못지않게 종종 제기되는 문제는 규제의 질적 저하에 대한 우려이다. 19대 국회의 경우 출범 약 1년 만에 4,942건의 의원 발의 법률안이 발의되었는데, 의원 발의 법률안의 경우 의무적으로 거쳐야 하는 심사절차가 없다. 때문에 품질이 낮거나 이해관계자의 의견이 공정하게 반영되지 못하는 문제들이 지속적으로 제기되고 있다.

이러한 문제점들을 해결하기 위한 체계적인 노력들이 없었던 것은 아니다. 영국에서 성공적으로 수행되는 규제총량제 및 규제영향분석 제도를 국내 실정에 맞게 적용하기 위한 범정부적 노력들로 인해 규제개혁이 정부의 최우선과제가 되고 일부 긍정적인 결과를 나타내기도 한다. 문제는 그러한 노력이 일관성 있게 지속됨으로써 규제개선 효과가 현실화할 수 있다는 시장의 확신을 주는 수준에는 도달하지 못했다는 점이다.

우선 시행되었거나 시행 중에 있는 내용들을 정리하면 다음과 같다. 가장 근간이 되는 규제총량제는 새로운 규제를 신설할 경우 규제상한선에 맞춰 신설한 만큼의 기존 규제를 폐지하는 것을 의미한다. 박근혜 정부에서는 일입일퇴(一入一退) 원칙을 기본으로 규제 비용 총량의 개념을 결합함으로써 일정 수준의 규제 총량이 유지되도록 관리했다. 2004년에 도입한 '규제건수 기준' 총량제의 실패, 즉 큰 규제는 신설하고 작은 규제를 폐지하는 문제를 해결하기 위해 '건수'에 '총량' 개념을 통합한 '규제비용총량제'를 도입한 것이다. 규제 신설 시 상응하는 기존 규제 폐지는 물론이고, 비용 기준으로 기존 규제 폐지를 결정한다는 것이 주 내용이다.

규제비용 계산이 곤란한 규제에는 등급제를 적용하여 같은 등급끼리의 신설과 폐지만을 인정하는 방식으로 규제 방식을 개선한 것이다. 등급 분류를 보면, A등급은 진입허가, 가격제한 등 경쟁제한적 규제로, 방송시장 점유율 제한 등이 여기에 해당된다. B등급은 품질, 안전 등 기준설정 규제로, 영업 정지 및 과태료 부과 등의 예를 들 수 있다. C등급은 지도 및 감독 규제로, 폐업·휴업 신고 등이 해당된다.

또한 규제영향평가(Regulatory Impact Assessment; RIA)를 통해 규제를 도입하거나 수정할 때에 규제 실시에 따른 비용이나 편익과 같은 영향을 객관적으로 분석하고 공표함으로써 규제 제정과정의 객관성과 투명성을 향상시키고자 노력했다. 눈여겨볼 대목은 이러한 RIA를 의원 입법에도 의무적으로 적용하려고 노력한 점이다. 18대 국회에서 신설 강화된 법안 중 82.3%가 의원 입법이고, 이러한 구조적 문제가 불량 규제 내지는 규제의 질적 저하의 주요 원인으로 지목되었기 때문이다.

그리고 '규제입증제'를 통해 관계부처 스스로가 규제의 필요성과 수단의 정당성을 입증토록 한 점도 높이 평가할 만하다. 규제는 도입하는 목적이 정당하므로(또는 규제당국의 입장에서는 정당하다는 믿음 때문에) 어떤 수단이든지 정당화된다는 단순 논리로 인해 불량 규제가 계속 발생할 개연성이 매우 높다. 특히 여론의 압력이나 정치적 고려에 의해 부작용이나 사회적 비용에 대한 면밀한 검토 없이 불합리한 규제들이 졸속 도입됐고, 이런 규제들은 결국 규제의 성역(聖域)이 된다.

예를 들어, 부동산·고용·환경·산업안전·균형발전·보건의료·교육문화 같은 분야의 규제는 정치적 고려나 여론의 압박 속에 이른바 '정당한 목적'으로 도입되기 때문에 이를 개혁한다는 것은 그리 쉬운 문제가 아니다. 따라서 규제입증제는 입증 책임을 관료에게 다시 돌려준다는 데 그 의의가 있다. 즉, 현존하는 모든 규제를 대상으로 규제의 필요성과 수단의 적정성을 규제부서가 입증하지 못하면 그 규제는 폐지되도록 하는 장치를 말한다.

규제입증제와 함께 규제 품질관리 차원에서도 매우 중요한 장치가 바로 규제일몰제(規制日沒制)이다. 규제를 신설할 때 규제 상한선에 맞춰 기존의 규제를 폐지하는 제도인 규제총량제(規制總量制)와 함께 도입된 개념으로, 규제의 신설·강화와 존속기한을 연장할 때는 규제영향을 분석해 그 결과를 자체적으로 심사해야 하며, 필요성을 입증하지 못할 때는 원칙적으로 폐지함을 주 내용으로 한다. 규제일몰제는 규제 폐지라는 수단을 통해 규제기관이나 정책에 대한 사전적 통제를 개선한다는 점에서 그 의의를 찾을 수 있다. 또는 유럽 국가들이 이 제도를 이용하는 방식처럼, 법률이나 하위법령에 대한 한시입법이나 이들 법령에 대한 사후적 평가의 토대로 활용할 수도 있다.

이 외에도 '규제 민주화'라는 기치 아래 규제 대상자들이 규제 신설이나 개혁에 참여하게 하는 민관합동 규제개혁 노력도 함께 추진되어 왔다. 또한 '규제개혁의 전국화'를 통해 중앙정부보다 3.3배 많은 지자체 등록규제에 대한 개혁도 동시에 추진했다. 특히 여러 부처 또는 중앙정부와 지자체의 이해관계가 얽혀 있는 패키지 규제들을 발굴하고 특별 관리하는 체계적 접근은 매우 중요하다. 이렇게 패키지 형태로 묶여 있는 규제들은 덧셈이 아니라 곱셈 법칙을 따르기 때문에 중앙정부에서 규제를 푼다고 해도 일선 지자체가 기존 규제를 유지하는 한 규제혁신은 수포로 돌아가게 된다. 즉, 일부 규제를 풀었지만 결국 아무 효과도 없는 효과제로 상태가 되는 것이다. 우리 사회 전체의 사고체계와 일하는 방식의 대전환이 왜 중요한지를 잘 보여 주는 대목이다.

뿐만 아니라 법령이나 제도 개선 없이 풀 수 있는 규제도 적지 않다. 반대로 행정규칙에 숨은 규제 문제도 심각하다. 심지어는 담당 공무원도 모르는 규제, 일명 '서랍 속 규제'도 존재한다. 이러한 미등록 규제를 어떻게 관리할 것인가도 늘 고민해야 하는 숙제이다.

이처럼 규제혁신을 위해 많은 고민과 노력들이 전방위적으로 진행됐으며, 내용적인 측면에서도 체계적이고 구조화된 해법 모색이 이루어졌다. 그럼에도 전반적으로 후한 평가를 찾아보기 어려운 이유는 무엇일까? 규제혁신의 지속성, 일관성, 예측 가능성이 부재하기 때문에 노력에 비해 결과나 평가가 늘 부족해 보이는 것이다.

규제 품질 제고를 위해서는 규제의 품질을 높이는 선진 시스템 구축이 필요하며, 직접 규제보다는 간접 규제, 사전적 규제보다는 사후 규제로 전환하는 큰 틀의 구조적 노력이 더욱 절실해 보인다. 예를 들어, 기존 규제를 네거티브 규제 방식으로 전환하는 노력이 좋은 출발점이 될 수 있다.

5. 네거티브 규제 프레임워크를 지향하며

불필요한 규제는 푼다는 내용이 종종 언론에 소개된다. 그런데 정작 규제당국의 입장에서 불필요한 규제는 없다. 모든 규제는 필요한 목적을 달성하기 위해서 만들어졌다고 믿기 때문이다. 따라서 판단의 기준은 특정한 행정 목적이 과연 국민이나 기업의 권리 제한이나 의무 부과를 정당화할 수 있는가가 되어야 할 것이다. 즉, 규제는 필요 여부가 아닌 '목적 달성에 적합한가'로 평가할 필요가 있다. 앞서 살펴본 실효성 있는 '규제영향평가'를 통한 규제의 타당성 판단이 매우 중요한 이유가 바로 여기에 있다.

또 다른 쟁점은 경제적 규제는 풀고 사회적 규제는 강화해야 한다는 방향성을 둘러싼 것이다. 그런데 정작 규제의 영향은 매우 복합적이므로 엄격한 성격별 구분은 불가능해 보이는 경우가 많다. 즉, 사회적 규제도 경제활동과 연관됨에 따라 규제비용이 소요된다는 것이다. 결국 사회적 규제를 포함한 모든 규제에 '비용' 및 '편익' 분석이 필요하다.

이처럼 복잡해져 가는 규제환경 속에서 규제의 품질을 높이고 사후규제를 통해 규제개혁의 틀을 바꾸는 문제의 핵심은 네거티브 규제방식의 채택 여부와 깊이 연결되어 있다. 전통적인 규제설계는 '원칙 금지, 예외 허용'인 반면에 네거티브 규제는 '원칙 허용, 예외 금지' 방식을 말한다. 개별 규제에 있어서 규제의 의도, 목적에 따

〈표 12-1〉 입법 방식의 비교 (포지티브 Vs. 네거티브)

원칙금지 · 예외허용 (포지티브)	원칙허용 · 예외금지 (네거티브)
법 규정에 열거된 요건을 충족하는 경우 허용	꼭 필요한 것만 규제, 그 외에는 모두 허용
행정청에게 많은 재량행위 및 판단 여지 부여	행정의 재량영역을 투명화, 국민의 헌법상 자유권 최대한 보장
급변하는 시대상황에 적응하기 곤란	급변하는 현상 등에 유연하게 대응
사전규제에 초점, 사회적으로 문제가 생기지 않도록 최대한 규제	사회적으로 유해한 행위와 영업은 사후적 관리감독 및 통제를 강화하여 관리
" ~ 어느 하나에 해당되는 사업의 경우에만 할 수 있다." 예) 제 4조(기부금품의 모집 등록) "다음 각 호의 어느 하나에 해당되는 사업의 경우에만 할 수 있다."	"~에 해당되는 사업의 경우를 제외하고는 할 수 있다." 예) 제 4조(기부금품의 모집 등록) "다음 각 호의 어느 하나에 해당되는 경우를 제외하고는 할 수 있다."

라 포지티브 규제냐 네거티브 규제냐를 선택하게 되는데, 금지되는 행위 리스트가 법률 또는 하위규범에 명시적으로 열거되어 있다면, 해석이나 적용이 불명확한 경우에는 허용하는 것으로 해석하는 방식이 네거티브 방식이다.

네거티브 규제가 가능한 영역은 ① 불가피한 공익 목적이 아닌 경우, ② 규제대상의 개별적 특성상 네거티브 규제만으로도 공익 목적의 달성이 가능한 경우, ③ 행정청의 사후 감독을 통해서도 공익 목적 달성이 가능한 경우, ④ 국가적 육성 분야의 경우, 그리고 ⑤ 네거티브 방식이 피(被) 규제자의 재산상의 권리 및 영업의 자유를 보장하는 데 기여하는 경우 등을 들 수 있다.

이럴 경우 규제의 적용을 받는 수범자(受範者)의 측면에서 규제로 인한 예측 가능성과 법 안정성이 강화되고 규제비용이 절감될 가능성이 증가하게 된다. 따라서 시장경제의 측면에서 볼 때 네거티브 규제로의 전환으로 기업의 자율성과 영업의 자유를 보장해 줄 가능성은 높아지는 것이다.

그러나 광범위한 규제영역 중에서 네거티브 방식이 채용될 수 있는 영역은 주로 정부의 사전적 규제가 없더라도 일정 기간 내에 시장이 자정(自淨) 기능을 발휘될 수 있는 시장 및 그 관련 분야에서의 일정한 행위 영역이 될 것이며, 시장에서의 무차별적인 네거티브 방식의 입법은 시장실패에 대한 방임적 자세가 될 수 있음을 주의해야 한다.14 시장의 자율적 정화기능이 있다 하더라도 다음의 경우에는 사전규제가 설정되어야 한다는 것이다. 즉, ① 해당 기능을 발휘하는 데 어려움이 있거나, ② 장시간을 요할 경우, ③ 타 영역으로의 전염효과가 크게 나타날 경우, ④ 일정 행위 이후 수정을 통해 원상태로 복구가 불가능한 경우 등을 들 수 있다.

또한 형식적으로는 네거티브 방식을 취하고 있지만 실질적으로는 포지티브와 동일한 효과가 발생할 가능성에 대한 우려도 지적된다. 즉, 금지사항을 포괄적으로 또는 추상적으로 규정함으로써 결국에는 재량 및 판단 여지를 통해서 금지영역을 확대하게 되어 포지티브 방식과 동일한 효과가 발생될 수도 있다는 것이다. 이 외에도 중요한 규제 내용을 종종 하위법령에 위임함에 따라 나타나는 부작용도 충분히 고려해야 할 내용이다. 예를 들어, 〈자본시장 및 금융투자

14 최승필(2011).

업에 관한 법률〉의 경우, 본법에서는 네거티브 방식으로 규제를 하고 있으나, 시행령의 규율방식에 따라 실질적으로 포지티브 방식으로 회귀할 수 있다는 논란 역시 이러한 점에 대한 우려 때문이다. 네거티브 규제에 대한 명확한 규정을 두지 않고 이를 하위법령에 위임하는 경우, 하위법령의 기술방식에 따라 결과적으로 규제방식이 포지티브 방식으로 회귀할 가능성 또한 존재하는 것이다.

따라서 입법기술상 네거티브의 요건은 가급적 명확히 규정할 필요가 있다. 네거티브 규제체계로 전환할 경우, 규범의 의미내용으로부터 무엇이 금지되는 행위이고 무엇이 허용되는 행위인지를 규제 대상이 되는 수범자가 알 수 없다면 법적 안정성과 예측 가능성을 확보할 수 없고, 이는 법집행 당국에 의한 자의적 집행을 가능하게 할 것이기 때문에 경계해야 한다.

규제혁신을 위해서는 구조화되고 체계적이며 지속적인 노력이 경주되어야 한다. 무엇보다 신 사업, 신 서비스가 창출될 수 있도록 참여 제한 및 산업활성화 저해 요소에 대한 철저한 검토작업이 필요하다. 새로운 규제를 제정하기 위한 기준점으로서 글로벌 스탠더드를 객관적 근거로 활용하는 것도 매우 유효한 방법 중 하나일 수 있다. 즉, 해외에 없는 규제는 과감히 폐기하고, 더 나아가 단순히 해외 사례를 따라가기보다는 선도할 수 있는 분야들을 선정해서 글로벌 마켓을 선도하는 고강도 탈규제를 추진하는 것도 적극 권장할 일이다. 또한 무엇보다 규제혁신은 정부를 뛰어넘어 국가 차원에서 지속적으로 일관되게 추진해야 한다. 규제혁신의 특성상 '간 만큼 이득이 아니라 가다 말면 더 큰 손해'가 발생되기 십상이기 때문이다.

최근에 이와 관련하여 주목할 만한 사례가 있어 조금 구체적으로 살펴보고자 한다.

앞에서 살펴본 네거티브 규제의 기본 틀인 '원칙허용 · 예외금지'를 반영한 〈행정규제기본법〉 개정안이 2019년 7월 시행에 들어가면서 한국형 샌드박스의 본격적 가동이 가능하게 된 것이다. 〈행정규제기본법〉 제 5의2에는 다음과 같은 내용들이 포함되어 있다. '우선허용 · 사후규제 원칙'으로 명명된 이 조항은 국가나 지방자치단체가 신기술을 활용한 새로운 서비스 또는 제품(이하 '신기술 서비스 · 제품'이라 한다)과 관련된 규제를 법령 등이나 조례 · 규칙에 규정할 때에는 다음 각 호 중 어느 하나의 규정방식을 우선적으로 고려하도록 했다. 15

1. 규제로 인하여 제한되는 권리나 부과되는 의무는 한정적으로 열거하고 그 밖의 사항은 원칙적으로 허용하는 규정방식
2. 서비스와 제품의 인정 요건 · 개념 등을 장래의 신기술 발전에 따른 새로운 서비스와 제품도 포섭할 수 있도록 하는 규정방식
3. 서비스와 제품에 관한 분류기준을 장래의 신기술 발전에 따른 서비스와 제품도 포섭할 수 있도록 유연하게 정하는 규정방식
4. 그 밖에 신기술 서비스 · 제품과 관련하여 출시 전에 권리를 제한하

15 〈행정규제기본법〉 제 5조2 제 1항, 우선허용 · 사후규제 원칙.

거나 의무를 부과하지 아니하고 필요에 따라 출시 후에 권리를 제한하거나 의무를 부과하는 규정방식

이러한 신기술 기반 서비스나 제품에 대한 과감한 규제혁신 정책은 박근혜 정부 때인 2015년 〈규제 프리존 지정·운영에 관한 특별법〉(가칭)을 추진하면서 시작됐다. 이후 3년여의 논의와 공방을 거쳐 〈정보통신융합법〉과 〈산업융합촉진법〉(2019년 1월 시행), 〈규제자유특구법〉과 〈금융혁신지원특별법〉(2019년 4월 시행)을 마련하고, 이후 네거티브 규제를 가능하게 하는 〈행정규제기본법〉 개정안이 2019년 7월에 시행됨으로써 신산업 분야 규제의 원칙과 방향에 관한 기본법적 토대를 갖추게 된다.

그런데 이러한 법제도의 일차적 정비를 한국형 규제 샌드박스의 완성이라고 자화자찬하는 일부 분위기에 편승하여 규제혁신과 관련된 모든 문제가 해결된 것인 양 호도해서는 안 된다. 〈행정규제기본법〉 제5의2 제2항을 보면 "국가와 지방자치단체는 신기술 서비스·제품과 관련된 규제를 점검하여 해당 규제를 제1항에 따른 규정방식(우선허용·사후규제)으로 개선하는 방안을 강구하여야 한다"고 명시하였다. 실제 사업이 이루어지는 지방자치단체의 조례에 이르기까지 규제 정비의 길고 긴 여정이 아직도 남아 있다고 보는 것이 더 현실적일 것이다. 아무리 정부가 규제혁신의 의지를 가지고 있고 여러 중앙부처가 열심히 노력해서 가시적인 성과를 만들어 내도 모든 규제는 결국 지자체의 실무 담당인 말단 공무원의 책상에 펼쳐져

있는 지방조례에서 멈추게 된다는 이른바 규제의 '깔때기' 역설이 작용하기 때문이다. 규제혁신을 향한 현장의 절박함에 더욱 귀 기울일 때이다.

미래인재 양성과 평생교육의 방향 *

13장

1. 교육환경의 변화

우리가 직면한 기술혁신으로 인한 변화의 강도와 속도는 미증유의 위기감을 키워 감에도 불구하고 이에 대한 교육현장의 대응은 답답할 정도로 느리기만 하다. 그런데 더욱 근본적인 문제는 기술혁신이란 변수를 빼더라도 이미 교육현장은 변화 없이는 생존 자체가 불가능한 상황으로 치닫고 있다는 점이다. 무엇보다 저출산으로 인한 학령인구 감소는 교육 분야도 심각한 구조조정에서 예외일 수 없음을 보여 준다. 예를 들어 2023년이면 고교 졸업생 수가 40만 명으로 감소하고, 70% 수준의 대학진학률을 적용하면 대학 입학생 수는 28

* 현대원(2020).

만 명이 되는데, 이는 2015년의 56만 명에 비하면 반 토막 수준으로 떨어지는 것이다.[1] 2021학년도 대학진학률을 65%로 산정하면 대입 정원이 고졸 인원보다 10만 명 이상 웃도는 상황까지 발생한다.

이러한 양적 측면의 수요와 공급 역전현상 못지않게 중요한 변화는 교육 소비자의 선택권 증가에 따라 양질의 교육에 대한 요구 수준이 하루가 다르게 높아져 가고 있다는 점이다. 산업이 고도화되면서 새로운 직종들이 생겨나고 이에 대한 교육 필요성이 증가함도 한 주요 원인이며, 이러한 고급 기술과 지식을 가진 인적 자원에 대한 수요는 앞으로도 기하급수적으로 증가할 것으로 보인다.

이러한 변화에 발맞춰 IT 기술 기반 위에 양질의 교육 콘텐츠를 접목시킨 '대규모 공개 온라인 교육'(Massive Open Online Course; MOOC)이라는 새로운 도전이 시작된다. 하버드대와 매사추세츠공대가 설립한 비영리 MOOC 배급기관인 에덱스(edX)부터 본격적인 영리교육 서비스까지 제공하는 코세라(Coursera)에 이르기까지 세계적인 수준의 강의를 무료 또는 합리적 가격에 수강할 수 있는 혁신적 교육 시스템들이 전 세계 교육시장 지형을 크게 바꿔 놓고 있다. 에덱스에는 140개 대학에서 제공하는 2천 개의 무료강좌가 개설되어 있으며, 회원 수는 2천만 명에 이른다. 코세라는 미국 아이비리그 대학을 포함한 여러 명문대에서 컴퓨터공학이나 데이터 사이언스 등 가장 인기 있는 분야의 석사학위를 취득할 수 있는 프로

1 한국과학기술기획평가원(2015).

그램까지 운영 중이다. 190여 개의 파트너 대학들과 3,600여 개의 과목을 운영 중이며 4천만 명의 회원이 가입되어 있다. 세상에서 가장 큰 가상대학이 온라인에 둥지를 튼 셈이다.

이 외에도 실리콘밸리 대학을 자처하며 최고의 현장 전문가들이 직접 교육에 나서 첨단기술 실무 분야에 특화된 유대시티(Udacity)와 같은 교육업체들도 MOOC 시장 확대에 일역을 담당하고 있다. 그리고 초·중·고교 교육을 위한 비영리 교육기관인 칸 아카데미(Kahn Academy)는 수학, 화학, 물리학부터 컴퓨터공학, 금융, 역사, 예술까지 4천여 개의 동영상 강의를 제공하며, 이는 미국 내 2만여 개 학급에서 교육자료로 쓰인다.

우리나라 소프트웨어 교육정책의 현재

우리나라의 소프트웨어 교육은 산업이나 경제의 발전 속도에 견주어 볼 때 매우 늦은 감이 없지 않다. 2014년 9월에 발표한 2015 개정 교육과정에 초·중등 소프트웨어 교육을 강화하는 내용이 포함됨으로써 마침내 우리나라에서도 코딩 교육의 의무화가 이루어지게 된다. 초등학교에서는 실과 시간에 소프트웨어 기초교육을 17시간 이상 실시하며, 중학교에서는 선택교과인 정보 과목을 필수교과로 전환하여 34시간 이상 교육하고, 고등학교에서는 심화선택 과목인 정보 과목을 일반선택 과목으로 재배치하는 내용이 그것이다.

초등학교의 경우, 2017년 1~2학년군에 우선 적용한 소프트웨어 교육을 2018년 3~4학년군, 2019년 5~6학년군에 순차적으로 실시하였으며, 알고리즘, 프로그래밍 체험과 함께 정보윤리의식 함양 등을 교육목표로 한다. 한편 2018년부터 의무화가 시작된 중학교와 고등학교의 경우, 중학교 정보 교과는 컴퓨팅 사고 기반의 문제해결과 간단한 알고리즘과 프로그래밍 개발을 목표로 하며, 고등학교는 다양한 분야와 융합하여 적용되는 알고리즘이나 프로그램 설계를 목표로 교육과정이 진행된다.

이와 같이 소프트웨어 교육을 활성화하기 위한 기본 계획이 2016년 12월 확정・발표되었는데, 여기에는 소프트웨어 교육의 성공적 안착을 위한 인적・물적 인프라를 포함한 종합적인 기반을 마련하기 위한 다음과 같은 내용들이 포함되어 있다. 우선 소프트웨어 교육 필수화 기반 구축을 위해 2018년까지 초등학교 전체 교사의 30%인 6만 명과 중등 정보・컴퓨터 교사 전체를 대상으로 연수를 실시하여 교사의 역량강화에 주력한다. 또한 중학교 소프트웨어 교육 필수화에 필요한 정보・컴퓨터 교사를 2016년 50명, 2017년 84명 신규 채용하고, 2020년까지 복수전공 연수 등을 통해 500명 이상을 연차적으로 확보한다. 아울러 컴퓨터실과 PC 등의 물적 인프라를 확보하여 학생들이 양질의 환경에서 소프트웨어 교육을 받을 수 있도록 한다. 이와 연계하여 대학에서도 '소프트웨어 중심대학'을 선정하여 대학 소프트웨어 교육혁신 선도모델로 만들고 이를 통해 실무 중심으로 전공교육 과정을 개편하고, 비전공자의 소프트웨어 기초교육을 의무화하는 내용도 함께 추진하게 된다.

2. 코드가 지배하는 세상

미국의 시장가치 상위 5위 기업인 애플, 알파벳(구글), 아마존, 마이크로소프트, 페이스북의 공통점은 무엇일까? 소프트웨어 중심 기업들이라는 점이다. 이미 세상은 코드를 통제하는 기업 중심으로 재편되고 있는 것이다. 세계 주요국들이 창의적인 소프트웨어 교육의 중요성을 인식하고, 정규 교육과정을 활용해 컴퓨팅 사고력을 갖춘 인재 양성에 적극 나서는 이유이기도 하다. 미국은 2011년 교육과정 개정을 통해 고등학교 소프트웨어 교육에 수학·과학 교과와 동일한 시수를 적용토록 하는 변화를 시도했고, 영국도 2013년 교육과정 개정을 통해 초·중·고 모든 학령에서 소프트웨어 교육을 수학·과학과 같은 필수과목으로 지정했다. 특히 코딩 교육과 관련하여, 미국은 대통령이 직접 나서 새로운 변화의 시기를 성공적인 기회로 만들기 위한 '모두를 위한 컴퓨터 사이언스'(Computer Science for All) 정책을 통해 코딩 교육의 중요성을 강조하고 매년 40억 달러의 예산을 지원하는 등 국가 전체가 코딩 교육에 적극 나서면서 상당한 정책적 성과를 거두고 있다.

한편 일찍이 1992년부터 코딩 교육을 통한 국가 경쟁력 제고에 앞장선 나라가 있다. 바로 이스라엘이다. 1992년은 월드와이드웹과 웹브라우저의 등장으로 인터넷이 막 대중적 관심을 받기 시작한 해이다. 이스라엘은 이때부터 5단계(1단계 90시간) 소프트웨어 교육을 실시하고 있는데, 전체 학생의 50%가 3단계를 이수하고, 최상위 15%는 5단계인 사이버 보안 레벨까지 교육받는다. 이것이 '스타트업의 나라'를 표방하는 이스라엘 경쟁력의 근원이다. 이스라엘의 산업은 스타트업을 기반으로 발전하고 있으며, 실제로 수출의 절반을 스타트업이 담당한다. 그리고 이스라엘 경제 전체의 약 14%가 스타트업을 통해 창출된다. 고등학생 10만여 명 가운데 절반인 약 5만 명이 프로그램을 직접 제작할 수 있는 레벨까지 코딩 교육이 이루어지며, 컴퓨터 기초와 프로그램과 논리, 프로그램 제작 실습, 데이터 처리, 사이버 보안 등이 교육과정 중에 포함되어 있다.[2]

그런 이스라엘조차도 현재 소프트웨어 인력 공급부족이 국가 경쟁력을 위태롭게 하고 있다는 심각한 인식하에 네타냐후 총리가 전면에 나서 소프트웨어 인재 양성에 이스라엘 사회 전체가 더 적극적으로 나서야 함을 강조하고 이를 정책으로 연결시키는 총력전을 펼치고 있다. 그 구체적인 내용에는 재능 있는 고등학생들에게 대학 수준의 사이버 보안 관련 교육을 실시하는 마그쉬밈(Magshimim) 프로그램, 초등학교 4학년 학생들에게 코딩과 로봇을 가르치는 프로그램으로 현재 70개 학교에서 시행 중인 그바힘(Gvahim) 파일럿 프로그램 등이 포함되어 있다.[3]

이처럼 이스라엘의 소프트웨어 교육이 강력한 힘을 가지는 이유

---

2 현대원(2018).

3 Arieli, I. (2017. 4. 27.).

는 사회 전체가 그 중요성과 필요성을 조기에 인식하고 정부가 이를 강력하게 정책화하고 지원하는 민관 합동의 노력이 일관되고 지속적으로 이루어지고 있다는 점이다. 또한 토론식 교육인 하브루타(Havruta)를 통한 인성·창의·소통 교육이 소프트웨어 교육에도 적용되어 든든한 뿌리를 이루어 교육의 효율성 제고에 크게 기여하고 있음에도 주목해야 한다.

소프트웨어 교육의 또 다른 선도 사례로 에스토니아를 빼놓을 수 없다. 에스토니아는 유럽 동북부에 자리한 인구 130만의 작은 나라로 알래스카와 같은 위도에 위치한 지리적 특성 탓에 여름철을 제외하고는 날씨가 매우 추운 곳이다. 1991년 소련으로부터 독립 후 확립한 전자정부 시스템으로 유명하며, 전자투표 및 전자서명 관련 법률이 제정되어 이미 시행 중일 정도로 IT 분야에서는 매우 앞서 있는 나라이다. 소프트웨어 교육과 관련해서는 국가 교육과정에 프로그래밍이 포함되어 있고, 1인당 스타트업 수 기준으로 유럽 1위 국가이다. 인터넷 망을 통한 음성전화 서비스인 스카이프(Skype)와 한때 높은 인기를 누렸던 P2P 음악서비스 카자(Kazaa), 그리고 최근에 가장 주목받는 해외송금 서비스인 트랜스퍼와이즈(Transferwise)를 세계 시장에 선보인 IT 강국이기도 하다.

에스토니아도 이스라엘처럼 인터넷이란 개념조차 생소하던 1992년부터 이미 학교에서 코딩 교육을 시작했으며, 2012년에는 소프트웨어를 별도 교과목으로 선정하여, 학년별 맞춤형 커리큘럼을 도입했다. 이로 인해 모든 학교에서는 코딩과 모바일 앱, 3D 설계, 멀티미디어, 로보틱스 등 5개 분야에서 4개를 선택해 수업이 진행된다. 또한 2013년에는 IT교육재단(HITSA)를 설립하여 교사와 강사에게 IT 신기술을 소개한 뒤 이를 교육에 활용하는 방법을 시행 중이며, 매년 이 프로그램을 이수한 교사와 강사는 4천 명에 달한다.

뿐만 아니라 청소년에게 기업가 정신을 길러 주기 위해 13~19세를 대상으로 하는 엔트럼(Entrum) 프로그램이 운영 중에 있는데, 이는 교실에서 진행되는 단순 이론수업이 아니며, 상공회의소와 기업체를 연결한 실무 중심의 교육으로 진행된다. 또한 '24시간 캠프' 프로그램을 통해 말 그대로 24시간 동안 아이디어를 떠올리고, 이를 실제화하는 능력을 함양하고 있다. 캠프는 5~9명으로 팀을 재편성한 뒤, 24시간 동안 문제에 대한 아이디어와 해결책을 제시하는 방식으로 진행한다.

컴퓨팅 사고력이란 무엇인가?

컴퓨팅 사고력(computational thinking)이란 우리를 둘러싼 현상이나 문제를 데이터의 구조화와 분석을 통해 자동화된 알고리즘적 사고로 해결하는 전반적인 사고과정이며, 이를 폭넓은 분야의 문제해결에 적용하고 일반화함을 목표로 한다. 국제교육기술학회(The International Society for Technology in Education; ISTE)와 컴퓨터공학교사연합(The Computer Science Teachers Association; CSTA)이 공동으로 정의한 컴퓨팅 사고는 다음의 논리적 과정을 따른다.[4]

① 문제해결을 위해 컴퓨터나 다른 도구를 사용할 수 있도록 문제 만들기
② 논리적으로 데이터를 구조화하고 분석
③ 모델이나 시뮬레이션과 같은 추상화를 통해 데이터 표현
④ 일련의 순차적 단계를 밟아 나가는 알고리즘적 사고를 통해 문제해결의 자동화
⑤ 문제해결 단계와 필요 자원들의 가장 효율적이고 효과적인 조합을 이뤄 내기 위한 목표를 가지고 가능한 솔루션을 확인하고 분석하고 실행
⑥ 이러한 문제해결 과정을 폭넓은 분야의 문제들에 적용하고 일반화하기

그리고 이러한 컴퓨팅 사고 능력은 다음과 같은 여러 가지 성향과 태도들에 의해 지지·강화된다.

- 복잡한 문제를 다루는 자신감
- 어려운 문제를 풀어내려는 집요함
- 모호함에 대한 관용
- 개방형 문제를 다루는 능력
- 공통의 목표를 달성하기 위한 다른 사람과의 협업 및 소통 능력

---

4 ISTE & CSTA(2011).

미국의 컴퓨터 교육 표준

미국컴퓨터학회(Association for Computing Machinery; ACM)와 컴퓨터과학교사연합(CSTA) 등이 주축이 되어 개발한 '초중고 컴퓨터과학 교육표준'(CSTA K-12 Computer Science Standards)은 완벽한 컴퓨터 학습 커리큘럼과 이를 초중고 교육에 적용하기 위한 토대를 마련하기 위해 고안된 다음과 같은 핵심 학습목표들을 상세히 기술하였다.5

- 초등학교를 시작하는 모든 학생들에게 컴퓨터과학의 기본 개념들을 소개
- 컴퓨터과학, 수학, 또는 과학 졸업학점을 충족시킬 수 있는 방식으로 중학교 단계에 컴퓨터과학 과목 제공
- 컴퓨터과학에 대해 심화학습을 하거나 취업이나 대학진학을 준비하는 데 관심 있는 학생들을 위해 중등 수준의 컴퓨터 과목들을 추가로 개설하도록 학교들을 독려
- 모든 학생들, 특히 소외된 학생들을 위한 엄격한 컴퓨터 교육의 접근성 향상

이렇게 마련된 커리큘럼은 크게 3단계로 구성되며, 세부 단계까

5 Computer Science Teachers Association(2017).

지를 포함하면 총 5단계로 이루어져 있다. 1단계는 1A 단계(2학년, 만 5~7세), 1B 단계(3~5학년, 만 8~11세)로 이루어지고, 2단계는 6~8학년(만 11~14세)을 대상으로 한다. 3단계는 다시 3A 단계(9~10학년, 만 14~16세)와 3B 단계(11~12학년, 만 16~18세)로 나뉜다. 표준 커리큘럼은 기본적으로 모든 학생들에게 의무적으로 적용되지만, 마지막 단계인 3B 커리큘럼은 선택과목 형태로 고등학교에서 제공된다.

그리고 커리큘럼은 모든 단계에서 기본적으로 개념과 실습으로 구성된다. 개념은 ① 컴퓨팅 시스템, ② 네트워크와 인터넷, ③ 데이터와 분석, ④ 알고리즘과 프로그래밍, ⑤ 컴퓨팅의 영향력 등으로 구성된다.

개념과 연계된 실습은 ① 포괄적인 컴퓨팅 문화 조성, ② 컴퓨팅과 연계된 협업, ③ 컴퓨터를 사용한 문제 인지 및 정의, ④ 추상화 개발 및 사용, ⑤ 컴퓨터를 사용한 결과 도출, ⑥ 도출된 결과의 검증 및 정리, ⑦ 컴퓨팅에 대해 소통하기 등으로 구성되어 있다.

초중고 컴퓨터 교육 표준을 정립하고 실행하는 데에는 앞에서 언급한 ACM과 CSTA 외에도 민간 비영리단체인 Code.org의 역할이 큰 기여를 하고 있다. Code.org는 모든 학교에 있는 모든 학생들이 과학, 생물학, 화학처럼 컴퓨터과학을 배울 기회를 가지는 것을 목표로 하는 비영리단체로, 컴퓨터 교육과정을 설계하고 이에 필요한 관련 교재를 개발함은 물론이고 교사 훈련을 지원하고 관련 정책변화 운동에 적극 나서고 있다. 뿐만 아니라 100여 개가 넘는 글로벌 협력사들과 함께 자체 코딩 교육 프로그램인 '코딩의 시간'(Hour of Code)을 해외에 전파하는 운동도 전개하고 있다. 이 기관 홈페이지 이용자 트래픽의 40% 이상이 이미 미국이 아닌 해외에서 유입되고 있으며, 이 비율이 계속 높아져 가고 있음에도 주목할 필요가 있다. 현재 '코딩의 시간'은 180개국이 넘는 국가에서 45개 이상의 언어로 진행되는 글로벌 운동이 되었다. Code.org에서 마련한 교육과정을 좀더 자세히 들여다보면 다음과 같다.

초등학교(만 4~11세)

컴퓨터과학 기초과정(CS Fundamentals)은 프로그래밍 개념, 컴퓨팅 사고, 디지털 시민정신에 대해 알아보고 인터랙티브 게임이나 스토리 등을 개발하는 과목들로 구성된다.

중학교(만 10~16세)

중학교 과정은 과목 단위 또는 학기·년 단위로 교육이 이루어질 수 있도록 유연성을 강조하며, 크게 CS 디스커버리(CS Discoveries)와 기초 속성과정인 익스프레스(CS Fundamentals Express)로 구성된다. CS 디스커버리는 앞서 살펴본 CSTA 교육 표준과정에 일치하게 짜여 있으며, 앱 디자인이나 자바스크립트 프로그래밍, 피지컬 컴퓨팅 등이 포함된다. CS 기초 속성과정인 익스프레스는 초등학교 과정을 30시간으로 압축한 선택과정이다.

고등학교(만 14~18세)

고등학교 과정은 중학교와 같은 CS 디스커버리 과정과 그 심화과정에 해당하는 CS 프린시플(CS Principles)로 구성된다. 특히 CS 프린시플 과정에는 AP 과목들이 포함되어 운영된다.

3. 글로벌 인재 양성의 새로운 지향점

새로운 성장동력을 발굴하고 혁신적인 비즈니스 모델을 찾아내는 작업이 기업의 생존과 성패를 가늠하고 국가의 미래를 좌우하기 때문에 전문성과 인성을 겸비한 새로운 인재 확보 경쟁은 더욱 치열해져 갈 것이다. 우리의 경쟁국들은 이미 기술의 진화가 사회・경제 발전으로 이어지는 선순환의 첫 단추가 교육이라는 믿음을 과감하게 그리고 신속하게 실천으로 옮겨 가고 있다.

싱가포르의 경우, 교육비 지출 확대가 장기적으로 싱가포르 경제에 긍정적 영향을 가져올 것이라는 믿음으로 지속적으로 관련 예산을 늘려, 2005년 대비 2배에 이르는 예산 증가를 이루었으며, 국방예산이 이어 2번째로 큰 규모를 차지한다.[6] 이를 통해 정보통신기술, 데이터, 네트워크를 효과적으로 활용해 국민의 삶의 질을 향상시킨다는 '스마트 네이션'(Smart Nation) 정책에 부합하는 교육의 질적 제고, 교육 인프라 및 교과과정 개선을 이루겠다는 것이다.

그렇다면 미래의 주역인 우리 청소년들의 경쟁력은 어떻게 정의해야 할 것인가? 그들에게 필요한 역량은 무엇인가? 퓨리서치센터의 2017년 〈직업과 직업훈련의 미래〉 보고서에 따르면 이 조사에 응한 많은 전문가들은 미래의 근로자들이 창의성, 협업활동, 시스

---

6 Singapore Government (2017).

템적 사고, 복합 커뮤니케이션 수행능력, 다양한 환경하의 생존능력 등을 증진하고 개발해야 함을 강조하였다. 인공지능과 로봇의 발달로 인해 당연히 미래 근로자의 역할은 자동화되기 어려운 창의적 감성적 업무로 재편될 것이며, 이에 대한 경제적 · 사회적 가치는 지속적으로 상승할 것이기 때문이다. 대니얼 골먼 작가가 '사회적 · 감정적 지능'이라 명명한 내용들과 맥을 같이한다.[7]

시장이 필요로 하는 새로운 인재상은 비즈니스 전반에 확산되어 적용되는 애자일(Agile) 방식을 살펴보면 더 명료해 보인다. 그 근간이 되는 선언문 성격의 "애자일 매니페스토"(Agile Manifesto)의 주요 원칙들은 구성원 간의 상호작용, 고객과의 협업능력, 소통능력, 변화에 적극 대응하는 적응력, 그리고 자율적 조직화 능력 등이 매우 중요함을 강조한다.[8] 지식보다 인성이 더 미래지향적 가치이며, 삶에 대한 긍정적 태도와 소통 역량이 얼마나 소중한 경쟁력인지를 잘 살펴봐야 하는 대목이다.

그렇다면 무엇을 어떻게 해야 할 것인가? 교육의 새로운 비전과 목표는 무엇이 되어야 하는가? 우선 유연한 사고와 문제해결 능력을 배양하고, 비판적 사고능력과 창의력, 그리고 대인관계 능력을 잘 갖춰 나갈 수 있도록 새로운 교육이 이루어져야 한다.

예를 들어 토론교육의 결정판으로 불리는 이스라엘의 하브루타와

---

7 Rainie, L. & Anderson, J. (2017. 5. 3.).

8 The manifesto for agile software development(2001). Retrieved from http://agilemanifesto.org/principles.html

같은 학습방식이 학생들의 소통능력과 창의력, 더 나아가 자기주도적 문제해결 능력을 배양하는 데 도움이 될 수 있도록 적극 채택될 필요가 있다. 또한 MOOC나 칸 아카데미 방식의 온라인 교육 콘텐츠를 적극 활용해 학생들 스스로가 미리 예습을 하고, 이를 통해 토론과 체험 수업을 주도적으로 해나가는 거꾸로 학습(flipped learning) 등도 더욱 내실 있게 뿌리내릴 수 있도록 의미 있는 변화들이 시도되어야 할 것이다.

교육과정의 구체적 내용에서는 스템(STEM), 즉 과학(Science), 기술(Technology), 공학(Engineering), 수학(Mathmatics) 등의 과목에 대한 심화학습을 선택할 수 있도록 장려함은 이제 기본이다. 한국에서는 이 4과목에 예술(Art)을 포함하여 5과목으로 구성된 스팀(STEAM) 개념을 강조하지만, 교육적 내실을 기하는 측면에서는 미흡함이 큰 것이 현실이다. 그리고 앞서 애자일 메니페스토 원칙에서도 살펴본 바와 같이 인문사회적 소양을 강조하는 스맥(SMAC), 즉 사회성(Sociality), 유연한 사고(Mental Flexibility), 분석력(Analytics), 창의력(Creativity) 배양에도 심도 있는 교육과 학습이 이루어 질 수 있도록 많은 준비와 지원이 뒤따라야 할 것이다.

직업의 미래

세계경제포럼에서 발행한 〈2018 직업의 미래 보고서〉(*Future of Jobs Report 2018*)에서 클라우스 슈밥 회장은 기술발전이 정작 필요 인력의 부족, 대량 실직, 부의 불평등 심화와 같은 최악의 상황을 만들지 않기 위해서 산업계는 기존 직원들의 역량강화를 적극 지원해야 하고, 개인들은 평생 교육에 적극적으로 임해야 하며, 정부는 이러한 업계와 개인들의 노력들을 돕기 위한 환경 조성에 발 빠르게 나서야 함을 강조한다.[9]

또한 그는 현재까지의 재교육이나 역량강화 교육들이 주로 고급기술 또는 고가치 근로자들에게 국한되어 진행되었음을 지적하고, 이를 보다 광범위하게 확장하고 이러한 인적 자원에 대한 투자가 책임이 아니라 자산이라고 인식할 필요가 있다고 말한다. 신기술 채택이 비즈니스의 성장, 새로운 일자리 창출, 기존 일자리 강화 등을 견인하지만 이 모든 긍정적 변화들은 결국 미래가 필요로 하는 역량을 갖춘 인재들에 달려 있기 때문이다. 역으로 이런 인재들이 있어야 결국 신기술을 채택하고 비즈니스 성장을 이끌어 낼 수도 있다. 이렇게 신기술 채택과 재교육·역량강화 사이에 선순환의 사이클이 만들어지는 것이다.

보고서의 주요 내용을 정리하면 다음과 같다.

변화의 동력

어디에서나 이용 가능한 고속 모바일 인터넷, 인공지능, 빅데이터 분석의 광범위한 사용, 그리고 클라우드 기술 등 4가지 동력은 2018

9 World Economic Forum (2018).

년에서 2022년까지 신기술 확산에 따른 비즈니스 기회를 창출하는 경제성장의 동력으로 작동하면서 특히 국가경제 발전, 교육과 중산층의 확장(특히 개발도상국가들), 그리고 새로운 에너지 기술들을 통한 친환경 글로벌 경제로의 전환과 같은 사회경제적 트렌드와 궤를 같이할 것으로 보인다.

가속화되는 기술 채택

85%의 회사들이 이용자에 대한 빅데이터 분석을 더 적극적으로 활용할 것이라고 밝혔다. 또한 대다수 회사들이 사물인터넷이나 클라우드, 그리고 앱과 웹 기반 시장기술들을 적극 채택할 것이며, 머신러닝과 증강·가상현실 분야에도 상당한 투자가 이루어질 것이라고 답했다.

고용형태의 변화

거의 50%의 회사들은 자동화로 인해 자신들의 정규직 인력이 줄어들 것으로 전망한 반면 38%는 직원들이 역할 증대를 통해 새로운 생산성을 이끌어 낼 수 있다고 본다. 또한 인간과 기계의 업무시간에도 적지 않은 변화가 예상된다. 2018년에는 조사에 응답한 12개 산업분야에서 업무의 71%는 인간에 의해, 29%는 기계에 의해 이루어졌다면, 2022년에는 58% 대 42%로 그 격차가 많이 줄어들 것으로 본다. 그리고 2022년까지 수요가 증가할 것으로 주목되는 직종으로는 빅데이터 분석가와 과학자, 소프트웨어 개발자, 전자상거래와 소셜미디어 전문가 등이 있다. 또한 독창적으로 사람의 역량을 강조하는 분야에서도 수요가 증가할 것으로 예상되는데, 혁신 관리자, 고객서비스 종사자, 판매 및 마케팅 전문가, 인재훈련 전문가 등이 여기에 해당된다. 물론 기본적으로 최근에 급부상하는 기술들과 관련된 새로운 전문가들에 대한 수요가 급증할 것임은 분명해 보인다. 여기에는 인공지능·머신러닝 전문가, 빅데이터 전문가, 프로세스 자동화 전문가, 정보 시큐리티 분석가, UX/UI 디자이너, 로봇 엔지니어, 블록체인 전문가 등이 포함된다.

재교육 및 역량강화 훈련

2022년까지 최소 54%의 인력들에 대한 재교육 및 역량강화 교육이 필요할 전망이다. 이 중 35%는 6개월 이내의 교육이 필요하지만, 9%는 1년까지 그리고 나머지 10%는 1년 이상의 훈련이 필요할 것으로 응답됐다. 기술 디자인이나 프로그래밍에 대한 중요성이 높아져 가는 것이 사실이나 인간 기술, 즉 창의성, 독창성, 자기주도성, 비판적 사고력, 설득과 협상능력 등도 그 가치를 높게 평가받게 될 것이다. 또한 유연성, 복잡한 문제해결 능력, 정서지능, 리더십 등도 계속 주목받을 것이다.

미래의 유망 직업

글로벌 컨설팅 회사인 맥킨지의 미래 보고서는 2030년까지 4억에서 8억 명의 사람들이 자동화에 의해 대체될 것이라고 예측한다. 그렇다면 새롭게 생겨나는 일자리들은 어떤 모습일까? 인공지능이 인간의 지능을 뛰어넘는 시대에는 과연 어떤 직업들이 대세를 이룰 것인가? 무수히 쏟아져 나오는 예상들에 공통적으로 등장하는 일자리 중에서 대표적인 유형들을 뽑아 보면 다음과 같이 몇 가지로 정리해 볼 수 있다.

인공지능

우선 가장 주목받는 분야인 인공지능의 경우, 다양한 국가 언어를 분석하여 목적에 부합하는 문맥으로 번역해 주는 자연어 분석 전문가를 비롯하여 인공지능 최적화 엔지니어, 음성인식 소프트웨어 개발자, 양자 정보처리 분야에 기계학습을 도입하는 양자 기계학습 분석가, 헬스케어 데이터 기반의 유전적 성질 분석 솔루션을 개발하는 유전적 다양성 분석가, 딥러닝 기반의 이미지 인식 관련 응용 솔루션을 개발하는 이미지 분석 전문가, 그리고 인공지능 도입과 관련된 컨설팅을 제공하는 인공지능 컨설턴트 등이 포함된다.

AI 특화 프리랜서

인공지능과 관련해서 살펴볼 또 다른 직업군은 인공지능이 타 산업에 접목되면서 확장되는 영역들이다. 우선 인공지능에 특화된 프리랜서들을 양성하는 전문가들을 빼놓을 수 없다. 그리고 인공지능에 특화된 작가나 연주가, 그리고 예술가들도 등장할 것이다. 또는 기존 직업 중에서 인공지능에 특화된 전문가들도 등장하게 되는데, 예를 들어 인공지능에 특화된 회계사나 보안전문가 등이 우선 손꼽힌다. 기본적으로는 모든 업종에서 인공지능에 특화된 전문가들이 각광받을 것이라는 예상은 크게 틀림이 없을 것이다.

빅데이터

인공지능 못지않게 많은 양질의 일자리가 창출될 수 있는 영역이 바로 빅데이터 관련 산업이다. 우선 데이터 사이언티스트와 데이터 분석가 수요는 이미 시장에서 급증하고 있다. 데이터 사이언티스트는 수학이나 컴퓨터 프로그래밍, 통계와 같은 하드 스킬(hard skill)과 창의력과 분석력 그리고 소통능력이나 시각화 능력과 같은 소프트 스킬(soft skill) 능력을 고루 겸비하고 있으며, 빅데이터를 활용하여 새로운 비즈니스 가치를 창출하는 전문가를 말한다. 또한 데이터 분석가는 다양한 산업분야의 전문지식을 바탕으로 해당 산업에 특화된 분석을 수행하는 전문가들이다. 이 외에도 방대한 데이터 속에서 정보의 숨은 가치를 발굴하는 데이터 큐레이팅 전문가와 시스템 구축 및 운용 전문가인 데이터 엔지니어, 분석된 데이터를 알기 쉽게 표현하고 빅데이터의 유용성을 높이는 데이터 시각화 전문가, 데이터 중개 전문가인 데이터 브로커, 그리고 새로운 형태의 데이터를 찾아내고 권리를 확보하여 이를 이용자들에게 라이센싱하는 전문가인 데이터 거래사 등이 새롭게 창출되는 직업군에 포함될 것이다.

다양한 신직업군

대량실직 공포가 현실화하는 구조조정 속에서도 인공지능과 빅데이터 같은 신기술 기반의 새로운 일자리들은 준비된 인재들에 목말라 하는 상황이다. 블록체인이나 암호화폐, 클라우드, 증강·가상현실, 로봇, 드론, 정밀의료, 생명과학, 자율주행차, 양자컴퓨팅, 나노 테크놀로지 등의 새로운 엔진들은 수많은 신규 일자리들을 만들어 낼 것이다.

몇 가지만 예를 들어 보면, 우선 블록체인의 경우 블록체인 규제 전문가, 블록체인 엔지니어, 블록체인 디자이너, 블록체인 UX/UI 전문가, 블록체인 클라우드 매니저, 블록체인 시스템 분석가, 블록체인 상품 관리자, 블록체인 비즈니스 개발 전문가 등을 필요로 한다. 블록체인 기술에 기반한 암호화폐의 경우, 암호화폐 규제 전문가, 암호화폐 거래 전문가, 암호화폐 자산 관리사, 암호화폐 보험업자, 암호화폐 채굴업자, 암호화폐 교환거래 영업자, 암호화폐 분석 전문가 등 비트코인이 등장한 2008년 이전에는 상상하지도 못한 전문 직종들이 생겨나는 것이다.

그리고 이미 젊은 세대들에게 인기를 끌고 있는 가상·증강현실의 경우에도 가상의 3차원 공간을 재현하는 3D 모델러, UX/UI 디자이너, 공간 스캐닝 소프트웨어 개발자, 증강현실 앱 개발자, 콘텐츠 크리에이터, 콘텐츠 큐레이터 등에 대한 산업계의 수요가 꾸준히 늘고 있는 상황이다. 앞으로 본격적인 가상현실 대중화 시대로 진입할수록 관련 직종들과 인력들에 대한 수요는 폭발적으로 늘 가능성이 커 보인다.

로봇 분야도 빼놓을 수 없다. 로봇 관리사, 로봇 모니터링 전문가, 로봇 운영기술 개발자, 로봇 판매공급자, 로봇 프로그래머, 로봇 UX/UI 전문가, 로봇 윤리학자, 로봇 비즈니스 개발자 등 다양하다. 연관해서 하늘을 나는 로봇인 드론의 경우에도 드론 관제사, 교통흐름 최적화 전문가, 드론 관리 및 수리 전문가, 드론 항공보안 전문가, 드론 디자이너, 드론 프로그래머, 드론 판매업자 등 정말로 다양한 신규 일자리들이 필요해진다.

이 외에도 빠른 속도로 진화하는 신기술의 영향으로 현재 우리가 생각할 수 있는 범위를 넘어서는 다양한 종류의 새로운 일자리들이 만들어질 것이다. 물론 앞에서 구체적으로 언급한 일자리 중에는 인간의 지능을 뛰어넘는 인공지능에 의해 어느 시점에 대체되거나 아예 사라질 것도 분명 있을 것이다. 그럼에도 기술의 진화에 따라 기존의 일자리가 사라지는 시점에 그 기술에 기반한 새로운 직종이 탄생한 역사적 순환의 흐름은 인공지능의 시대에도 상당 기간 유지될 것으로 보인다.

4. 평생교육의 방향

블렌디드 러닝(blended learning)은 학습효과를 극대화하기 위해 칵테일처럼 온라인과 오프라인 교육, 그리고 다양한 학습방법을 혼합하는 교육을 말한다. 예를 들어 집합 교육을 중심으로 온라인 교육을 보완하거나 자율학습 방식에 온라인 협동학습을 접목하는 방식, 다양한 온라인 학습전략을 오프라인으로 보조하는 방식 등 각 교육주체마다 다양한 전략이 가능하다. 학습효과 극대화, 학습기회 확대, 교육 시간 및 비용의 최적화 등이 가능하다.

여기에는 나노 학위(nano degree)라 불리는 직업 또는 기술교육에 초점을 맞춰 온라인으로 운영되는 전문과정들과의 융합도 포함된다. 나노 학위들은 각각의 과목이 하나의 전공학위처럼 직무현장에서 요구되는 실질적인 교육을 목표로 설계된 12개월 미만의 과정으로, 특히 IT 분야에 특화된 과목들이 주를 이룬다. 프로그래밍, 웹 또는 앱 개발, 데이터 분석 등이 여기에 해당된다.

블렌디드 러닝의 또 다른 축은 경험교육이 될 수 있다. '경력인증 학위전환 제도'(Recognition of Prior Learning; RPL)를 공인 학점인정 제도와 연계하여 운용하는 방안이 여기에 해당된다. RPL은 정규 교육과정의 교육결과나 역량과 대비하여 교실 밖에서 획득한 기술이나 지식의 역량을 평가하는 과정을 통칭한다. 그 평가 결과를 근거로 학위에 필요한 학점을 인정하며, 현재 캐나다와 호주 등지에서 시행 중이다. 이와 비슷한 제도로는 영국에서 시행 중인 APL(Accreditation of Prior Learning), CCC(Crediting Current Competence), 그리고 APEL(Accrediting Prior Experiential Learning) 등이 있다.[10]

평생교육은 교육환경 변화와 맞물려 새로운 혁신과 도전에 직면할 것이다. 첫째, 학위는 필요에 의해 다양한 경로와 형태로 취득 가능하게 될 것이다. '자기설계형 전공'이나 '학제 간 융합전공' 등을 통해 피교육자가 관심 있는 주제나 분야에 맞는 맞춤형 전공이나 학위가 보다 보편화될 것이다.

예를 들어 건축학에 관심 있는 학생이 인류학, 역사, 예술사, 물리학 등과의 학제 간 융합을 통해 자신만의 전공을 설계하고, 이를 통해 자신의 역량을 높이고 차별적 경쟁력을 만들어 간다. 이러한 자기설계형 전공이 특정 학교 내에서만 한정되어 허용될 필요는 없다. 학교 간에도 수평적 의미의 자기설계형 전공이나 학위가 가능해야 한다. 예를 들어 서울 신촌에 있는 연세대, 서강대, 이화여대는 대학원 프로그램 간 상호 학점 인정을 통해 상대 학교에서 개설한 다양한 과목을 수강할 수 있고, 당연히 이를 졸업학점으로 인정해 준다. 이러한 제도는 대구가톨릭대와 같은 일부 지방 대학으로도 확장되어 시행 중이다.

또한 MOOC 과목들을 적극 활용함으로써 자기설계형 전공이나 자기설계형 학위 제도를 보다 유연하게 교육의 소비자인 학생 중심

10 Bartram, D. (2005. 11.).

으로 전환하여 운영할 필요가 있다. MOOC 강좌에 대한 학점 인정이 기존 학교의 재정이나 평판에 부정적 영향을 줄 수 있다는 염려에도 불구하고 현재 더 많은 대학들이 자신들의 물리적 기반의 한계를 뛰어넘는 방법으로 참여를 늘리고 있다. 특히 국가나 지자체와 같은 행정당국 입장에서는 양질의 교육에 대한 학생들의 교육권을 보장함과 동시에 교육재정의 효율성도 제고할 수 있다는 점에서 MOOC 활성화에 대한 관심과 기대는 지속적으로 이어질 것이다.

둘째, 교실 밖 현장교육이 강조되며, 실무역량이 더욱 존중되는 방향으로 교육제도의 혁신이 이어질 것이다. 우선 책상 위 교육보다는 교실 밖 교육이 더욱 강력한 영향력을 지니게 됨에 따라 산학협력이 기반이 되는 캡스톤 디자인(Capstone Design) 과목이나 현장실습 학점제도 활성화에 대한 압력이 더 거세질 것이다. 캡스톤 디자인은 산업현장의 수요에 부합하는 인재를 양성하기 위한 실무형 융복합 인재양성 프로그램으로, 산업현장이 필요로 하는 문제나 주제에 대해 학생들 스스로 설계, 기획, 제작하여 수행하는 실무 중심 교육을 말한다. 뿐만 아니라 몇몇 국가들에 의해 시행되어 왔던 경력인증 기반의 학점 또는 학위 인정제도가 보다 광범위하게 확산될 것이다. 앞서 살펴본 RPL이나 그와 유사한 다양한 경력인증 학위전환 프로그램들이 정규 교육과정에 접목되어 다양한 실무 중심 학위 제도들을 새롭게 만들어 내면서 미래 산업의 진화 방향과 궤를 같이할 것으로 보인다. 여기에 교육과 실무의 거리를 더 좁혀 주는 나노 학위 형태의 자격증이나 교육과정 이수증명 등이 정규교육의 학점 및 학위와 동등한 것으로 인정되어 감에 따라 새로운 실무중심 교육이 미래의 교육시장을 주도할 가능성이 커 보인다.

셋째, 노동시장이 요구하는 기술과 일의 본질이 끊임없이 변화함에 따라 근로자들도 스스로의 역량을 지속적으로 혁신해 나가는 평생교육에 주력할 것이며, 이 문제는 사회적인 핵심 어젠다이자 동시에 국가의 핵심 과제가 될 것이다. 학위의 프리미엄이 사라지고 역량이 중심이 되는 새로운 인재평가 시스템은 반복적이고 강도 높은 재교육이나 역량강화 교육을 요구할 것이다. 따라서 근로자의 뛰어난 학습역량은 자신의 경쟁력의 든든한 기초가 될 뿐만 아니라, 더 나아가서 회사 그리고 그가 속한 사회나 국가의 경쟁력이 되는 것이다. 즉, 미래의 근로자는 (자신의 업무역량을 높이기 위해) 끊임없이 학습하는 사람으로 새롭게 정의될 것이다. 인공지능과 빅데이터, 로봇 등에 의해 추동되는 급격한 변화와 발전에 발맞추어 회사들은 자신들이 직접 감당할 수 있는 업무와 아웃소싱이 더 효율적인 업무 영역을 분리하여 이원적으로 대처할 것이며, 이 과정에서 근로자들의 역량강화는 회사의 사활이 달린 도전과제가 될 것이다.

그런데 이러한 근로자의 역량강화를 위한 평생교육의 문제는 국가의 교육제도 문제로 보기에는 그 영향력의 범위와 규모가 너무나 막강하다. 오히려 고용(실업) 문제와 직결되고 경제성장에 근간이 된다는 측면에서 이 문제는 경제정책의 핵심이라고 해도 과언이 아니다. 국가나 지자체의 미래 청사진에 평생교육은 교육정책이자 동시에 가장 중요한 경제정책으로 자리매김할 것이다.

5. 교육만이 살 길이다.

4차 산업혁명으로 촉발되는 파괴적이고 단절적인 기술혁신들이 가져올 미래는 과연 어떤 모습일까? 이미 가시화되고 있는 대규모 실업과 구조조정은 우리가 겪어 내야 하는 여러 현상 중 한 단면임에 분명해 보인다. 그런데 '기술혁신으로 인한 실업'을 강조했던 케인스(Keynes, 1930)도 이러한 부조화 현상은 일시적이며, 긴 흐름으로 보면 결국 인류는 이러한 경제적 문제를 해결할 것이고, 삶의 기준은 더 높아져 갈 것이며, 더 나은 발전을 지속해 갈 것이라고 예견한다.[11] 문제는 케인스가 바라본 긍정적 결말을 믿고 기다려 보기에 우리의 현실은 너무나 불안하고 불확실로 가득 차 있다는 것이다.

그러나 우리는 이미 1968년에 제정된 〈국민교육헌장〉을 통해 우리 교육이 갈 바를 정확히 밝힌 바 있다. 50년이 지난 현 시점에서 다시 되새기고 우리의 혼란한 교육현실을 바로잡는 이정표로 삼을 필요가 있다.

〈국민교육헌장〉에서 강조하는 ① 창조의 힘과 개척의 정신, ② 명랑하고 따뜻한 협동 정신, 그리고 ③ 참여하고 봉사하는 국민 정신 등 3가지 정신적 역량은 초지능사회가 필요로 하는 이상적인 인재상이 갖추어야 할 최고의 경쟁력에 부합한다. 또한 "타고난 저마

11 Keynes, J. M. (1930).

다의 소질을 개발"하고 "능률과 실질을 숭상"하는 교육이야말로 학력이 아닌 역량 중심의 변화를 정확히 짚어 준다. 그리고 무엇보다 창조에 대한 강조는 인상적이다. 창조의 힘을 기르고 창의와 협력을 통해 나라를 발전시켜 새 역사를 창조해야 함을 강조함은 지금의 대한민국에 대한 외침과도 같다.

과거 아무것도 없는 전쟁의 잿더미에서 한강의 기적을 이뤄 낸 것도 뜨거운 교육열이 만들어 낸 인적 자원의 우수성이었고, 앞으로 다가올 험난한 미래에도 결국 우수한 인재들이 그 어려움을 뚫어 낼 것이라는 사실만은 분명해 보인다.

새로운 희망: 콘텐츠가 답이다! 14장

1. 콘텐츠산업의 특성과 경쟁력

콘텐츠산업은 고용창출 효과가 뛰어난 고부가가치 산업이며, 사람의 경험과 아이디어 등이 집대성된 무형 자산이기 때문에 진입장벽이 비교적 높은 특성을 지닌다. 뿐만 아니라 이로 인한 전방위적 파급효과, 즉 관광이나 문화산업 전반으로 그 영향력이 확대되는 특성으로 인해 경제적 효과가 막대하다는 장점이 있다. 예를 들어 3D 영상의 신세계를 열었다는 평가를 받는 영화 〈아바타〉의 경우 제작비(2억 3천만 달러)의 80% 이상을 컴퓨터 그래픽(CG)에 투여하여 누적 매출액 약 28억 달러를 기록했다. 이 CG 분야가 양질의 일자리 창출에 기여하는 대표적인 고부가가치 영역임은 새삼 강조할 필요도 없다. 참고로 2014년 기준 〈아바타〉의 누적 매출액 28억 달러는 우리나라의 자동차 수출 기준으로 보면 소나타 17만 5천 대에 달하며, 2014년 전체 수출액의 5.7%에 해당한다.[1]

이처럼 블록버스터 영화 한 편이 가져오는 경제적 파급력을 '프로도(Frodo) 경제효과'라고 부른다. 영화 〈반지의 제왕〉의 주인공에게서 따온 이름으로, 〈반지의 제왕〉을 통해 뉴질랜드는 국가 이미지 제고 4,800만 달러, 고용 2만 명, 그리고 관광산업 성장(38억 달러) 등 막대한 부가가치를 창출했다고 한다.

우리에게도 한류로 인한 파급효과가 콘텐츠의 수출뿐만 아니라 경제 전반에 긍정적으로 작용한 비슷한 경험이 있다. 한류가 확산되고 있는 중동과 중남미, 중앙아시아 국가에 대한 한국산 소비재 수출이 2005년 이후 급증한 것이다. 흥미로운 사실은 한류 국가로 분류되는 이란과 이라크에 대한 소비재 수출이 급증할 때에도 같은 중동 지역에 위치한 비(非)한류 국가인 아랍에미리트는 수출 증가가 미미했다는 점이다. 중남미에서도 한류 국가인 페루에 대한 소비재 수출이 급증한 반면, 비한류 국가인 베네수엘라와 과테말라 등에 대한 수출은 오히려 감소한 사례가 있다.

이처럼 영화나 드라마와 같은 콘텐츠가 나라를 먹여 살릴 수도 있는 시대에 우리는 살고 있다. 이러한 고부가가치 산업이자 노동집약적 산업인 CG산업 육성을 위해 영국이나 캐나다와 같은 선진국들도 적극적인 지원정책을 통해 관련 산업 육성에 전면적으로 나서고 있

1 한국콘텐츠진흥원(2015).

다. 영국은 제작비 규모에 따라 법인세를 17~22% 감면해 주며, 캐나다도 관련 전문직 인건비의 15~30%를 환급하는 세금감면 정책을 시행하고 있다. 또한 뉴질랜드는 CG 제작 시 제작비 15%를 현금 지원한다.

우리나라 콘텐츠의 글로벌 영향력을 의미하기도 하는 '한류' 또는 그 이후의 '신한류'로 명명되는 문화적 열풍은 강력한 파급력을 가진 글로벌 플랫폼을 통해 우리나라의 음원 및 영상물들이 전 세계 이용자들에게 소개되고 이들에 의해 다시 자발적으로 공유되고 널리 퍼진 결과이다. 끼와 열정, 그리고 창의력으로 무장한 콘텐츠의 생산자들과 이용자들이 모인 팬덤이 자발적으로 만들어 낸 성과임에 분명하다.

이제 우리에게는 새로운 기회의 문이 열리고 있다. 다음에 살펴볼 OTT 패러다임의 시대는 우리나라의 경쟁력 있는 콘텐츠를 강력히 원하기 때문이다. 거대한 항공모함 군단과 같은 글로벌 OTT에 잘 올라탄다면 우리의 콘텐츠 비즈니스는 반도체나 자동차를 능가하는 국가 성장동력으로 거듭날 수 있다.

이러한 새로운 기회의 문 앞에서, 과거 〈겨울연가〉 등으로 대표된 1차 한류나 K-팝 등으로 대표된 2차 한류에서 놓쳐 버린 기회들이 무엇인지를 냉철하게 돌아보아야 한다. 콘텐츠산업이 경제성장을 이끄는 새로운 성장동력으로 작동할 수 있다는 인식도 믿음도 없었다는 반성이 필요하다. 경제정책과 자원분배는 하드웨어 중심이었고, 콘텐츠를 포함한 소프트웨어가 설 자리는 늘 뒷전이었고 때론 구색 맞추기였음도 솔직하게 인정할 때이다. 불필요한 법제도화와 선부른 정책들은 콘텐츠산업 성장에 오히려 걸림돌이었음을 인정하고 이러한 제도적 실패를 되풀이하지 않기 위한 장치 마련에도 지혜를 모아야 한다.

정부는 '보이지 않는 손'의 역할에 더 주력해야 한다. 문화는 국가와 민족의 자존심과 자긍심의 영역이며, 전통과 역사와 궤를 같이하는 핵심 가치들의 집합체이기 때문이다. 특정 문화의 영향력 확대는 당연히 다른 문화를 긴장하게 하며, 때론 예기치 않는 반작용을 불러일으키기도 한다. 우리 국회에서 이른바 가칭 '한류촉진법'을 제정하고자 할 때, 중국과 일본에서 '항한류', '혐한류'와 같은 반한 정서가 커졌음은 이미 우리가 경험한 주지의 사실이다. 이러한 실패를 되풀이해서는 안 된다.

2. 콘텐츠 비즈니스의 새로운 패러다임

위기를 기회로 만들다

2010년 9월 23일 비디오 대여 체인업체 블록버스터의 파산 신청은 할리우드를 공포로 몰고 가기에 충분했다. 아마도 10년 전 타임워너가 신생 아메리카온라인(AOL)에 인수합병됐을 때보다 더 충격적이었을 것이다. 영화산업에 있어 전체 수익의 30% 이상을 안정적으로 보장해 주던 핵심 섹터인 비디오 대여시장의 최강자가 신생 넷플릭스에 무릎을 꿇은 것이다.

이런 위기상황에서 할리우드는 저작권 방어를 통해 넷플릭스 길들이기에 나선다. 넷플릭스에 2,500여 개 작품을 제공하는 스타즈(Starz)는 계약 갱신 조건으로 기존 금액의 10배에 해당하는 3억 달러를 요구했고, 양자 간의 협상이 무산된다. 스타즈에 영화를 공급하는 소니와 디즈니 같은 할리우드 메이저 배급사들의 저작권 인상에 따른 연쇄작용의 결과가 결국 넷플릭스의 수익모델에 대한 시장의 불신으로 이어지면서 넷플릭스의 주가는 75% 급락한다.

이러한 절체절명의 위기상황에서 넷플릭스는 자신들이 확보하고 있는 가입자들의 데이터에서 해법을 찾는다. 이 책 5장에서 자세히 다룬 것처럼, 넷플릭스는 〈하우스 오브 카드〉와 같은 오리지널 콘텐츠 확보를 통해 가입자 유지·확보는 물론 할리우드와의 협상력도 높이면서 위기를 오히려 급성장의 기회로 전환시켜 나간다.

넷플릭스 패러다임의 시대

사실 넷플릭스의 성공은 콘텐츠 비즈니스에 아이디어 기반의 새로운 비즈니스 모델과 ICT 기술혁신이 결합된 결과라고 할 수 있다. 그 출발은 오랫동안 대면으로 이루어진 비디오 대여 방식을 가장 오래된 커뮤니케이션 수단인 우편제도를 활용해서 비대면으로 바꾸면서 이루어진다. 그전까지 전문적인 비디오 대여점 '블록버스터'가 미국의 도시에 곳곳에 위치해 있기는 하지만 여전히 대부분의 사람들은 비디오를 빌리기 위해 차를 타고 상당한 거리를 이동해야 했다. 문제는 대여기간이 기본적으로 2박 3일로 제한되어 있는 것으로, 반납에 따른 스트레스가 공공연한 이야깃거리가 될 정도였다. 넷플릭스는 바로 이 틈을 파고들었다.

미국 사람들에 있어서 우편제도는 가장 오래됐을 뿐만 아니라 가장 신뢰하는 커뮤니케이션 수단이다. 대다수의 미국 가정에게 하루에 한 번 반드시 우편함을 확인하는 일은 가장 중요하고 빼놓을 수 없는 일상인 것이다. 넷플릭스는 이 우편제도를 이용해서 사람들이 DVD를 빌리고 또 반송 봉투를 이용하여 아주 간편하게 반납할 수 있도록 했다. 한 번이라도 블록버스터에서 반납이 늦어 벌금을 낸 적이 있거나 반납으로 종종 갈등을 겪어 본 적이 있는 가정에게 이는 어쩌면 가장 오래된 수단이지만 가장 편하고 혁신적인 비디오 대여방법이 된 것이다.

넷플릭스는 여기에 그치지 않고 2007년 온라인 스트리밍 서비스를 직접 제공하는 OTT 사업자로 변신한다. 창업 10년 만의 대변신이다. 늘 새로운 패러다임은 새로운 승자를 만들어 낸다. 기술혁신을 통해 비디오 대여시장의 새로운 패러다임을 제시한 것이다. 사람들은 열광했고, 새로운 패러다임에 적응하지 못한 거대 공룡 블록버스터는 파산한다.

그런데 넷플릭스의 가장 독창적인 혁신은 2012년 영상 스트리밍 플랫폼을 기반으로 자체 기획·제작을 통해 넷플릭스 '오리지널' 콘텐츠를 만들어 낸 것이라고 해도 과언이 아니다. 가입자 빅데이터에 기반한 넷플릭스 오리지널들이 줄지어 흥행에 대성공을 거두면서 넷플릭스는 세계에서 가장 강력한 미디어 회사로 거듭난 것이다. 회사 가치로 보면, 2012년 6월 말 기준으로 약 38억 달러 수준이던 시가총액은 2020년 6월 30일 기준으로 2,007억 달러 수준으로 성장했다. 8년 동안 회사 가치가 무려 50배 이상 증가한 것이다. 같은 시기 미디어업계의 황제로 군림해 온 디즈니의 시가총액은 1,986억 달러로, 신생 넷플릭스가 디즈니를 넘어서는 미디어 업계의 새 역사를 쓴 것이다. 현재 넷플릭스는 중국, 북한, 시리아 등 극소수 국가를 제외한 전 세계에서 이용 가능하며, 가입자 2억 명을 눈앞에 두고 있다.

3. OTT 전쟁의 시작

'코드 커팅'이 본격화되다

텔레비전의 등장과 함께 시작된 케이블TV산업이 최대 위기를 맞고 있다. 지상파 방송의 난시청 문제를 해결하기 위해 1948년에 시작한 케이블 TV(CATV: '커뮤니티 액세스 TV' 또는 '커뮤니티 안테나 TV'로 명명됨)는 브로드밴드의 특성을 활용하여 다채널 방송 서비스의 기반이 되고, 1990년대 들어서는 인터넷 정보혁명의 인프라로 활용되면서 최대의 전성기를 누린다. 그런데 21세기 들어 이동통신의 놀라운 기술발전으로 인해 케이블 TV의 입지는 점점 좁아져 왔다. 특히 HD급 영상 콘텐츠를 무리 없이 송수신할 수 있는 4세대 이동통신, 즉 4G의 등장으로 인해 하나의 망을 통해 전화, 텔레비전, 인터넷, 이동통신을 동시에 통합적으로 서비스하는 QPS(Quadruple Play Service)가 업계의 사실상 표준이 되면서 케이블 TV의 위기는 가속화된다. 인터넷 정보혁명 시기에 전화와 텔레비전, 인터넷을 하나의 망으로 통합시켜 서비스했던 TPS(Triple Play Service)로는 더 이상 소비자들의 기대를 충족하지 못하게 된 것이다. 이에 '코드 커팅'(cord-cutting)이 본격화된다.

'코드 커팅'은 케이블 TV 기반의 다채널 유료방송 서비스 가입을 해지한다는 의미로 사용되며, 인터넷 기반의 스트리밍 서비스로 갈

아탄다는 의미까지 포함한다. 2018년 하반기에만 110만의 케이블 유료방송 가입자가 케이블을 떠났고 2019년 1분기에만 140만이 추가로 이탈하면서 뚜렷한 추세로 자리매김한다. 더 심각한 사실은 코드 커팅을 통한 이탈 속도가 가속화되고 있다는 점이다. 2020년 1분기의 가입 해지율은 8%대에 이르며, 이는 2018년 3.3%, 2019년 5.4%와 비교해 볼 때 케이블산업이 붕괴하고 있다고 표현될 정도이다.2 케이블 유료방송업계는 인터넷 종량제나 스트리밍 서비스를 함께 제공하는 전략으로 생존의 돌파구를 모색하고 있지만 OTT의 대세를 거스르기는 어려워 보인다.

디즈니의 참전

넷플릭스의 화려한 성공을 부러워하는 전통적인 레거시 미디어 그룹들과 ICT 플랫폼 기업들이 OTT 시장에 뛰어들면서 2020년은 'OTT 전쟁의 해'로 명명될 정도로 글로벌 OTT의 경쟁이 치열해져 가고 있다. 디즈니, 애플에 이어 워너미디어, NBC유니버설 등이 참전 또는 준비 중이다.

특히 디즈니는 2019년 하반기 넷플릭스에 콘텐츠 공급을 중단하고 자체 스트리밍 서비스인 디즈니 플러스(Disney+)를 런칭하면서 OTT 전쟁에 본격적으로 뛰어들었다. 2019년 말 시가총액 기준으

2 Savits, E. (2020. 8. 14.).

로 세계 1위 미디어기업으로 탄탄한 성장을 이루어 온 디즈니의 이번 결정은 2006년 컴퓨터 애니메이션의 최강자인 픽사(Pixar) 인수, 2009년 캡틴 아메리카, 스파이더맨, 아이언맨 등 만화 출판 및 캐릭터로 세계적 명성을 쌓은 마블 엔터테인먼트(Marvel Entertainment) 인수에 이어, 지속성장을 위한 또 하나의 승부수로 보인다.

디즈니는 〈토이 스토리〉(1995), 〈몬스터 주식회사〉(2001), 〈니모를 찾아서〉(2003) 등으로 컴퓨터 그래픽 기반 애니메이션을 개척한 픽사 인수를 통해 세계 최강의 제작기술 인프라를 갖추고, 여기에 마블이 가지고 있는 지적재산권을 인수하여 탄탄한 스토리 라인도 갖춤으로써 안정적 성장엔진 확보에 성공적이라는 평가를 받아왔다.

이어서 2010년에는 유튜브에 대항하기 위해 레거시 미디어 그룹들이 모여 만든 훌루(HULU) 설립을 주도하여 주로 텔레비전 콘텐츠 스트리밍 서비스를 제공했으며, 이러한 경험을 바탕으로 디즈니 계열의 모든 콘텐츠를 전 세계로 스트리밍하는 글로벌 OTT 서비스 '디즈니 플러스'를 런칭하게 된다.

넷플릭스의 가장 강력한 대항마가 될 수 있는 디즈니 플러스는 월 6.99달러의 가격에 제공된다. 또한 미국 지상파 방송들의 종합 플랫폼이라 할 수 있는 훌루, 그리고 미국인들이 가장 좋아하는 스포츠 채널인 ESPN 플러스를 디즈니 플러스와 함께 묶은 번들 상품도 12.99달러이다. 흥미로운 것은 12.99달러라는 가격이 넷플릭스에서 HD 콘텐츠를 볼 수 있는 가장 대표 서비스의 가격과 같다는 점이다. 디즈니 측의 강력한 콘텐츠를 기반으로 한 상품 구성과 매력적인 가격은 분명 넷플릭스에게 상당한 위협이 될 것으로 보인다.[3] 실제로 2019년 11월에 런칭한 디즈니 플러스는 5개월 만에 5천만 명의 가입자를 확보했으며, 이 중 일부는 넷플릭스를 해지하고 옮겨간 것으로 나타났다.[4] 넷플릭스 가입자 규모의 3분의 1 수준으로 바로 치고 올라선 것이다.

애초에 디즈니는 런칭 5년 후 가입자 수 목표를 6천만에서 9천만 명 사이로 잡았지만, 런칭 당일에 미국과 네덜란드에서 1천만 명이 가입하는 놀라운 일이 벌어진 것이다.[5] 디즈니 플러스는 인도와 서유럽 국가들을 중심으로 14개국에서 서비스하고 있으며, 인도 가입자만 800만 명에 이른다. 디즈니의 저력은 충분히 입증된 셈이다.

거대 IT 플랫폼들의 동참

글로벌 브랜드 파워를 앞세우고 충분한 자금력과 기술력까지 갖춘 거대 IT 플랫폼들도 OTT 시장에 속속 진출하고 있다. 구글, 아마존에 이어 애플까지 가세했다. 흥미로운 사실은 OTT 사업자들의 차별적인 경쟁력과 배타적으로 확보된 콘텐츠의 영향력 등으로 인해 복수 또는 그 이상의 사업자들이 공존하는 형태로 시장이 움직여

---

3 Leger, H. (2020. 3. 25.).

4 Webb, K. (2020. 7. 3.).

5 Solsman, J. (2020. 4. 8.).

나갈 가능성이 더 커 보인다는 점이다. 예를 들어 아마존 프라임 가입자 중에서 넷플릭스에 복수 가입된 비율이 2016년 67%에서 2018년 70%, 다시 2019년에 73%로 지속적으로 높아지고 있음에 주목해야 한다. 아마존에서 쇼핑하는 사람들 중에서 아마존 프라임에 가입하지 않는 사람들의 넷플릭스 가입률은 43%에 불과하다.6 즉, 하나의 OTT에 가입한 사람이 다른 OTT에도 가입할 확률이 훨씬 높다는 것이다.

더구나 아마존이나 애플과 같은 거대 IT 플랫폼 기업들이 자신들의 주력 비즈니스인 아마존 쇼핑이나 애플 앱스토어 등의 경쟁력 강화와 가치 향상 전략으로 OTT 시장에 진입하는 경우 상당한 가입 혜택들이 존재한다는 점도 '공존'에 힘을 실어 주는 주요 이유가 된다. 아마존 프라임 가입자들을 대상으로 한 설문조사에서 94%가 가입 이유로 '무료 2일 배송' 서비스를 꼽았으며, '프라임 비디오'를 꼽은 경우는 51%에 그쳤다. 즉, 아마존 프라임을 OTT 본연의 '영상 콘텐츠 보기' 기능 때문에 선택한 사람은 절반 정도라는 것이다.

---

6 Hu, K. (2019. 6. 22.).

4. 미국을 넘어 글로벌 시장으로

국경을 뛰어넘다

'문화적 할인'(cultural discount)이라는 말이 있다. 한 문화권의 문화 상품이 다른 문화권을 넘어갈 때 언어나 관습, 종교 등의 이유로 그 가치가 하락함을 의미하는 말이다. 특히 언어의 장벽은 늘 문화적 할인을 야기하는 주된 이유로 손꼽혀 왔다. 그런데 이제는 인공지능에 의한 자동번역 기능과 같은 놀라운 기술적 진화들이 가장 고질적인 문제였던 문화적 할인율을 거의 0의 수준으로 낮춰 가고 있다. 넷플릭스와 같은 글로벌 OTT가 190여 개국에서 서비스가 가능한 이유이기도 하다.

문화적 할인이라는 고질적인 걸림돌에서 자유로워진 OTT 사업자들은 점점 더 치열해지는 생존경쟁의 근본적 해법을 이제 해외 시장에서 찾으려 하고 있다. 과감한 투자를 통해 경쟁력 있는 콘텐츠를 확보하고 공격적인 신규 가입자 확보에 나선 것이다. 이는 경쟁이 치열한 미국 시장에서 더 이상 서비스 가격을 올리기도 어렵고 콘텐츠 수급비용은 더 이상 낮출 수도 없는 한계상황에서 나온 최선의 돌파구로 보인다.7 실제로 넷플릭스와 같은 글로벌 OTT 사업자

7 오태완(2019. 9. 24.).

들은 자신들의 막대한 자금력과 브랜드 파워를 통해 로컬, 즉 해외 여러 국가들의 경쟁력 있는 제작자원들을 빠른 속도로 빨아들이면서 양질의 오리지널 콘텐츠를 만들어 내고 있다. 이를 통해 해당 지역의 가입자 유치는 물론 자신들의 글로벌 생태계를 더욱 공고히 다져 가고 있다.

'세상은 넓고 할 일은 많다'라는 말은 글로벌 OTT의 입장에서는 '넓은 세상에서 우리의 잠재 가입자는 아직도 많다' 정도로 여길 것이다. 다시 글로벌 마켓 공략의 선봉장 역할을 하는 넷플릭스의 사례로 돌아가 보자.

현재 전 세계 시장에는 넷플릭스를 허용하지 않는 중국을 제외하고 보더라도 8억 명의 브로드밴드 가입자와 20억 명의 스마트폰 이용자들이 있다. 넷플릭스 전체 가입자 수가 대략 2억 명에 근접해 있는 2020년 상반기 말 시점에서 보면, 넷플릭스는 글로벌 브로드밴드 시장의 25%, 스마트폰 이용자 기준으로 볼 때 약 10%의 점유율을 차지한다. 2019년 말 기준으로만 봐도 미국 내 전체 가입률은 65%이고 스트리밍 서비스 가입자 중 넷플릭스 가입자 비율이 85%인 점을 감안하면 향후 세계 시장에서의 성장에 대한 기대감은 매우 높을 수밖에 없다.[8] 이와 관련한 한 시장 전망 보고서에 따르면, 넷플릭스 가입률은 2019년 대비 2025년에 아시아 태평양 지역에서는 11%에서 25%로, 유럽, 중동 및 아프리카 지역에서는 19%에서

8 Iqbal, M. (2020. 6. 23.).

41%로, 그리고 중남미에서는 39%에서 53%로 높아질 것으로 예측된다.[9]

전 세계 주요 지역에서 연평균 약 20%대의 높은 성장을 예측하는 근거를 종합적으로 정리해 보면 다음과 같다.

첫째, 이미 앞에서 살펴본 넷플릭스의 빅데이터 활용능력이다. 시청자들이 무엇을 원하는지를 누구보다 정확히 꿰뚫어 볼 수 있는 빅데이터 기반의 의사결정 시스템과 맞춤형 콘텐츠 노출 알고리즘은 이미 시장에서 성공적이란 평가를 받고 있다.

둘째, 시장지배자적 지위에 따른 편승효과(bandwagon effect)로 인해 넷플릭스에 자신들의 콘텐츠가 최초로 노출되기를 원하는 콘텐츠 제작사들이 늘어나고 있다.

셋째, 이용자들도 역시 넷플릭스에 올라타기를 원한다. 미국 내 케이블 가입자의 45%가 향후 1~2년 안에 이른바 '코드 커팅'에 나설 의향이 있다는 조사 결과도 있다.[10] 이들이 가장 먼저 선택할 수 있는 선택지가 바로 넷플릭스임은 쉽게 짐작해 볼 수 있다.

마지막으로, 해외 시장에서의 콘텐츠 투자 여건이 더 좋아 훨씬 적은 투자비용으로도 더 많은 양질의 콘텐츠를 확보할 수 있다는 점도 빼놓을 수 없다. 결국 더 많은 가입자는 더 많은 투자자금을, 더 많은 투자자금은 더 좋고 더 많은 콘텐츠를, 그리고 그런 콘텐츠는

9 Watson, E. (2020. 2. 18.).
10 Brush, M. (2020. 8. 1.).

다시 더 많은 가입자를 끌어들이는 선순환이 넷플릭스를 더욱 힘차게 밀어올리고 있음은 분명해 보인다.

한국을 뛰어넘어 글로벌 시장으로

넷플릭스를 중심으로 살펴본 거대 OTT 사업자들의 글로벌 진출 전략에는 해외지역 가입자를 유치하고 자신들의 영상 콘텐츠 라이브러리를 더욱 경쟁력 있게 만들기 위한 상당한 투자들이 포함되어 있고, 그 최대 수혜자가 한류와 K-팝으로 이미 검증된 한국이 될 수 있음은 매우 고무적인 일이다.

콘텐츠 비즈니스에는 늘 '누가 킹인가?'에 대한 풀리지 않는 논쟁이 있다. 특히 영상 콘텐츠의 디지털 유통이 본격화하면서 콘텐츠와 유통 플랫폼 간의 갈등이 불거질 때마다 닭이 먼저냐 달걀이 먼저냐와 같은 논쟁은 시장에 늘 있어 왔다. 이번에도 넷플릭스에 콘텐츠를 공급했던 할리우드의 대형 제작사나 배급사들이 직접 OTT 시장에 뛰어들면서 자신들의 콘텐츠를 시장에서 거둬들이고 특히 넷플릭스와의 '공유'를 중단하는 결정들을 통해 자신들이 이 시장의 지배자임을 강조하려 한다. 거대 공룡 할리우드를 상대로 한 신예 넷플릭스의 싸움은 마치 골리앗을 상대하는 다윗과도 같다.

더구나 갑자기 전 세계를 공포로 몰아넣은 코로나-19 팬더믹은 글로벌 OTT들로 하여금 오히려 몸집을 불리는 기회로 작동하고 있다. 특히 넷플릭스의 신규 가입자가 대폭 증가했다. 2020년 1분기에 글로벌 신규 가입자는 무려 약 1,600만 명이 늘었고, 이는 2019년 4분기 증가폭의 2배에 달한다. 주가도 30% 이상 상승했다. 실내에서 더 많은 시간을 보낼 수밖에 없는 초유의 상황이 오히려 긍정적으로 작용하면서 글로컬(glocal), 즉 글로벌 마켓에 부합하면서도 동시에 지역에 어필할 수 있는 콘텐츠 투자를 더욱 늘려 나가기 위한 조건들이 잘 맞아떨어지는 상황이다.

물론 넷플릭스의 생명줄이라고 할 수 있는 콘텐츠 제작이 중단되거나 지연되고 있고, 수익률 저하를 구조적으로 가져오는 미국 달러의 강세로 글로벌 매출에 악영향이 예상되는 등 부정적 측면이 없는 것은 아니다. 예를 들어, 브라질의 경우 기본 약정이 월 8.5달러였는데 2020년 4월에는 달러 강세의 영향으로 6.5달러로 낮아졌다.[11] 정말 공이 어디로 튈지 모른다는 표현이 적절한 불안정한 상황들이 연이어 이어지고 있지만 컴캐스트의 자회사인 NBC유니버설의 새로운 스트리밍 서비스인 피콕(Peacock)이 새롭게 시장에 진입하는 등 경쟁은 치열해져만 간다. 킬러 콘텐츠에 대한 수요는 더욱 늘어날 수밖에 없으며, 이는 OTT의 생존을 가르는 결정적 변수가 될 가능성이 매우 높아 보인다.

전쟁의 승리는 식량이나 무기의 안정적인 보급에 좌우되듯이, 이렇게 첨예한 OTT 전쟁 상황에서는 누가 경쟁적인 콘텐츠를 안정적으로 확보할 수 있느냐가 관건이 된다. 넷플릭스가 '넷플릭스 오리

---

11 Bursztynsky. J. (2020.4.21.).

지널' 콘텐츠 확보에 사활을 걸 수밖에 없는 상황은 우리 한국 콘텐츠산업에게는 글로벌 수준으로 구조적 성장을 할 수 있는 엄청난 기회로 다가온다. 실제로 2018년부터 본격화된 넷플릭스의 한국 콘텐츠 투자 확대로 편당 10억 원 이상이 투자되는 대작 드라마들이 등장하여 우리 시청자들의 눈과 귀를 사로잡고 있다.

5. 협력적 경쟁과 공존

디즈니 플러스의 콘텐츠에는 'R' 등급이 없다. 선정성이나 폭력성 면에서 안심해도 좋다는 말이다. 이 점은 자녀를 둔 가정에서 디즈니를 선택하게 하는 주요 원인이자 장점이 된다. 반면 자녀가 없는 경우, 디즈니 플러스의 이런 특성은 오히려 넷플릭스를 선택하게 만드는 회피 요인이 되기도 한다.[12] 이처럼 타깃 시청자와 콘텐츠의 차별화 전략에 가격 전략까지 연동되는 다양한 조합들을 통해 OTT 시장은 거침없는 기세로 소비자들을 빨아들이고 있다.

이미 OTT 시장 경쟁이 너무 치열하여 레드오션이 된 것이 아니냐는 염려에도 불구하고 전통적인 미디어기업뿐만 아니라 거대 IT기업들, 그리고 통신기업들까지 OTT 시장 진입을 지속적으로 검토하는 것은 여전히 성장 가능성이 충분하다는 믿음 때문이다. 이는 미국인들의 미디어 분야 소비지출이 월평균 100달러 정도이고 OTT 가입자의 상당수가 2개 이상의 OTT에 가입한다는 통계에 기반한 합리적 추정의 결과이기도 하다. 앞서 설명한 바와 같이 넷플릭스와 디즈니 플러스, ESPN 플러스 번들 상품까지 다 가입해도 26달러 정도이고, 여기에 추가로 아마존 프라임을 더해서 빅 3에 모두 가입한다고 해도 40달러는 넘지 않는다.

---

12 Callaham, J. (2020. 8. 7.).

그러나 플랫폼의 속성상 승자독식 또는 최대 3~4개 정도의 과점 형태가 시장을 지배한다고 볼 때, 결국 우후죽순처럼 생겨나는 영상 스트리밍 OTT들의 구조조정을 거쳐 시장 공고화(market consolidation) 단계로 접어들 것으로 보인다. 미디어 자산관리 전문 솔루션 회사인 이마젠이 영국 시청자들을 대상으로 조사한 설문 결과를 보면, 24%의 응답자는 지상파 방송이 결국 사라질 것이라고 답한 반면 17%의 응답자는 OTT 서비스가 너무 많아서 어떤 것을 선택해야 할지 혼란스럽고 비용도 비싸서 다시 지상파 방송으로 돌아가고 싶다고 응답했다. 같은 맥락에서, 거의 3분의 1에 해당하는 응답자(29%)들은 너무 조각난 것처럼 보이는 OTT 서비스들이 번들 형태로 제공된다면 가입하겠다는 뜻을 밝혔다.[13]

OTT 간 파트너십이 향후 생존에 매우 중요한 변수임은 분명해 보인다. 넷플릭스의 주도권은 앞으로도 상당 기간 유효해 보이며, OTT로의 변신을 시도 중인 매스미디어 시대의 거대 공룡들과 거대 IT기업들이 어떻게 넷플릭스와의 경쟁 또는 협력적 경쟁을 통해 살아남을 것인가가 앞으로의 관전 포인트가 될 것으로 보인다.

---

13 O'Halloran, J. (2020. 7. 22.).

맺음말

15장

1. 패러다임은 승자와 패자를 나눈다.

우리가 앞으로 살아갈 세상은 어떤 세상일까? 무엇보다 사물인터넷과 빅데이터의 융합에 인공지능이 더해지면서 각 개인에게는 맞춤형 서비스가 제공되고 삶의 질은 크게 향상될 것이다. 뿐만 아니라 복지 증진에도 많은 긍정적 효과가 있을 것이다. 질병 진단 및 치료의 정확도가 향상되고 오진과 치료횟수 감소로 의료비용이 절감되고 의료 품질 및 접근성이 향상될 것이다. 교통관제가 원활해져 교통사고 발생이 줄어들고 혼잡이 줄어들어 환경오염 개선에도 도움을 줄 것이다. 각종 센서와 카메라를 통한 정보수집과 관리가 빅데이터화되면서 국방이나 치안 서비스 강화에도 큰 도움이 될 것이다.

그런데 이러한 기술의 진화에 따른 새로운 패러다임은 늘 승자와 패자를 나눈다. 1차 산업혁명을 견인한 증기기관의 등장이 새로운 산업의 주역들을 등장시켰지만 전기 공급에 따른 개별 동력화를 특징으로 하는 2차 산업혁명 시기에 그들 중 절반 가까이는 새로운 기술 진화 속에서 사라졌다. 100년의 시간이 흐른 지금도 상황은 크게 달라 보이지 않는다. 인터넷과 컴퓨터의 발달은 사람과 사람을 연결하여 변화와 성장을 일궈 냈으며, 현재 그 연결은 사람을 넘어 사물과 장소로 확장되면서 초연결 환경을 만들어 내고 있다. 초연결의 중심인 플랫폼이 사회와 경제의 중심으로 자리매김하고, 거기에 인공지능이 작동하면서 거대하면서도 보이지 않는, 파괴적이고 단절적이나 우호적인 혁명적 변화가 서서히 다가오고 있는 것이다.

정보를 쉽고 빠르고 정확하게 찾아 주는 서비스만으로 세계 경제의 중심에 서 있는가 하면, 사람과 사람을 연결하는 아이디어는 가장 수익성 좋은 글로벌 비즈니스가 되었다. 차량 한 대 소유하지 않아도 우버처럼 세계 최대의 렌터카 회사가 되는가 하면, 직접적으로 소유한 호텔 하나 없이도 에어비엔비처럼 세계 최대의 숙박 서비스 회사가 되는 세상 속에서 전통적인 산업의 공룡들은 서서히 힘을 잃어 간다. 미국의 모든 도시에 반드시 있다고 회자될 정도로 막강한 시장 지배력을 가졌던 비디오 대여점 블록버스터는 2004년 정점을 기준으로 미국 내에 5만 8,500개, 해외에 2만 5,800개의 지점을 가지고 있었고, 고용 인원만 8만 4,300명에 이르렀다. 이러한 블록버스터도 2007년 본격적인 온라인 비디오 스트리밍 서비스를 제공한 넷플릭스에 밀려 2010년에 파산한다. 또한 70년 전통의 완구전문점

토이저러스도 아마존에 밀려 2017년 파산 신청에 이른다. 그리고 일본에 진출한 아마존은 이미 인터넷 쇼핑업계 1위에 올라 있다.

이처럼 글로벌 플랫폼 비즈니스 모델의 영향력은 당분간 초연결 경제를 이끌어 가는 중심축이 될 것이다. 기존 산업과 새로운 기술의 연결은 새로운 시장을 창출하며 새로운 수익 모델로 연결된다. 기존 시장의 지리적 한계와 문화적 할인을 뛰어넘어 시장 확장이 용이하다는 장점도 있다. 개발되고 진화하는 수많은 기술들이 자본을 만나고 시장수요와 만나 성장을 이루기도 한다. 플랫폼을 중심으로 수요자와 공급자들이 서로 가치를 교환하기도 하고, 참여자들이 협업을 통해 가치를 완성하기도 한다. 생산, 유통, 그리고 소비에 이르는 이른바 선형의 가치사슬형 생태계와 생산자와 판매자, 그리고 소비자의 경계가 허물어지고, 비선형의 분산 네트워크에서 모두는 연결된 노드(node)로서 주체가 된다. 제품 중심의 경제가 소비자, 이용자 중심의 경제로 전환되면서 플랫폼의 영향력은 시간이 지날수록 배가된다. 그리고 이러한 패러다임 속에 승자와 패자는 분명히 가려지고 있다.

플랫폼 전쟁에서 승자로 살아남은 플랫폼들의 공통적인 특징들은 무엇일까?[1]

첫째는 역시 타이밍이다. 조기에 진입하는 것이 매우 중요하다. 가장 먼저 시작할 필요는 없지만 너무 늦게 들어가서는 승산이 없

---

1 MaAfee, A. & Brynjolfsson, E. (2017). pp. 168~169.

다. 플랫폼 이용자들은 독점보다는 경쟁을 선호하지만, 결국 선택의 단계로 들어가면 복수의 플랫폼을 동시에 사용하기보다는 자신에게 가장 최적화된 어느 하나의 플랫폼에 스스로를 고착화한다.

둘째는 개방형 플랫폼을 채택함으로써 다양한 개발자들과 수많은 이용자들 간의 접점을 최대로 늘려 준다는 점이다. 무료 콘텐츠나 앱들로 넘쳐나는 플랫폼은 결국 소비자 잉여와 보완재의 수요를 증가시켜 궁극적으로는 플랫폼 제공자와 참여자 모두에게 이익을 가져다준다.

마지막으로 이들 플랫폼은 개방성은 유지하면서 이용자의 불편을 최소화하고 양질의 이용자 경험을 유지하기 위한 혁신을 지속한다. 인공지능과 빅데이터를 기반으로 한 개인 맞춤형 환경 제공이 플랫폼의 승자 지위를 더욱 공고히 한다.

특히 인공지능과 빅데이터 그리고 사물인터넷이 만들어 내는 변화의 규모와 속도에 주목할 필요가 있다. 데이터가 새로운 소스코드가 되는 시대에 걸맞게 컴퓨팅 파워와 데이터의 크기가 기하급수적으로 커져 간다. 과거 인터넷 혁명을 이끌었던 인텔의 공동창업자 고든 무어 박사가 예측한 '무어의 법칙'(Moore's Law)은 쇠퇴하고, 엔비디아의 공동창업자 젠슨 황이 강조한 더 강력한 법칙인 '슈퍼차지드 법칙'(Supercharged Law), 즉 엄청난 에너지로 충전되어 발전의 속도가 가속화되는 진화가 빠르게 진행되고 있다. 실제로 2018년 기준으로 엔비디아의 GPU는 5년 전에 비해 25배나 빨라졌다. 칩의 속도만 빨라지는 것이 아니라 이를 통해 데이터를 처리하는 시스템 아키텍처도 혁신을 거듭하면서 속도는 더욱 가속화되고 있다. 5년 전 엔비디아의 신경망 네트워크인 알렉스넷(AlexNet)에 1,500만 장의 이미지를 학습시키는 데 6일의 시간이 소요되었으나 지금은 18분으로 충분하다는 것이다.[2] 그리고 이런 컴퓨팅 파워가 사물인터넷 센서들을 더욱 똑똑하게 만들면서 강력한 데이터들을 쏟아 낼 것이며, 이러한 데이터들이 소스코드가 돼서 인공지능의 초지능으로의 진화는 더욱 가속화될 것이다.

그렇다면 기술적 진화가 이렇게 명백함에도 그것이 진행되는 과정에서는 왜 정확하게 보기 어려운 것일까? 제대로 된 선택은 왜 늘 어려운 것일까? 그 시대에 가장 똑똑하고 정보와 경험도 많은 시장 지배적 사업자들도 왜 이런 오류에 빠지는 것일까? 오랜 경험과 전문성 그리고 권위의 리더십에 대한 과도한 신뢰가 한 원인일 수 있고, 의사결정권자들이 축적된 경험과 지식에 근거하여 자기중심적 사고를 강화하고 변화를 거부하는 '지식의 저주'(curse of knowledge)에 걸려들 가능성도 높다. 정보나 변화로 인한 과부하를 피하려는 심리와 어떻게 하든 현상을 유지해 나가고자 하는 현상 유지 편향(status quo bias)도 원인일 수 있다.

패러다임은 거대한 파도와도 같다. 파도에 맞서 아무리 손을 내저어도 한 발짝도 앞을 향해 나갈 수는 없다. 파도가 치는 방향으로 몸을 맡기는 자만이 살아남는다. 새로운 패러다임의 주요 특징 중

---

2 Perry, T. S. (2018. 4. 2.).

하나인 데이터 기반의 의사결정을 채택한 회사들이 현저히 향상된 성과를 기반으로 급속하게 성장하는 사례는 어렵지 않게 찾아볼 수 있다. 경쟁력 있는 전자상거래 회사들은 사이트 방문 시 빅데이터 분석에 근거해 구매자별로 추천사항을 제시한다. 아마존의 경우만 보더라도, 총판매액의 35%가 추천상품과 같은 교차판매에 의한 것으로 추정된다. 이렇게 경영자의 직관이 데이터 기반의 자동화된 결정으로 바뀌어 가는 변화는 인공지능과 빅데이터의 결합을 통해 초연결 상황 속에서 더욱더 강력한 힘을 발휘하고 있다. 더 많은 데이터를 중심으로 지혜로운 의사결정을 할 수 있는 기회는 얼마든지 열려 있다. 단지 그 길을 갈 것인가라는 채택의 문제만이 남아 있을 뿐이다.

2. 지속가능한 성장과 조화로운 균형

인공지능의 물결이 점차로 커져 초지능의 거대한 해일(海溢)이 우리를 집어삼킬 기세로 몰려오고 있다는 공포감이 커져 가지만, 우리는 여전히 그러한 인공지능에 대한 우리의 선택과 자유의지를 중요한 가치로 삼는 현실을 살아가고 있고, 앞으로도 그러할 것이라는 굳건한 믿음도 공존한다. 그리고 현 시점에서 분명한 사실은 인공지능을 번영과 성장의 토대로 활용할 수 있는 선택의 기회가 우리에게 남아 있다는 것이다. 산업사회와 정보사회를 거치면서 우리 인류는 기술발전으로 인한 노동의 위기를 여러 차례 경험했지만 그때마다 슬기롭게 해법을 찾아 오히려 기회로 삼았다. 초지능의 거대한 물결도 우리가 누려 보지 못한 지속 가능한 성장의 동력이 될 수 있으며, 또 그렇게 만들기 위해 우리는 지혜를 모아 갈 것이다.

물론 단기적으로 예상되는 여러 가지 문제들에 대한 진지한 접근은 초지능의 시대를 열어갈 새로운 게임의 법칙이나 해법이 될 수 있다. 한 세기 전에 케인스가 이미 간파했던 기술발전으로 인한 실업 문제는 우리가 단기적으로 겪어 내야 할 가장 큰 고통이자 사회문제임에 틀림없어 보인다. 늘 새로운 노동의 사용처를 찾는 속도보다는 새로운 기술로 인해 노동력의 사용을 경제적으로 줄이는 속도가 빨라 발생하는 일종의 구조적 고질병이기 때문이다. 중요한 점은 이러한 구조적 실업이 너무 장기화됨으로써 많은 피해자가 발생되거나 소득의 양극화가 심화되어 고착되지 않도록 선제적인 대응이 잘 이루어져야 한다는 것이다. 당연히 이 문제를 개인적 책임으로 돌리는 것은 더더욱 안 될 일이다. 즉, 인공지능에 기반한 지속가능한 성장에 조화로운 균형이 더해질 수 있도록 많은 노력이 이루어져야 한다.

무엇보다 정부의 역할이 중요하다. 구조의 문제를 결정짓는 힘은 정치로부터 나오며, 이의 실행은 정부의 몫이기 때문이다. 앞서 4부에서 강조한 바와 같이 교육혁신은 그 무엇보다 절실한 우리 사회의 과제이다. '교육이 바뀌지 않으면 미래는 없다'라는 절박함이 있어야 제대로 된 혁신이 시작될 수 있다. 우리 교육에서 평가의 목적으로 강조하는 암기와 계산은 이미 인공지능에 의해 추월당한 영역들이다. 인간의 감성과 창의성, 문제해결 능력, 그리고 협업과 소통 능력을 충분히 육성하는 교육 없이 미래의 경쟁력을 논할 수는 없다. 사람이 경쟁력인 시대에 과연 우리는 어떤 인재들을 길러 내고 있는지 심각하게 되돌아봐야 한다.

기술혁신을 촉진하기 위한 노력도 정부의 몫이다. 주요 기술에 대한 기술 성숙도 및 상용화 로드맵 등을 토대로 기술 R&D에 보다 과감한 투자가 이루어져야 한다. 그리고 그러한 결과들이 시장과 연결되는 지점에서는 네거티브 규제로의 전환을 포함한 규제혁신 노력들이 함께 이루어져야 한다. 무엇보다 이러한 정부의 정책적 노력은 정권을 떠나 일관되고 예측 가능해야 하며 미래변화에 선제적인 기준과 원칙을 마련하고 대응해야 한다.

마지막으로, 향후 예상되는 경제적 불평등 이슈는 정치 지형의 문제가 아닌 우리 모두의 삶의 문제로 접근해야 한다. 기술 격변에 따른 고용의 불안정성과 구조조정의 필요성에 대해서는 질 높은 재교육을 통한 선제적 대응으로 풀어 나가야 한다. 우리가 이미 경험했듯이 경쟁력을 완전히 상실한 후의 사후약방문식 대응은 엄청난 경제적 · 사회적 비용을 요구한다. 동시에 사회안전망 구축과 관련해서도 제도 정비와 재원 마련에 많은 노력을 기울여야 한다. 결국 어떤 형태로든 기본소득제도와 같은 사회안전망을 통해 고용 불균형 문제를 해결해야 하기 때문이다. 또한 이제 세계가 명실상부한 하나의 지구촌으로 통합됨에 따른 총체적 대비가 필요하다. 글로벌 시장 환경과 기준에 맞는 법제도 정비는 기본이다.

3. 기술적 진화 Vs. 통제

지능정보기술로 인한 긍정적 변화들 이면에는 우리가 직면하고 해결해야 하는 쉽지 않은 과제들이 등장한다. 양극화나 사생활 침해, 해킹 그리고 법제도 미비로 인한 분쟁 증가와 같은 부작용을 예상할 수 있다. 정보를 가진 자와 그렇지 못한 자 사이의 격차를 의미하는 디지털 정보격차는 모바일 네트워크에 대한 접근권과 디바이스 활용 역량 등에 의해 발생하는 새로운 모바일 격차로 진화하며 여전히 해결되지 않은 구조적 문제로 남아 있다. 뿐만 아니라 인공지능 로봇 시대의 교육과 기술의 난이도는 경제적 양극화로 직결되는 근본적 요인으로 주목된다.

초연결이나 초지능과 같은 기술이 과연 우리 사회를 결정하는 결정적 요인인가에 대한 논쟁은 그치지 않지만 여러 주요 요인 중에 가장 중요한 요인이 되어 감은 부인하기 어려운 것이 현실이다. 물론 '네트워크 사회'를 주창한 카스텔(2000)과 같은 상당수 학자들과 전문가들은 기술이 사회를 결정한다는 기술결정론적 시각을 배제하려 한다. 개인의 창의력과 창업가 정신 같은 여러 요인들이 과학적 발견과 기술적 혁신 그리고 사회적 적용 과정에 개입하면서 복잡한 형태의 상호작용을 거쳐 최종 결과물이 만들어진다는 것이다.

그런데 흥미로운 점은 정보화 시대도 여전히 자본주의의 시대라는 점이다. 다만 후기 자본주의, 즉 자본가의 권력이 네트워크로 이관되는 특징을 지닌다. 이 시대에는 모든 작업 프로세스가 글로벌 차원에서 통합되지만 노동력을 지역 중심으로 분산되는 경향을 지니며, 이 노동력은 스스로 프로그래밍이 가능한 노동력과 일반 노동자로 나뉜다. 전자는 기술발전과 시장의 수요 그리고 경영의 속도가 가속화됨에 따라 스스로를 재교육시킬 수 있는 능력으로 무장되어 있고, 새로운 업무와 처리 절차 그리고 새로운 정보원에 쉽게 적응하는 사람들이다. 후자는 반대로 언제든 교체 가능하거나 대체될 수 있는 기술의 난이도가 높지 않은 사람들을 말한다. 따라서 후기 자본주의 사회에서 자본가들은 사라지는 것처럼 보이고 정보 네트워크를 조정할 수 있는 자들이 권력을 대신 차지하지만 착취와 차별은 사라지지 않는다고 단언한다.3

슈밥(Schwab, 2016)도 4차 산업혁명과 관련된 가장 염려스러운 사회적 이슈로 '불평등'을 지목한다. 혁신의 최대 수혜자는 지적 자본과 물리적 자본을 가지고 있는 혁신가와 투자자 그리고 주주들이며, 이들과 노동력을 제공하는 일반 근로자 간의 부의 차이는 점점 더 커지고 있다. 고용시장 구조는 최고급인력과 단순노동력을 제공하는 양극단에 대한 수요가 강해지며, 중간 지대는 급속히 위축되는 상황으로 변해 간다. 바로 이런 이유로 선진국에서 대부분의 중산층 근로자들이 느끼는 위기감이 점점 커지고, 특히 수입의 정체 또는 감소에 대한 불만이 커져 간다.

3 Castells, M. (2000b).

개인정보, 사생활 침해와 관련된 논쟁도 더 치열해질 것이다. 초연결성을 통해 인간의 일거수일투족에 대한 모든 정보가 쉽게 모이고 이동되는 상황은 개인정보에 대한 소유권 개념을 더 모호하게 할 것이며, 이와 관련된 사생활 침해 논란도 개인 차원을 넘어선 사회적 이슈가 될 것이다.

스티븐 호킹 박사를 비롯해서 인공지능 시대의 기반인 정보통신 혁명을 이끌었던 마이크로소프트의 빌 게이츠, 그리고 테슬라와 스페이스 X의 일론 머스크 등도 디지털 기술 뒤에 숨겨져 있는 위험을 경고하고 있다. 단기적으로는 누가 인공지능을 통제할 것인가가 문제이며, 장기적으로는 인공지능이 결국 통제될 수 있을까 하는 의문을 제기한다. 이들 과학자들의 공통적인 예측은 인공지능은 자기방어적이 될 것이고, 자신들의 목적을 더 잘 달성하기 위해 자원을 찾아 나설 것이며, 결국 살아남기 위해 인간과 싸우게 될 것이라는 것이다. 호킹 박사의 말처럼 "미래에 인공지능은 자기 스스로의 의지를 발전시켜 나갈 것이며, 이는 결국 우리 인간들과 갈등을 겪게 될 것이다."[4]

호킹은 인공지능을 엄청나게 이로운 일을 할 수도, 반대로 엄청난 해악을 불러올 수도 있는 양면적 이용에 비유한다. 핵분열이 원자력 발전에 사용되기도 하지만 원자폭탄이 될 수도 있는 양면적 이용은 결국 그러한 기술을 사용하는 사람들의 의도에 따라 선악이 결

---

4 Titcomb, J. (2016. 10. 19.).

정된다. 이미 인공지능으로 인해 발생할 수 있다고 생각되는 구체적이고 분명한 해악은 존재한다. 인공지능이 탑재된 전투용 로봇을 50여 개국에서 개발하고 있으며, 이들의 목표는 인간의 개입 없이 인공지능 스스로가 살상결정을 하는 것이다. 문제는 이러한 무기들이 국제법에 의해 금지되어 있지도 않고 설령 금지한다고 하더라도 법 준수가 제대로 이루어질 것인가에 대한 회의적 시각이 큰 것이다.[5]

같은 윤리적 이유로 첨단화되는 인공지능 기반의 데이터 마이닝에 대한 경고도 적지 않다. 국가별로 개인정보를 보호하는 법체계가 작동되고 있지만 해외 서버 등을 통한 데이터 마이닝에는 속수무책이라는 것이다. 또한 이러한 작업이 인공지능의 도움 없이는 불가능하기 때문이다. 실제로 미국 국토안보국(National Security Agency)는 법원 영장 없이도 구글이나 야후의 해외 네트워크를 뚫고 들어가 개인정보 수집 활동을 지속적으로 수행하고 있다고 한다. 더 심각한 문제는 스마트가전을 '좀비' 가전으로 만들어 해킹의 통로로 이용하거나 더 나아가 우리의 가정생활 자체를 통제하고, 자율주행차를 해킹해 계획적 사고를 일으키거나 사람 몸에 장착된 의료장치를 원격 해킹해 치명적인 사고를 일으키는 일들은 언제든지 현실이 될 수 있다는 우려가 기술적으로 검증되고 있다는 점이다.

물론 인간을 삶을 송두리째 통제하는 인공지능의 출현에 대한 우려는 현 시점에서 과도한 기우(杞憂)라고 잘라 말할 수도 있다. 이

---

5 Barrat, J. (2015).

미 우리 주변에 친숙한 인공지능 스피커와 같이 특정 분야에서만 뛰어난 역량을 발휘하는 인공지능은 우리가 심각하게 느낄 수 있는 사회적 문제를 일으키지 않으며, 우리 또한 이를 현실적 위협으로 인식하지 않는다. 그러나 인간 지능을 뛰어넘는 기점인 특이점에 근접할수록 인공지능은 여러 방면에서 인간과 실질적인 경쟁 관계를 이룰 가능성이 있으며, 이때를 전후로 인공지능으로 인한 심각한 사회적 문제들이 현실로 나타날 가능성이 매우 크다. 우리 인류 전체가 핵 문제를 인류에 대한 심각한 위협으로 인식하고 공동 대응체제를 구축하는 것과 마찬가지로 인공지능의 실제적 위협에 대해 국제사회의 공조 논의도 본격화될 것이다.

그렇다면 우리가 염려하는 '초지능'은 얼마나 위협적일까? 인공지능을 지속적으로 발전시켜 나가는 단계에서 어느 순간 인공지능을 더 똑똑하게 그리고 더 안전하게 만들겠다는 전략이 역효과를 내는 '위험한 전환'(treacherous turn)이 발생할 수 있다. 즉, 인공지능 스스로의 '독립적 의지'가 인간, 즉 설계자가 원하는 선한 방향, 긍정적인 방향으로만 실행되지 않는 상황을 말한다. 이런 상황에 다다른 인공지능은 자신의 최종 목표에 담겨 있는 기준을 따라 세상을 직접적으로 최적화하기 시작하게 된다.6 그리고 인간보다 확실한 전략적 우위를 지닌 초지능이 예상치 못한 행동을 할 경우, 지구를 파괴시킬 수도 있는 존재적 재앙이 올 수 있다는 것이다.

6 Bostrom, N. (2014). pp. 142~145.

이처럼 시장의 필요와 경쟁의 결과로 나타나는 기술 개발의 속도가 점차 가속화됨에 따라 본격적인 도약 상승이 이루어진다면, 시간은 인간이 생각한 수준 이상으로 빠르게 전개될 가능성이 높다. 종국에는 스스로 자기 역량을 개선하고 발전시키기 위해 인류의 축적된 지식을 습득하고 새로운 기술을 개발하며, 필요한 자원을 확보하고 더 나아가 자신을 보호하는 수단을 강구하는 독점적 지배 권력이 탄생하게 되는 것이다.

그런데 이 독점적 지배 권력은 미래를 그린 SF 영화에 인간 살인병기로 종종 등장하는 인공지능 로봇처럼 폭력적이지도 강요적이지도 않은 방식으로 작동할 가능성이 더 크다. 오히려 인간이 스스로 자발적 협조를 하는 형태로 나타날 것이다. 즉, 이 지배적 권력은 매우 은밀하고 교묘하게 우리의 삶을 지배할 것이다. 이 경우 대응에는 상당한 제약이 따르거나 대응 자체가 불가능할 수도 있다. 초지능을 어떻게 설계하고 어떻게 통제할 것인가에 대한 고민은 매우 중요한 문제가 아닐 수 없다.

특히, 인공지능의 소유권 문제는 경제적 이익은 물론 국가 안보와 같은 실질적 이해관계의 물리적 충돌로 이어질 수 있는 파괴력을 지니고 있기 때문에 처음부터 인터넷 거버넌스와 같은 개방적 집단 지도체제로 접근할 필요가 있다. 무엇보다 중요한 것은 초지능 거버넌스에 대한 공론화가 너무 늦지 않게 시작되어야 한다는 점이다.

용어해설

가상현실

가상현실의 기본 개념은 '실제와 유사하지만 실제가 아닌 인공 환경'을 의미한다. 과거에도 소설이나 희곡 등을 통해 묘사가 이루어졌으나, 특히 최근 헤드셋 기술의 발전으로 그 구현과 활용이 붐이 이루기 시작했다. 이는 IT 기술의 발전과 궤를 같이한다. 모바일용 고해상도 디스플레이 기술, 정밀하고 저렴한 모바일용 센서, 3D 그래픽을 위한 고성능 GPU 등이 VR 헤드셋의 중요한 기술 기반을 이룬다.

디지털 화폐

디지털 방식의 화폐 또는 지급수단. 화폐라는 명칭으로 부르기는 하지만, 엄밀한 의미에서 화폐가 아니라 아날로그 화폐를 사용하기 편리하도록 보완하는 디지털화된 지급수단을 지칭하는 경우가 많다. 암호화폐 역시 일종의 디지털 화폐다.

블록체인 기술

새로운 기록 추가만 가능한 디지털 데이터 장부를 분산된 다수가 함께 관리하는 데이터 관리 기술. 이 기술을 구현하기 위해 일정량의 데이터를 모아 기록한 후 봉인하고, 봉인된 데이터 묶음에 다음번 데이터 묶음을 순차적으로 연결시키는 방식을 사용한다. 각각의 데이터 묶음을 블록이라고 부른다. 이와 같은 데이터 구조가 체인으로 연결된 블록을 연상시켜 블록체인이라는 이름으로 불린다.

빅데이터

디지털 시대에 폭증하는 방대한 양의 데이터를 관리하고 분석해서 유용한 정보로 사용하는 기술. 초기에 단순히 거대한 데이터 집합체를 의미했던 빅데이터는 점차 관련 도구, 플랫폼, 분석 기법까지 포괄하는 용어로 발전하고 있다. 따라서 빅데이터는 그 자체가 인공지능이 견인하는 새로운 변화의 핵심 자원인 동시에 가치 있는 정보를 추출하고 생성된 지식을 바탕으로 능동적으로 대응하거나 변화를 예측하는 기술을 포괄하는 개념으로 정의할 수 있다.

사물인터넷

사람, 사물, 공간, 데이터 등 모든 것이 인터넷으로 서로 연결되고 정보가 실시간으로 생성 · 수집 · 공유 · 활용되는 인프라를 의미한다. 산업혁명으로 발전한 전통 산업과 정보화 혁명에 의해 발달한 온라인이 융합되는 초연결사회의 핵심으로 상징되기도 한다. 다양한 사물이 센서와 네트워크로 연결되어 정보를 공유하는 기술인 M2M(Machine to Machine)보다는 적용 대상이나 비즈니스의 확장성이 매우 뛰어난 상위 개념으로 이해할 수 있다.

스마트 팩토리

기획 · 설계에서 생산 · 유통 · 판매에 이르는 제품 수명 전 주기에 ICT를 융합하여 최소 비용과 시간으로 고객맞춤형 제품을 생산하는 공장을 말한다. 협의의 의미로는 생산 시스템의 자동화와 비즈니스 프로세스의 정보화를 뜻하기도 하지만 보다 광의의 의미로는 유연성과 상호운용성을 갖춘 지능형 설비와 생산 · 운영이 통합되어 가치사슬 전반에 최적화가 가능하고, 개방을 통해 고객과 소통하는 공장을 지칭하기도 한다.

인공지능

인간이 지닌 지적 능력의 일부 또는 전체, 혹은 그렇게 생각되는 능력을 인공적으로 구현한 것을 말한다. 인공지능은 하나의 기술이 아니라 컴퓨터나 기계를 지능적인 방식으로 기능케 하는 모든 기술들의 포괄적 개념에 가깝다. 초기에 인공지능은 통계학이나 경제학의 개념을 차용해서 불확실하거나 불완전한 정보를 다루는 인간의 추론 능력을 모방하기 시작했으며, 이후 주어진 상황에 적절하게 적용 가능한 계획과 학습 능력을 향상시키는 방향으로 진화를 거듭했다.

자율주행차

운전자 또는 승객의 조작 없이 스스로 운행이 가능한 자동차를 말한다. 자율주행차는 '자율적'(autonomous)이냐 '자동'(automated)이냐에 대한 개념적 혼동으로 인해 자기주행(self-driving), 무인(driverless), 스마트(smart), 로보틱(robotic) 등 여러 이름들이 따라다닌다. 우드(S. P. Wood) 등은 이미 대중에게 익숙한 개념이기 때문에 자신들의 논문에서도 '자율적'이라는 단어를 사용하지만, 사실은 '자동'이 더 정확한 개념임을 강조한다.

증강현실

우리 눈으로 보는 현실세계에 컴퓨터로 만든 가상의 3D 물체를 겹쳐서 보여주는 기술을 의미하며, 더 확장적인 의미로는 그러한 기술에 의해 만들어진 또 다른 세상을 포괄하는 개념으로 쓰인다. 대표적인 디바이스로는 마이크로소프트의 홀로렌즈(Hololens)와 매직리프의 매직리프원(Magic Leap One)을 들 수 있다.

플랫폼

모든 경제・사회적 상호작용의 매개체. 경제적 관점에서는 플랫폼 참여자들

간의 경제적 상호작용, 즉 거래가 이루어지는 무대이자 그 거래를 매개하고 성사시키는 중개자를 뜻한다. 광의의 의미로는 다양한 주체들의 적극적 참여를 바탕으로 소통과 정보 공유, 상거래 등을 통해 가치를 창출하는 디지털 공간이자 비즈니스 모델을 아우르는 개념이다.

핀테크 vs. 테크핀

핀테크(Fintech)는 디지털 기술을 활용하여 비용을 낮추고 매출은 늘리며 기존의 걸림돌들을 제거하여 '더 나은 금융 서비스'를 제공하는 회사를 말한다. 핀테크의 효시라 할 수 있는 페이팔이나 대표적인 개인 간 송금 서비스인 벤모 등이 여기에 해당된다. 반면에 테크핀(Techfin)은 광범위하게 제공되는 서비스의 일환으로서 금융상품이나 서비스를 제공하는 더 나은 방법을 제시하는 IT 회사들을 지칭한다. 대표적인 글로벌 IT 회사들인 미국의 구글, 아마존, 중국의 바이두, 알리바바 등이 여기에 해당한다.

OTT(Over the Top)

인터넷을 통해 언제 어디서나 방송, 프로그램 등의 미디어 콘텐츠를 소비할 수 있는 사용자 중심 서비스. Over the Top은 직역하면 "셋톱박스(Top)을 넘어"라는 뜻으로, 셋톱박스라는 하나의 플랫폼에만 종속되지 않고 PC, 스마트폰, 태블릿 컴퓨터, 콘솔 게임기 등 다양한 플랫폼을 지원한다는 의미이다. 넷플릭스의 대성공 이후 아마존, 애플, 디즈니 같은 거대 기업들이 이를 미래 핵심 서비스로 인식해 시장 선점을 위해 경쟁하고 있다.

참고문헌

〈경향게임스〉(2020. 12. 8.). "AI 머신러닝, 게임사업 성패 판가름".

고 란(2017. 9. 3). "비트코인 5013 달러시대 … 드디어 빼든 '규제 칼' 은행이 가상화폐거래 실명인증해야". 〈중앙일보〉. http://news.joins.com/article/21900453

고진영(2017. 12. 24). "넥슨·엔씨소프트·넷마블게임즈, 인공지능에 미래를 걸다". 〈비즈니스포스트〉. http://m.businesspost.co.kr/BP?command=mobile_view&num=67762#cb

교육부·미래창조과학부(2016. 11.). "지식정보사회의 창의·융합형 인재 양성을 위한 소프트웨어 교육 활성화 기본계획"(안).

권선아(2018. 5. 14.). "중국 디디추싱, 프리미엄 콜택시에 화웨이와 맞손 … 빠른 인터넷 즐긴다." 〈차이나포커스〉.

김미희(2019. 5. 12.). "블록체인 사업 키우는 라인 '페이스북과 정면승부 자신'". 〈파이낸셜뉴스〉.

김범준·강미덥(2016). "미래자동차: 주유소도 면허증도 필요없다". LG경제연구원(편), 《빅뱅퓨처: 2030 LG 경제연구원 미래보고서》. 서울: 한국경제신문.

김성완(2016). "VR 역사와 기술을 말하다". 이민화·김영준·김창배·박종원·김성완(편), 《가상현실을 말하다》. 서울: 클라우드 북스.

김송이(2018. 5. 15.). "中디디추싱, 美서 자율주행차 시험 주행 … 우버·리프트와 경쟁". 〈조선일보〉.

김평식(2019. 3.). "최근 미국 실업률 추세와 향후 전망". 〈국제노동브리프〉. 한국노동연구원.

김현숙(2018). "한국 개인정보보호법상 정당한 이익 확대도입 방안에 관한 연구". 〈정보법학〉, 제22권 제1호, 141~174.
노경목(2016. 10. 16). "4차 산업혁명 현장 리포트: 무인공장시대 스피드 팩토리". 〈한국경제신문〉.
딜로이트(2015). "유연생산체계를 구현하는 Smart Factory: 생산 전략의 효과적 운용 방안". *Deloitte Anjin Review*. January 2015, No. 4.
방송통신위원회(2016. 6. 30.). "개인정보 비식별 조치 가이드라인".
비탈릭 부테린(Vitalik Buterin) 초청 정책 간담회(2018. 4. 2.). "암호화폐와 블록체인, 그리고 분산경제의 미래". 국회의원 송희경 주최.
서봉교(2015). "중국의 핀테크 금융혁신과 온라인은행의 특징". 〈동북아경제연구〉, 27(4), 163~199.
신재욱·전승우(2016). "스마트팩토리: 기술의 경연장이 된 공장의 변신". LG경제연구원(편), 《빅뱅퓨처: 2030 LG 경제연구원 미래보고서》. 서울: 한국경제신문.
오태완(2019. 9. 24.). "미디어·콘텐츠, 우리에게 찾아온 세 번째 기회". 한국투자증권 산업분석 보고서.
우병현(2016. 12. 29.). "인공지능 시대, 위키피디아의 존재감". 〈조선일보〉.
이인호(2015). "개인정보 보호법상의 '개인정보' 개념에 대한 해석론: 익명화한 처방전 정보를 중심으로". 〈정보법학〉, 제19권 제1호, 59~87.
임현우(2018. 7. 15.). "'대륙의 유니콘' 디디추싱의 야심 '매일 100TB 빅데이터 쌓여 … AI로 전 세계 교통 바꿔놓겠다'". 〈한국경제〉.
차두원·진영현(2015). 《초연결시대, 공유경제와 사물인터넷의 미래》. 서울: 한스미디어.
차상육(2016). "빅데이터 활용에 따른 개인정보보호법제와의 충돌과 과제". 〈한양법학〉, 제27권 제1집, 315~359.
최경진(2015). "빅데이터·사물인터넷 시대 개인정보보호법제의 발전적 전환을 위한 연구". 〈중앙법학〉, 제17집 제4호, 7~50.
최병선(1992). 《정부규제론: 규제와 규제완화의 정치경제》. 서울: 법문사.
최승필(2011). "규제완화에 대한 법적 고찰: 인·허가 및 신고, 등록제도와 네거티브 규제를 중심으로". 〈공법학연구〉, 제12권 제1호.
최재경(2016). "빅데이터 분석의 국내외 활용현황과 시사점". 〈KISTEP Inl〉,

제 14호.
한국과학기술기획평가원(2015). "KISTEP 미래한국보고서".
한국콘텐츠진흥원(2015). "2014 콘텐츠산업 통계".
현대원·박창신(2004). 《퍼스널 미디어》. 서울: 디지털미디어리서치.
현대원(2018). 《초지능의 물결》. 서울: 퍼플사.
______(2020). "4차 산업혁명의 시대의 인재양성와 평생교육의 방향". 제주의 미래 2045. 제주연구원 제주성찰과 미래위원회.
KBS 〈일요스페셜〉(2016. 7. 7.). "21세기 한국의 생존전략: 100년 일등 기업 GE의 혁신".
KT경제경영연구소(2017). 《한국형 4차 산업혁명의 미래》. 서울: 한스미디어.
______(2018). 《블록체인 비즈니스의 미래》. 서울: 한스미디어.

Air Liquide(2017). "Digital transformation: Air Liquide is transforming its production units using digital". Retrieved from https://www.airliquide.com/sites/airliquide.com/files/press-kit-digital-transformation.pdf
Antonopoulos, A. M. (2010). *Mastering bitcoin*. Sebastopol, CA: O'Reilly Media.
Arieli, I. (2017. 4. 27.). "Israel's surprising way of teaching skills for innovation". Israel21c.
Armstrong, S. & Sotala, K. (2012). "How we're predicting AI: or failing to". *Beyond AI 2012 Proceedings*, pp. 52~75. Retrieved from www.kky.zcu.cz/en/publications/1/JanRomportl_2012_BeyondAIArtificial.pdf
Au-Yong, R. (2014. 11. 25.). "Vision of a smart nation is to make life better: PM Lee". *The Straits Times*.
Barfield, W., Zeltzer, D., Sheridan, T., & Slater, M. (1995). "Presence and performance within virtual environments". In W. Barfield & T. A. Furness(Eds.), *Virtual environments and advanced interface design*. New York, NY: Oxford University Press.
Barrat. J. (2013). *Our final invention: Artificial intelligence and the end of the human era*. New York, NY: Thomas Dunne Books.
______(2015). "Why Stephen Hawking and Bill Gates are terrified of artifi-

cial intelligence". *The Huffington Post.* http://www.huffingtonpost.com/james-barrat/hawking-gates-artificial-intelligence_b_7008706.html

Bartram, D. (2005. 11.). "The Great eight competencies: A criterion-centric approach to validation". *The Journal of Applied Psychology*, 90(6): 1185~1203.

Benkler, Y. (2007). *The wealth of networks: How social production transforms markets and freedom.* New Haven, CT: Yale University Press.

Bernard, M. (2016. 4. 5.). "Why everyone must get ready for the 4th industrial revolution". *Forbes.*

Bertoncello, M. & Wee, D. (2015. 6.). "Ten ways autonomous driving could redefine the automotive world". Mckinsey & Company. Retrieved from http://www.mckinsey.com/industries/automotive-and-assembly/our-insights/ten-ways-autonomous-driving-could-redefine-the-automotive-world

Bhuiyan, J. (2018. 3. 27.). "Alphabet will operate a fleet of 20,000 Jaguar cars for its driverless ride-hail service by 2022". *Vox.*

Bitcoin.com(2017. 8. 5.). "Differences between Bitcoin Cash and Bitcoin". Retrieved from https://www.bitcoin.com/info/differences-between-bitcoin-cash-bcc-and-bitcoin-btc

Bose, A., Price, P., & Bastid, V. (2018). *World Fintech Report 2018.* CapGemini & Linked In.

Bostrom, N. (2014). *Superintelligence: Paths, dangers, strategies.* Oxford: Oxford University Press.

Brush, M. (2020. 8. 1.). "Here's why Netflix stock, now below $500, is going to $1,000". *MarketWatch.*

Brynjolfsson, E. & McAfee, A. (2016). *The second machine age: Work, progress, and prosperity in a time of brilliant technologies.* New York, NY: W. W. Norton & Co.

______(2017). *Machine, platform, crowd: Harnessing our digital future.* New York, NY: W. W. Norton & Co., pp. 168~169.

Burch, A. (2016. 6. 2.). "The top 10 companies working on education in virtual reality and augmented reality". *Touchstone Research.* Retrieved from https://touchstoneresearch.com/the-top-10-companies-working-on-education-in-virtual-reality-and-augmented-reality/

Bursztynsky, J. (2020. 4. 21.). "Netflix says these three effects of the coronavirus crisis are impacting its business". *CNBC.*

Callaham, J. (2020. 8. 7.). "Disney Plus Vs. Netflix: Which streaming service should you choose". *Android Autority.*

Calhoun, L. (2017. 10. 23.). "Google artificial intelligence 'Alpha Go Zero' just pressed reset on how to learn". Inc.com. Retrieved from https://www.inc.com/lisa-calhoun/google-artificial-intelligence-alpha-go-zero-just-pressed-reset-on-how-we-learn.html

Carr, D. (2013. 2. 24.). "Giving viewers what they want". *The New York Times.*

Castells, M. (2000a). *The rise of the network society.* Cambridge, MA: Blackwell Publishing.

______ (2000b). "Materials for an exploratory theory of the network society". *British Journal of Sociology,* 51(1), 5~24.

______ (2004). "Informationalism, networks, and the network society: A theoretical blueprint". In M. Castells(Ed.), *The Network Society: A Cross-cultural perspective.* Northampton, MA: Edward Elgar Publishing.

Chamraj, H. & Shah, P. (2018. 3. 6.). "Powering precision medicine with artificial intelligence". Intel. Retrieved from ttps://ai.intel.com/powering-precision-medicine-artificial-intelligence/

Chetty, R. (2015). "Leveraging big data to help restore the American Dream". *Focus,* 32(1), 1~6. Institute for Research on Poverty.

Chetty, R., Hendren, N., Kline, P., & Saez, E. (2014). "Where is the land of opportunity?: The geography of intergenerational mobility in the United States". *The Quarterly Journal of Economics,* 129(4), 1553~1623.

Christensen, C. M. & Raynor, M. E. (2003). *The innovator's solution:*

Creating and sustaining successful growth. Boston, MA: Harvard Business School Press.

Computer Science Teachers Association(2017). *K-12 Computer science standards*, Revised 2017.

Crowe, S. (2015. 4. 3.). "Back to the future: Autonomous driving in 1995". *Robotics Trends*. Retrieved from http://www.roboticstrends.com/article/back_to_the_future_autonomous_driving_in_1995

Davis, S., Nesbitt, K., & Nalivaiko, E. (2015. 1.). "Comparing the onset of cybersickness using the Oculus Rift and two virtual roller coasters". In *Proceedings of the 11th Australasian Conference on Interactive Entertainment*(IE 2015), 27.

Dean, M. (2018. 11. 8.). "Here are the best HoloLens apps available in the Microsoft Store." *Windowsreport*. https://windowsreport.com/microsoft-hololens-apps/

Deane, P. (1979). *The first industrial revolution.* Cambridge: Cambridge University Press.

Dietz, M. & Lee, G. (2016. 11.). "Bracing for seven critical changes as fintech matures". McKinsey&Company. Retrieved from http://www.mckinsey.com/industries/financial-services/our-insights/bracing-for-seven-critical-changes-as-fintech-matures

Dixon, M. (2019. 4. 5.). "How Netflix used big data and analytics to generate billions". *Selerity*. https://seleritysas.com/blog/2019/04/05/how-netflix-used-big-data-and-analytics-to-generate-billions/

Dominick, J. R. (1999). *The dynamics of mass communication.* New York, NY: McGraw Hill.

Einav, L. & Levin, J. (2014a). "Economics in the age of big data". *Science*, 346, doi: 10.1126/science.1243089

______(2014b). "The data revolution and economic analysis". Stanford Institute for Economic Policy Research. SIEPR Discussion Paper No. 12-017.

Elias, N. (1978). *The civilizing process: The development of manners.* New

York, NY: Urizen Books.

EMC & IDC(2014). "The digital universe: Driving data growth in health-care". Retrieved from https://www.emc.com/analyst-report/digital-universe-healthcare-vertical-report-ar.pdf

EU GDPR. *GDPR Key Changes*. Retrieved from https://www.eugdpr.org/key-changes.html

European Data Protection Supervisor(2014. 3.). "Privacy and competitiveness in the age of big data: The interplay between data protection, competition law and consumer protection in the digital economy". Retrieved from https://edps.europa.eu/sites/edp/files/publication/14-03-26_competitition_law_big_data_en.pdf

Evans, P. C. & Annunziata, M.(2012. 11. 26.). "Industrial internet: Pushing the boundaries of minds and machines". Retrieved from https://www.ge.com/docs/chapters/Industrial_Internet.pdf

Ewalt, D. M.(2016. 11. 3.). "Inside magic leap, the secretive $4.5 billion startup changing computing forever". *Forbes*.

Fang, I.(1997). *A history of mass communication: Six information revolutions*. New York, NY: Taylor & Francis.

______(2008). *Alphabet to internet: Mediated communication in our lives*. St. Paul, MN: Rada Press.

Fei-Fei, L., Fergus, R., & Perona, P.(2006). "One-shot learning of object categories". IEEE Trans. *Pattern Analysis and Machine Intelligence*, 28(4), 594~611.

Fisher, D.(1992). *The industrial revolution: A macroeconomic interpretation*. New York, NY: St. Martin's Press.

Forrester Research & Gownder, J. P.(2017. 7. 24.). "The future of jobs: Automation technologies, robotics, and artificial intelligence". *Zdnet*. Retrieved from http://www.zdnet.com/article/the-future-of-jobs-auto-mation-technologies-robotics-and-artificial-intelligence/

Fuscaldo, D.(2017. 3. 24.). "How theme parks are tackling VR, augmented reality". Investopedia.com. Retrieved from http://www.investopedia.

com/news/how-theme-parks-are-tackling-vr-augmented-reality/

Gartner (2015. 10. 30.). "Selecting impactful big data use cases". Retrieved from https://www.gartner.com/en/documents/3159937/selecting-impactful-big-data-use-cases

Gates, B. (2017. 2. 17.). "The robot that takes your job should pay taxes". *Quartz*. https://qz.com/911968/bill-gates-the-robot-that-takes-your-job-should-pay-taxes/

GE (2016). "Brilliant manufacturing". Retrieved from https://www.ge.com/digital/brilliant-manufacturing

Ginsberg, J., Mohebbi, M. H., Patel, R. S., Brammer, L., Smolinski, M. S., & Brilliant, L. (2009. 2. 19.). "Detecting influenza epidemics using search engine query data". *Nature*, 457, doi:10.1038/nature07634

Gokey, M. (2017. 11. 23.). "The best smart speaker you can buy: Amazon Echo vs. Google Home vs. Apple HomePod". *Business Insider*.

Gormley, S. (2019. 7. 18.). "Can Apple, Google, Facebook and Amazon transform banking? Yes, and they're closer than you think". ITProPortal. https://www.itproportal.com/features/can-apple-google-facebook-and-amazon-transform-banking-yes-and-theyre-closer-than-you-think/

Greenberg, A. (2017. 4. 12.). "Securing driverless cars from hackers is hard. Ask the ex-Uber guy who protects them". *Wired*.

Greenhouse, S. (2016. 9. 22.). "Autonomous vehicles could cost America 5 million jobs. What should we do about it?". *Los Angeles Times*.

Gruber, H. (2005). *The economics of mobile telecommunications*. Cambridge: Cambridge University Press.

Hackett, J. (2016. 12. 7.). *Building a world-class precision medicine industry*. Gov.UK. Retrieved from https://innovateuk.blog.gov.uk/2016/12/07/building-a-world-class-precision-medicine-industry/

Harari, Y. N. (2018). *21 Lessons for the 21st Century*. New York: Spiegel & Grau, pp. 33~36.

Hassabis, D. (2017. 4. 21.). "The mind in the machine: Demis Hassabis on Artificial Intelligence". *Financial Times.*

Hassabis, D. & Siver, D. (2017. 10. 18.). "AlphaGo Zero: Learning from scratch". DeepMind official website. Retrieved from https://deepmind.com/blog/alphago-zero-learning-scratch/

Hedges, C. (2018. 3. 25.). "'The gig economy' is the new term for serfdom". *Truthdig.com.* https://www.truthdig.com/articles/the-gig-economy-is-the-new-term-for-serfdom/

Heineke, K., Kampshoff, P., Mkrtchyan, A., & Shao, E. (2017). *Self-driving car technology: When will the robots hit the road?.* McKinsey & Company. Retrieved from http://www.mckinsey.com/industries/automotive-and-assembly/our-insights/self-driving-car-technology-when-will-the-robots-hit-the-road

Holmes, F. (2019. 6. 19.). "Facebook's libra cryptocurrency is the future of fintech". *Forbes.*

Howard, J. (2016. 3. 28.). "Interview with Brynjolfsson & McAfee: We might be all wrong about robots taking our jobs". *The Huffington Post.*

Hu, K. (2019. 6. 22.). "Amazon and Netflix can actually coexist". *Yahoo Finance.*

Hurun Research Institute (2019. 10. 21). Hurun Global Unicorn List 2019. https://www.hurun.net/EN/Article/Details?num=A38B8285034B

Infocomm Development Authority of Singapore (2006). "iN2015 masterplan offers a digital future for everyone". Retrieved from https://www.imda.gov.sg/infocomm-and-media-news/buzz-central/2006/9/in2015-masterplan-offers-a-digital-future-for-everyone

Iqbal, M. (2020. 6. 23.). "Netflix revenue and usage statistics". *Business of Apps.*

ISTE & CSTA (2011). Operational definition of computational thinking for K-12 education. https://id.iste.org/docs/ct-documents/computational-thinking-operational-definition-flyer.pdf

Jaeger, B. K. & Mourant, R. R. (2001. 10.). "Comparison of simulator sickness using static and dynamic walking simulators". In *Proceedings of the Human Factors and Ergonomics Society Annual Meeting*, 45(27), 1896~1900. Los Angeles, CA: SAGE Publications.

Kagermann, H., Wahlster, W., & Helbig, J. (2013). *Securing the future of german manufacturing industry: Recommendations for implementing the strategic initiative industry 4.0.* National Academy of Science and Engineering. Federal Ministry of Education and Research.

Kaplan, J. (2016). *Artificial intelligence: What everyone needs to know.* New York, NY: Oxford University Press.

Katz, M. N. (1999). *Revolution and revolutionary waves.* New York, NY: Palgrave Macmillan.

Keynes, J. M. (1930). "Economic possibilities for our grandchildren" in *Essays in Persuasion*(A Project Gutenberg Canada eBook, 2011). Retrieved from https://gutenberg.ca/ebooks/keynes-essaysinpersuasion/keynes-essaysinpersuasion-00-h.html#Economic_Possibilities

King, B. (2014). *Breaking banks: The innovators, rogues, and strategists rebooting banking.* Singapore: John Wiley & Sons Singapore.

Knapton, S. (2017. 10. 18.). "AlphaGo Zero: Google DeepMind supercomputer learns 3,000 years of human knowledge in 40 days". *The Telegraph.*

Kurzweil, R. (2005). *The singularity is near.* New York, NY: Viking Penguin.

Lafrance, A. (2016. 3. 21.). "How self-driving cars will threaten privacy". *The Atlantic.*

Laney, D. (2001. 2. 6.). "3D data management: Controlling data volume, velocity, and variety". Retrieved from http://blogs.gartner.com/doug-laney/files/2012/01/ad949-3D-Data-Management-Controlling-Data-Volume-Velocity-and-Variety.pdf

Lang, B. (2017. 8. 3.). "The VOID is bringing a new Star Wars experience to two Disney locations this holiday". Roadtovr.com. Retrieved from https://www.roadtovr.com/the-void-is-bringing-a-star-wars-vr-experience-to-two-disney-locations-this-holiday/

Lazer, D., Kennedy, R., King, G., & Vespignani, A. (2014. 3. 14.). "The parable of Google Flu: Traps in big data analysis". *Science*, 343.

Leger, H. (2020. 3. 25.). "Disney Plus vs. Netfilx: who will win?". *techradar*.

Liu, S. (2019. 8. 9.). "Forecast Augmented(AR) and Virtual(VR) market size worldwide from 2016 to 2023". *Statista*. https://www.statista.com/statistics/591181/global-augmented-virtual-reality-market-size/

Lohr, S. (2014. 3. 28.). "Google Flu trends: The limits of big data". *The New York Times*.

Manu, A. (2015). *Value creation and the internet of things*. New York, NY: Routledge.

Markets and Markets(2019. 1.). "Virtual Reality market by offering, technology, device type, application and geography: Global forecast to 2024". https://www.marketsandmarkets.com/Market-Reports/reality-applications-market-458.html?gclid=EAIaIQobChMIhOiIte6z5AIVjnZg-Ch3n-AlaEAAYASAAEgIU9_D_BwE

McAleer, M. (2017. 7. 11.). "Audi's self-driving A8: Drivers can watch YouTube or check emails at 60km/h". *The Irish Times*.

McGregor, J. (2018. 3. 29.). "NVIDIA drives autonomous vehicles forward despite Uber accident". *Forbes*.

Milgram, P. & Kishino, F. (1994). "A taxonomy of mixed reality visual displays". *IEICE Transactions on Information Systems*, Vol. E77-D, No. 12

Mirous, M. (2018. 8. 27.). "The future of banking: Fintech or techfin?". *Forbes*.

Mokyr, J. (1992). *The lever of riches: Technological creativity and economic progress*. New York, NY: Oxford University Press.

Moravec, H. (1988). *Mind children*. Harvard University Press.

More, C. (2000). *Understanding the industrial revolution*. New York, NY: Routledge.

Mullin, R. (2014. 11. 24.). "Cost to develop new pharmaceutical drug now exceeds $2.5B". *Scientific American*. Retrieved from https://www.

scientificamerican.com/article/cost-to-develop-new-pharmaceutical-drug-now-exceeds-2-5b/

Nakamoto, S. (2008). "Bitcoin: A peer-to-peer electronic cash system". Retrieved from https://bitcoin.org/bitcoin.pdf

Nilsson, J. (2009). *The quest for artificial intelligence: A history of ideas and achievements.* New York, NY: Cambridge University Press.

NVidia. "Difference between AI learning and machine learning". Retrieved from http://blogs.nvidia.co.kr/2016/08/03/difference_ai_learning_machinelearning/

Obama, B. (2016. 10.). "Barack Obama, neural nets, self-driving cars, and the future of the world". *Wired.*

O'Donnell, B. (2016. 9. 1.). "Ride-sharing's impact on car sales has been dramatically overstated". Retrieved from https://www.recode.net/2016/9/1/12715080/survey-ridesharing-impact-car-sales-uber-lyft-autonomous

Ogus, A. (1994). *Regulation: Legal form and economic theory.* Oxford, UK: Clarendon Press.

O'Halloran, J. (2020. 7. 22.). "Stacking key to survival in overcrowded OTT market". *RapidTVnews.com.*

Oksanen, J., Lammi, M., Loikkanen, T., Rask, M., Repo, P., & Timonen, P. (2012). "Experience innovation: Co-creating value with users". VTT Technical Research Center of Finland. Retrieved from http://www.vtt.fi/inf/pdf/technology/2012/T38.pdf

Palatucci, M., Pomerleau, D., Hinton, G., & Mitchell, T. (2009). "Zero-shot learning with semantic output codes". *Advances in neural information processing systems* 22(NIPS 2009 Proceedings). Retrieved from https://papers.nips.cc/paper/3650-zero-shot-learning-with-semantic-output-codes

Parker, G., Alstyne, M., & Choudary, S. (2016). *Platform revolution.* New York, NY: Norton.

Perry, T. S. (2018. 4. 2.). "Move over Moore's law, make way for Huang's law". *IEEE Spectrum*. Retrieved from https://spectrum.ieee.org/view-from-the-valley/computing/hardware/move-over-moores-law-make-way-for-huangs-law

Petraetis, G. (2017. 7. 13.). "Building a digital enterprise: How Netflix built a House of Cards with big data". *CIO*. https://www.cio.com/article/3207670/how-netflix-built-a-house-of-cards-with-big-data.html

Piketty, T. & Saez, E. (2014). "Inequality in the long run". *Science*, 344, 838~843. doi: 10.1126/science.1251936

Rainie, L. & Anderson, J. (2017. 5. 3.). "The future of jobs and jobs training". Pew Research Center. Retrieved from http://www.pewinternet.org/2017/05/03/the-future-of-jobs-and-jobs-training/

Rebenitsch, L., & Owen, C. (2016). "Review on cybersickness in applications and visual displays". *Virtual Reality*, 20(2), 101~125.

Rifkin, J. (2011). *The third industrial revolution: How lateral power is transforming energy, the economy, and the world*. New York, NY: Palgrave Macmillan.

______(2014). *The zero marginal cost society: The internet of things, the collaborative commons, and the eclipse of capitalism*. New York, NY: Palgrave Macmillan.

Rostow, W. (1971). *The stages of economic growth: A non-communist manifesto* (2nd ed.). Cambridge: Cambridge University Press.

SAE International. "Automated driving: Levels of driving automation defined in new SAE International Standard J3016". Retrieved from https://www.sae.org/misc/pdfs/automated_driving.pdf

Savits, E. (2020. 8. 14.). "Cord-cutting is accelerating and many traditional cable networks won't survive". *Barron's*.

Schumpeter, J. A. (1942). "Capitalism, socialism and democracy". e-Library Edition, published in the Tayler &, Francis, 2003.

Schwab, K. (2016. 1. 14.). "The fourth industrial revolution: What it means, how to respond". World Economic Forum. Retrieved from https://www.weforum.org/agenda/2016/01/the-fourth-industrial-revolutionwhat-it-means-and-how-to-respond/

Sebastian, T. (2010). "Toward robotic cars". *Communications of the ACM*. 53(4), 99~106. doi: 10.1145/1721654.1721679

Selznick, P. (1985). "Focusing organizational research on regulation", In R. G. Noll(Ed.), *Regulatory policy and the social sciences*, Berkeley, CA: University of California Press.

Shubber, K. (2017.10.18.). "Zopa: More risk, same reward". *Financial Times*.

Siemens(2017). "MindSphere in action: Our open IoT operating system". Retrieved from https://www.siemens.com/investor/pool/en/investor_relations/financial_publications/speeches_and_presentations/innoday-usa/06_InnoDayUSA_MindSphere_20170327.pdf

Singapore Government(2017). "Analysis of revenue and expenditure: Financial year 2017". Retrieved from http://www.singaporebudget.gov.sg/data/budget_2017/download/FY2017_Analysis_of_Revenue_and_Expenditure.pdf

Skinner, C. (2014). *Digital bank: Strategies to launch or become a digital bank*. Singapore: Marshall Cavendish Business.

Smart Nation and Digital Government Office. "Enablers". Retrieved from https://www.smartnation.sg/about-smart-nation/enablers

______. "HealthHub portal: A digital healthcare solution". Retrieved from https://www.smartnation.sg/initiatives/Health/healthhub-portal-a-digital-healthcare-solution

______. "Self-driving vehicles: Future of mobility in Singapore". Retrieved from https://www.smartnation.sg/initiatives/Mobility/self-driving-vehicles-sdvs-future-of-mobility-in-singapore

______. "Why smart nation". Retrieved from https://www.smartnation.sg/about-smart-nation/enablers

Solsman, J. (2020.4.8.). "Disney Plus surpasses 50 million subscribers in five months". *Cnet*.

Stewart, J. (2018.3.30.). "Tesla's autopilot was involved in another deadly car crash". *Wired.* https://www.wired.com/story/tesla-autopilot-self-driving-crash-california/

Swan, M. (2015). *Blockchain: Blueprint for a new economy.* Sebastopol, CA: O'Reilly Media.

Syed, Y. F. & Engineer, C. D. (2016). "Methods to reduce visual sickness in design of new VR services". *Journal of Digital Video*, 5.

Takahashi, D. (2019. 3. 20.). "Epic CEO on 250 million Fortnite players, digital humans, and $100 million dev fund". *VentureBeat.com*

The Government of Japan (2013). "Pioneering the future: Japanese science, technology and innovation - Cross-ministerial strategic innovation promotioin program". Council for Science, Technology and Innovation, Cabinet Office. Retrieved from http://www8.cao.go.jp/cstp/english/sip/sipsummary.pdf

Thompson, A. (1973). *The dynamics of the industrial revolution.* New York, NY: St. Martin's Press.

Titcomb, J. (2016. 10. 19.). "Stephen Hawking says artificial intelligence could be humanity's greatest disaster". *The Telegraph.* http://www.telegraph.co.uk/technology/2016/10/19/stephen-hawking-says-artificial-intelligence-could-be-humanitys/

Toffler, A. (1970). *Future shock.* New York, NY: Random House.

______ (1980). *The third wave.* New York, NY: William Morrow and Co.

Trujillo, J. L., Fromhart, S., & Srinivas, V. (2017. 11. 6.). "Evolution of blockchain technology: Insights from the GitHub platform". *Deloitte Insight.* Retrieved from https://www2.deloitte.com/insights/us/en/industry/financial-services/evolution-of-blockchain-github-platform.html

U.S. Congress (2014). "H.R. 2996 - Revitalize american manufacturing and innovation act of 2014". Retrieved from https://www.congress.gov/bill/113th-congress/house-bill/2996

UBS White Paper for the World Economic Forum Annual Meeting (2016). "Extreme automation and connectivity: The global, regional, and investment implications of the fourth industrial revolution". Retrieved from https://www.ubs.com/global/en/about_ubs/follow_ubs/highlights/davos-2016.html

Varma, A. (2017. 5. 25.). "Zara's secret to success lies in big data and an agile supply chain". *The Straitstimes*. Retrieved from http://www.straitstimes.com/lifestyle/fashion/zaras-secret-to-success-lies-in-big-data-and-an-agile-supply-chain

Vincent, B. (2019. 3. 27.). "Magic leap debuts 'Game of Thrones' AR game". *Variety*.

Vinyals, O., Blundell, C., Lillicrap, T., Kavukcuoglu, K., & Wierstra, D. (2016. 6. 13.). Matching networks for one shot learning. arXiv: 1606.04080v1. Retrieved from https://arxiv.org/pdf/1606.04080.pdf

Vision Zero Boston. "What does Vision Zero mean for Boston?". Retrieved from http://www.visionzeroboston.org/overview

Waters, R. (2019. 5. 4.). "Why Tesla is taking a different approach to self-driving cars". *Financial Times*.

Watson, E. (2020. 2. 18.). "Penetration rate of Netflix worldwide 2019-2025, by region". Statista.com.

Webb, K. (2020. 7. 3). "Disney Plus can't compete with Netflix when it comes to original content, but its affordable price and iconic franchiese make it a great value for families". *Businessinsider*.

Weinbaum, S. G. (1935). "Pygmalion's spectacles". Retrieved from http://www.gutenberg.org/files/22893/22893-h/22893-h.htm

Wirdum, A. V. (2017. 8. 2.). "The birth of BCH: The first crazy days of 'Bitcoin Cash'". *Bitcoin Magazine*. Retrieved from https://bitcoinmagazine.com/articles/birth-bch-first-crazy-days-bitcoin-cash/

Wood, S. P., Chang, J., Healy, T., & Wood, J. (2012). "The potential regulatory challenge of increasingly autonomous motor vehicles". *Santa Clara Law Review*, 52(4).

World Economic Forum(2018). "The Future of Jobs Report 2018".

Wrigley, E. A. (1988). *Continuity, chance and change: The character of the industrial revolution in England.* Cambridge: Cambridge University Press.

Yannakakis, G. & Togelius, J. (2018). *Artificial Intelligence and Games.* Springer. pp. 23~25. Available at http://gameaibook.org/book.pdf

Zeltzer, D. (1992). "Autonomy, interaction, and presence". *Presence: Teleoperators and Virtual Environments,* 1(1).

Zuckerberg, M. (2014. 3. 25.). Facebook message for Oculus acquisition. Retrieved from https://www.facebook.com/zuck/posts/10101319050523971